公路桥梁施工与管理

曹洪太◎著

吉林科学技术出版社

图书在版编目（CIP）数据

公路桥梁施工与管理 / 曹洪太著. —— 长春 : 吉林
科学技术出版社, 2023.10
ISBN 978-7-5744-0915-6

Ⅰ. ①公… Ⅱ. ①曹… Ⅲ. ①公路桥—桥梁施工—施
工管理 Ⅳ. ①U448.145.1

中国国家版本馆CIP数据核字(2023)第197968号

公路桥梁施工与管理

著	曹洪太
出 版 人	宛 霞
责任编辑	王凌宇
封面设计	古 利
制 版	长春美印图文设计有限公司
幅面尺寸	170mm × 240mm 1/16
字 数	200 千字
页 数	264
印 张	16.5
印 数	1-1500 册
版 次	2023 年 10 月第 1 版
印 次	2024 年 2 月第 1 次印刷

出 版	吉林科学技术出版社
发 行	吉林科学技术出版社
地 址	长春市净月区福祉大路 5788 号
邮 编	130118
发行电话 / 传真	0431-81629529　81629530　81629531
	81629532　81629533　81629534
储运部电话	0431-86059116
编辑部电话	0431-81629518
印 刷	三河市嵩川印刷有限公司

书 号	ISBN 978-7-5744-0915-6
定 价	66.00 元

公路桥梁工程不仅对我国的交通方面有着很大的影响，也在国民经济上起到重要的作用，它与全国人民的出行状况以及经济发展等方面有着密切的联系。加强公路桥梁工程施工管理对于公路桥梁工程具有重大意义。其是降低材料消耗、提高公路桥梁工程质量的重要途径，并且是保证公路桥梁工程施工安全以及提高施工企业经济效益的重要举措。在桥梁工程建设规模不断扩大的背景下，我国的桥梁施工过程越来越复杂，且影响桥梁工程施工质量和施工安全的因素也在不断增加，导致桥梁施工中的风险更加多元化。桥梁工程的施工技术和施工过程具有一定的复杂性，其不仅要求保障桥梁施工的整体质量，还要避免施工过程中发生安全事故。由于桥梁工程中的安全事故会造成严重的人员伤亡和经济损失，因此施工企业必须重视施工安全管理，积极采取合理优化措施，减少桥梁施工建设中的安全风险，进而提升桥梁工程的整体质量和工程建设水平。在公路桥梁施工过程中，施工企业要以质量、安全、施工期限、成本控制作为施工验收的考核标准。公路桥梁工程施工管理过程中最重要的是考虑其施工安全方面的管理。为了加大工程施工的安全管理力度，必须改进作业人员的配备条件，将安全隐患消除在发生之前。

本书首先介绍了公路桥梁的基础认知与价值，分析了公路桥梁工程的施工组织设计；其次对公路的路基工程、路面工程和桥梁工程的施工技术进行了详细论述；最后从公路桥梁工程项目管理理论入手，解读了公路桥梁管理的基本制度与方法，并对公路桥梁工程项目的管理优化措施做了探索，致力于提升公路桥梁施工技术管理水平。本书实践性强、内容翔实、涉及面广，融知识性、实践性于一体，非常适合从事公路与桥梁工程工作的专业人员阅读和参考学习。

本书在写作过程中参考了大量的国内、外专家和学者的专著、报刊文献、网络资料，以及公路桥梁施工与管理的有关内容，在此对相关专家、学者表示衷心的感谢。

CONTENTS 目 录

第一章

公路桥梁的认知与价值

○ ○ ○

第一节　公路桥梁的重要性

一、公路的分类及工程组成

公路工程是供各类无轨车辆和行人等通行的基础设施。公路是一种带状构筑物，它的中心线是一条空间曲线，且具有高差大、曲线多且占地狭长的特点。公路工程施工图的表现方法与其他工程图有所不同。公路工程施工图由平面图、纵断面图、横断面图及构造详图组成。

（一）公路的分类

公路作为一个总称，为城市公路、公路、农村公路、专用公路。

1.城市公路

城市公路是在城市范围内联系各组成部分，并供车辆及行人通行的、具备一定技术条件和设施的公路。按在公路系统中的地位、交通功能与对沿线建筑物的服务功能等来划分，城市公路可分为快速路、主干路、次干路与支路。

（1）快速路

快速路是为较高车速的长距离交通而设置的重要公路。快速路对向车道之间应设中间带以分隔对向交通，当有自行车通行时，其应加设两侧带。快速路与高速公路、快速路、主干路相交时，必须采用立体交叉；与交通量较小的次干路相交时，可采用平面交叉；与支路不能直接相交。在过路行人集中地点应设置过街人行天桥或地下通道。

（2）主干路

主干路是城市公路网的骨架，为连接城市各主要分区的交通干路，以交通功能为主。自行车交通多时，宜采用机动车与非机动车分流的形式，如三幅路或四幅路。

（3）次干路

次干路是城市的交通干路，兼有服务功能。次干路配合主干路组成公路网，起广泛连接城市各部分与集散交通的作用。

（4）支路

支路是次干路与街巷路的连接线，解决局部地区交通，以服务功能为主。街巷内部公路作为街巷建筑的公共设施组成部分，不列入等级公路以内。

2.公路

公路是指在城市以外连接相邻市县、乡村、港口、厂矿和林区等，主要供汽车行驶，且具备一定技术条件和交通设施的公路。根据其功能、使用任务和远景交通量等综合因素，公路可分为5个等级：高速公路、一级公路、二级公路、三级公路和四级公路。

（1）高速公路

高速公路是专供汽车分向、分车道行驶并应全部控制出入的多车道公路，一般能适应将各种汽车折合成小客车的远景设计年限年平均昼夜交通量25000辆以上（四车道：25000～55000辆；六车道：45000～80000辆；八车道：60000～100000辆）。

（2）一级公路

一级公路是供汽车分向、分车道行驶，并可根据需要部分控制出入及部分立体交叉的多车道公路，一般能适应将各种汽车折合成小客车的远景设计年限年平均昼夜交通量15000～55000辆（四车道：15000～30000辆；六车道：25000～55000辆）。

（3）二级公路

二级公路是供汽车行驶的双车道公路，一般能适应将各种汽车折合成小客车的远景设计年限年平均昼夜交通量7500～15000辆。

（4）三级公路

三级公路是主要供汽车行驶的双车道公路，一般能适应将各种汽车折合成小客车的远景设计年限年平均昼夜交通量2000～6000辆，为沟通县及县以上城市的一般干线公路。

（5）四级公路

四级公路是主要供汽车行驶的双车道或单车道公路，一般能适应将各种汽车折合成小客车的远景设计年限年平均昼夜交通量2000辆（单车道400辆）以下，为沟通县、镇、乡的支线公路。

公路按其重要性和使用性质又可分为国家干线公路（国道）、省级干线公路（省道）、县级公路（县道）和乡级公路（乡道）。

3.农村公路

农村公路一般是指在农村中联系乡、村、居民点的主要公路，其交通性质、特点、技术标准要求等均与公路不同。

4.专用公路

专用公路包括厂矿公路和林区公路。厂矿公路是指修建在工厂、矿区内部以及厂矿到公路、城市公路、车站、港口衔接处的对外连接段，主要为工厂、矿山运输车辆通行的公路。林区公路是指修建在林区，主要供各种林业运输工具通行的公路。

（二）公路工程的组成

公路工程的基本组成部分包括路床、路基、路面、桥梁、涵洞、隧道、防护与加固工程、排水设施、山区特殊构造物。城市公路还包括各种管线等，以及为保证汽车行驶的安全、畅通和舒适的各种附属工程，如公路交通安全设施、路用房屋、综合服务区（加油站、维修站、餐饮、宾馆等）及绿化栽植等。此外，还包括为防止路基填土或山坡土体坍塌而修筑的承受土体侧压力的挡土墙，以及为保持路基稳定和强度而修建的地表和地下路基排水设施，包括边沟、截水沟、排水沟、急流槽、渗沟、渗水井等。

二、公路工程施工的一般特点

新建、改造或扩建的公路工程，其施工都不同程度地呈现出以下特点：①公路工程是固定在土地上的构筑物，而施工生产是流动的，所以公路工程施工组织是复杂的，这是区别于工业生产的最根本的特点。由于公路工程的流动性，就需要把众多的劳力、施工机具、材料在时间和空间上加以合理组织，从而使它们在线性的施工现场按照科学的施工顺序流动，不致互相妨碍而影响施工，这是施工组织的重要内容。②公路工程施工规模大、周期长，施工组织工作十分艰巨。由于公路工程往往工程量较大，需要消耗大量的人力和物力，施工组织工作不仅要做好统筹部署，还要考虑各种不同工种之间的开、竣工的衔接，只有这样才能保证公路工程施工生产连续且有序地进行。③公路工程施工是在室外进行的，气候和自然条件的影响与制约决定了公路施工组织工作的特殊性和不能全年连续均衡地进行施工生产。因此，在施工组织中，要对雨季、冬季和高温季节采取特殊的技术措施和施工方法，在高空和地下作业则要采取必要的防护措施，并尽可能连续且均衡地进行施工。注意避免气候、自然条件对施工生产所产生的不利影响，以确保工程质量和施工安全以及工期要求。

综上所述，公路工程施工的特点集中表现在施工条件复杂多变，给施工生产活动带来了很大的困难，故要求针对公路工程的不同对象、不同的施工条件，从实际出发，充分做好准备工作，包括施工管理和组织计划工作。施工中实行流水作业，严格施工管理，健全岗位责任制，加强质量保证体系工作，每道工序都要严格把关，上一道工序未经验收不得进行下一道工序，确保稳妥且科学地做好施工组织工作。

三、公路工程施工准备工作

公路工程施工前施工单位的准备工作是为了保证施工正常进行而必须做好的一项重要工作。之所以重要，是因为公路施工是一项非常复杂的生产活动，需要处理一系列复杂的技术问题，耗用大量的物资，使用众多人力和动用机械设备资源，所遇到的条件也是多种多样的。因而，施工前准备工作考虑的影响因素越多，准备工作做得越充分，则施工越顺利。

施工企业在投标时应成立工程项目部，施工单位在获得工程任务并与建设单位签订工程施工承包合同后，应按照合同的要求着手进行施工准备工作。施工准备工作分为组织准备、技术准备、物资准备和施工现场准备等四个方面。

（一）组织准备工作

组织准备工作主要是建立和健全施工组织管理机构，制定施工管理制度，明确施工任务，确立施工应达到的目标。施工组织管理机构是为完成公路工程施工而设置的负责现场指挥、管理工作的组织机构，一般由项目经理部及下设各职能部门组成。建立严格的责任制，并按计划将责任预先落实到有关部门甚至个人，同时明确各级技术负责人在施工准备工作中所负的责任，从而充分调动各部门和技术人员的积极性，使他们的责任、权利相统一。建立完善的施工管理制度是公路施工管理的核心。施工管理制度包括施工计划管理制度、工程技术管理制度、工程成本管理制度、施工质量安全管理制度等。

（二）技术准备工作

技术准备工作，即通常所说的"内业"工作，是工程顺利实施的基础和保障。技术准备工作的好坏直接影响着工程的进度、质量和经济效益，因此必须高度重视。技术准备工作的内容主要包括熟悉设计文件、现场调查核对、设计交桩和技术交底及建立工地试验室。

1.熟悉和审核图纸，深化施工组织设计

项目负责人组织有关人员对施工图纸和资料进行学习和自审，如有疑问，应做好统计，在业主召开的设计交底和图纸会审中提出，请上级部门给予解答。

施工组织设计是全面安排施工生产的技术经济文件，是指导施工的主要依据。施工组织设计是以一个建设施工项目为编制对象，用以规划整个拟建工程施工活动的技术经济文件。它是整个项目施工任务总的战略性部署安排，主要内容包括工程概况、施工布置与施工方案、施工总进度计划、施工准备工作及各项资源需要量计划、施工总平面图、主要技术组织措施及主要技术指标。

2.设计交桩和技术交底

建设单位负责人召集设计、施工、监理、科研人员参加图纸会审会议。设计人员向施工方做图纸交底，讲清设计意图和对施工的主要要求，并对设计桩点进行复测交接。施工人员应对图纸和有关问题提出质询。最终由设计单位对图纸会审中提出的合理化建议，按程序进行变更设计或做补充设计。

3.建立工地试验室

工地试验室是为施工现场提供直接服务的试验室，主要任务是配合路基、路面、桥涵等工程施工，对工地使用的各种原材料、加工材料及结构性材料的物理力学性能，以及施工结构体的几何尺寸等进行检测。工地试验室的作用是通过各种材料试验，选用合适的材料及其性能参数，以保证工程结构物的强度和耐久性，并有利于掌握各种材料的施工质量指标，保证结构物的施工质量。工地试验室的试验检测人员必须是具有试验检测资质的检测机构的正式持证注册人员。

施工前的准备工作带有全局性，它是组织施工的第一步，如果没有这项工作，工程既不能顺利开工，更不能连续施工。没有准备的施工或准备不充分的施工，均会使以后的施工难以顺利进行。

（三）物资准备工作

物资准备工作是指施工中必需的劳动手段和施工对象的准备。它是根据各种物资的需要量计划，分别落实货源、组织运输和安排储备，以保证连续施工的需要。物资准备是各种材料与机具设备购置、采集、调配、运输和储存，临时便道及工程房屋的修建供水、供电、必需生活设施等的安装及建设等工作。

在公路施工前，各种生产、生活需用的临时设施，如各种仓库、搅拌站、预制构件厂（站、场）、各种生产作业棚、办公用房、宿舍、食堂、文化设施等均应按施工组织需要的数量、标准、面积、位置等在施工前修建完毕。修建完毕各种生产、生活需用的临时设施后，应及时根据施工组织设计确定的材料、半成品、预制构件的数量、品种、规格以及施工机具设备，编制好物资供应计划，并按计划订货和组织进货，再按照施工平面图要求在指定地点堆存或入库；对沙子、碎石、钢材等材料应提前做各种试验，确定其是否满足设计要求；对各种标号的混凝土提前做好配比；对施工使用的施工机械和机具需用量进行计划，按计划进场安装、检修和试运转。

施工队应提早调整、健全和充实施工组织机构，进行特殊工种、稀缺工种的技术培训和持证上岗，提前预招临时工和合同工，落实具有相应资质的专业施工队伍和外包施工队伍。同时，根据地理位置、气候条件，夏、冬、雨季施工也应做适当准备。

（四）施工现场准备工作

1.恢复定线测量

恢复定线测量的主要程序为：①检查工程原测设的所有永久性标桩；②对导线点及水准点进行复测；③将施工中所有的标桩进行加固保护，并对水准点、三角网点等设立易于识别的标志；④向监理工程师提供全部的测量标记资料；⑤完成全部恢复定线、施工测量设计和施工放样；⑥各合同段衔接处的测量应在监理工程师的统一协调下由相邻两合同段的承包人共同进行，将测量结果协调统一在允许的误差范围内。

2.建造临时设施

①工地临时房屋设施包括行政办公用房、宿舍、文化福利用房及作业棚等。其需要量根据职工与家属的总人数和房屋指标来确定。

②仓库用来存放施工所需要的各种物资器材，按物资的性质和存放量要求，其形式可以是露天、敞棚、房屋或库房。仓库物资贮存量应根据施工条件通过计算而确定。

3.临时交通便道

在工地布设临时交通便道时应遵循下列原则：①临时交通公路以最短距离通往主体工程施工场所，并连接主干公路，使内外交通便利；②充分利用原有公路，对不满足使用要求的原有公路，应在充分利用的基础上对其进行改建，节约投资和施工准备时间；③在本工程的施工与现有的公路、桥涵发生冲突和干扰之处，承包人都要在本工程施工之前完成改道施工或修建临时公路；④利用现有的乡村公路作为临时公路时，应将该乡村公路进行修整、加宽、加固及设置必要的交通标志，并经监理工程师验收合格后方可通行；⑤工程施工期间应配备人员对临时公路进行养护，以保证临时公路的正常通行；⑥尽量避开洼地和河流，不建或少建临时桥梁。

4.工地临时用电

施工现场用电包括生产用电和生活用电。其中，生活用电主要是照明用电，生产用电包括各种生产设施用电、主体工程施工用电、其他临时设施用电。

5.工地临时用水

根据施工现场平面布置图中的临时用水、临时用电设计方案，做好施工现场的正常施工、生活和消防的临时用水管线铺设工作。

四、公路工程现场施工安排

公路施工是一项非常复杂的生产活动，它不仅需要有诸如进度计划、质量和成本等实际管理和劳动力、建设物资、工程机械、工程技术及财务资金等诸要素的管理，而且要为完成施工目标和实现组织施工要素的生产事务服务，否则就难以充分地利用施工条件，发挥施工要素的作用，甚至无法进行正常的施工活动，实现施工目标。

（一）现场施工管理的基本任务

现场施工管理的基本任务是根据生产管理的普遍规律和施工的特殊规律，以每一个具体工程和相应的施工现场为对象，正确地处理好施工过程中的劳动力、劳动对象和劳动手段的相互关系及其在空间布置上和时间安排上的各种矛盾，做到人尽其才、物尽其用，安全地完成施工任务。

（二）现场施工管理的基本内容

现场施工管理包括以下基本内容：①编制施工作业计划并组织实施，全面完成计划指标；②做好施工现场的平面布置，合理利用空间，创造良好的施工条件；③做好施工中的调度工作，及时协调施工工种和专业工种之间，以及总包与分包之间的关系，组织交叉施工；④做好施工过程中的作业准备，为连续施工创造条件；⑤保护施工环境，节约社会资源，建设优良工程；⑥科学合理地设置管理机构，保证现场管理全面协调运作；⑦认真填写施工日志、施工记录及施工影像资料，为交工验收和技术档案积累资料。

（三）公路施工组织管理的内容

公路工程施工要多、快、好、省地完成施工生产任务，必须有科学的施工组织，并合理地解决好一系列问题，其具体任务如下：①确定开工前必须完成的各项准备工作；②计算工程数量，合理部署施工力量，确定劳动力、机械台班、各种材料、构件等的需要量和供应方案；③确定施工方案，选择施工器具；④安排施工顺序，编制施工进度计划；⑤确定工地上的设备停放场、料场、仓库、办公室、预制场地等平面布置。

此外，公路工程的施工总方案可以是多种多样的，应该依据公路工程的具体特点、工期需求、劳动力数量与技术水平、机械设备能力、材料供应以及构件生产、运输能力、地质、气候等自然条件及技术经济条件进行综合分析和方案比选，进而选择最理想的施工方案。

对上述各项问题加以综合考虑，并做出合理的决定，形成指导施工生产的技术经济文件施工组织设计。施工组织设计本身是施工技术的准备工作，是指导施工的准备工作，是全面布置施工生产活动、控制施工进度、进行劳动力和机械调配的基本依据，对是否能多、快、好、省地完成公路工程的施工生产任务起着决定性作用。

第二节　桥梁的基本组成和分类

一、桥梁的基本组成部分

桥梁一般由上部结构、下部结构和附属设施组成。

上部结构包括桥跨结构和支座系统两部分。桥跨结构是指直接承重并架空的结构部分；支座系统的作用是支撑桥跨结构并把荷载传递给墩台，并保证桥跨结构能够满足一定的变位要求。

下部结构包括桥墩、桥台和墩台的基础三部分。其作用是支撑上部结构，并将结构的荷载向下传递给地基。桥台设在桥跨结构的两端，桥墩设在两桥台之间。桥台除了起到支承桥跨结构的作用，还起到与路堤衔接、抵御路堤土压力、防止路堤滑坡的作用。因此，桥台两侧常设置锥体护坡。墩台的基础是承受由上至下的全部作用（包括交通荷载和结构自重）并将其传至地基的结构部分。通常埋于土层中或建筑在基岩上，常常需要在水下施工，因而也是桥梁建筑中情况比较复杂的部分。

附属设施包括桥面铺装、排水防水系统、伸缩缝、栏杆和灯光照明等。它与桥梁的服务功能密切相关，对桥梁行车的舒适性和结构物的外观质量有着重要影响，因而在桥梁设计中也要对附属设施给予足够的重视。

二、桥梁的分类

（一）按桥梁结构体系分类

1.梁式桥

梁式桥是一种在竖向荷载作用下无水平反力的结构。由于外力（恒载和活载）的作用方向与承重结构的轴线接近垂直，故与同样跨径的其他结构体系相比，梁内产生的弯矩最大，通常需用抗弯能力强的材料（如钢、木、钢筋混凝土等）来建造。为了节约钢材和木料（木桥的使用寿命不长，除临时性桥梁或战备需要外，一般不宜采用），目前在公路上应用最广的是预制装配式的钢筋混凝土简支梁桥。这种梁桥的结构简单，施工方便，对地基承载能力的要求也不高，但其常用跨径在25m以下。当跨度较大时，其需要采用预应力混凝土简支梁桥，但跨度一般也不超过50m。为了达到经济、省料的目的，可根据地质条件等修建悬臂式或连续式的梁桥。对于跨径很大，以及承受很大荷载的特大桥梁，可建造使用高强度材料的预应力混凝土梁桥，也可建造钢桥。

2.拱式桥

拱式桥的主要承重结构是拱圈或拱肋。在竖向荷载作用下，桥墩或桥台将承受水平推力。同时，这种水平推力将显著抵消荷载在拱圈（或拱肋）内引起的弯矩作用。因此，与同跨径的梁相比，拱的弯矩和变形要小得多。鉴于拱桥的承重结构以受压为主，通常就可用抗压能力强的圬工材料（如砖、石、混凝土）和钢筋混凝土等来建造。

拱桥的跨越能力很大，外形也较美观，在条件许可的情况下，修建拱桥往往是经济合理的。同时应当注意，为了确保拱桥能安全使用，下部结构和地基必须能经受住很大的水平推力的不利作用。此外，拱桥的施工一般要比梁桥困难。对于跨度很大的桥梁，也可建造钢拱桥。

在地基条件不适于修建具有强大推力的拱桥的情况下，必要时也可建造水平推力由钢或预应力筋做成抗拉系杆来承受的系杆拱桥。近年来还发展了一种"飞鸟式"三跨无推力拱桥，即在拱桥边跨的两端施加强大的预加力传至拱脚，以抵消主跨拱脚巨大的恒载水平推力。

3.刚架桥

刚架桥的主要承重结构是梁或板和立柱或竖墙整体结合在一起的刚架结构，连接处刚性很大。在竖向荷载作用下，梁部主要受弯，而在柱脚处也具有水平反力，其受力状态介于梁桥与拱桥之间。刚架桥跨中的建筑高度可以做得较小。当遇到线路立体交叉或需要跨越通航江河时，采用这种桥型能尽量降低线路高程，以改善纵坡并减少路堤土方量。但普通钢筋混凝土修建的刚架桥施工比较困难，梁柱刚接处较易开裂。

T型刚构是修建较大跨径钢筋混凝土桥曾采用的桥型，是结合刚架桥和多孔静定悬臂梁桥的特点发展起来的一种多跨结构。对于普通钢筋混凝土 T 型刚构桥，由于悬臂根部的负弯矩很大，修建时不仅钢材用量大，而且控制混凝土裂缝的开展成为难题，因此跨径不能做得太大（通常 40 ~ 50m），目前已很少采用。

预应力混凝土工艺的发展，使得T型刚构桥和连续刚构桥得到了很大的推广。特别是采用了悬臂安装或悬臂浇筑的分段施工方法，不但加速了修建大跨度桥梁的施工速度，而且克服了要在江河或深谷中搭设支架的困难。

多跨连续刚构桥属多次超静定结构，在设计中一般应减小墩柱的抗弯刚度，否则会在结构内引起较大的附加内力。对很长的桥，为了降低这种附加内力，往往在其两侧的边跨设置活动铰支座，甚至将主跨的墩柱做成双壁式结构。

当跨越陡峭河岸和深邃峡谷时，修建斜腿式的刚构桥往往既经济合理，又造型轻巧美观。由于斜腿墩柱置于岸坡上，有较大斜角，在主梁跨度相同的条件下，斜腿刚构桥的桥梁跨度比门式刚构桥要大得多。

T型刚构桥的悬臂主梁主要承受负弯矩，因此横截面宜用箱形截面。连续刚构桥和斜腿刚构桥的主梁受力与连续梁相近，通常也采用各式箱形横截面。

4.悬索桥

传统的悬索桥（也称吊桥）均用悬挂在两边塔架上的强大缆索作为主要承重结构。在竖向荷载作用下，通过吊杆使缆索承受很大的拉力，通常就需要在两岸桥台的后方修筑巨大的锚碗结构。悬索桥也是具有水平反力（拉力）的结构。现代悬索桥广泛采用由高强度钢丝成股编制的钢缆，以充分发挥其优异的抗拉性能，因此结构自重较轻，能以较小的建筑高度跨越其他任何桥型的特大跨度。悬索桥的另一特点是成卷的钢缆易于运输，结构的组成构件较轻，便于无支架悬吊拼装。我国在西南山岭地区和在遭受山洪泥石流冲击等威胁的山区河流上，当修建其他桥梁有困难的情况时，往往采用悬索桥。

近年来，鉴于对桥梁美观的要求，在不宜修建锚碇的情况下，也可建造将主缆锚固在主梁两端的"自锚式"悬索桥。这种桥型虽然很有特色，但其结构设计和施工工艺比较复杂，经济性较差，跨径也不宜过大，目前最大跨径为385m。

相对于前面所说的其他体系而言，悬索桥的自重轻，结构的刚度差，在车辆动荷载和风荷载的作用下，桥有较大的变形和振动。可以说，整个悬索桥的发展历史是不断研究和克服其有害的变形与振动的历史，也是争取其结构刚度的历史。

5.斜拉桥

斜拉桥由斜索、塔柱和主梁组成。用高强钢材制成的斜拉索将主梁多点吊起，并将主梁的恒载和车辆荷载传至塔柱，再通过塔柱基础传至地基。这样一来，跨度较大的主梁就像一根多点弹性支承（吊起）的连续梁一样工作，从而可使主梁尺寸大大减小，结构自重显著减轻，这既节省了结构材料，又大幅度地增大了桥梁的跨越能力。与悬索桥相比，斜拉桥的结构刚度大，即在荷载作用下的结构变形小得多，且其抵抗风振的能力也比悬索桥好，这也是在斜拉桥可能达到的大跨度情况下使悬索桥逊色的重要因素。

斜拉桥的斜索组成和布置、塔柱形式及主梁的截面形状是多种多样的。我国常用平行高强钢丝束、平行钢绞线束等制作斜索，并用热挤法在钢丝束上包一层高密度的黑色聚乙烯（HDPE）外套进行防护。

斜索在立面上也可布置成不同形式。各种索形在构造和力学上各有特点，在外形美观上也各具特色。常用的索形布置为竖琴形和扇形两种。另一种是斜索集中锚固在塔顶的辐射形布置，但因其塔顶锚固结构复杂较少采用。

常用的斜拉桥是三跨双塔式结构，但在实践中也往往根据河流、地形、通航要求等情况，采用对称与不对称的独塔双跨式斜拉桥。

斜拉桥是半个多世纪来最富想象力和构思、内涵最丰富且引人瞩目的桥型，它具有广泛的适应性。一般来说，对于跨度从200～700m，甚至超过1000m的桥梁，斜拉桥在技术和经济上都具有相当优越的竞争能力。诚然，随着斜拉桥跨度的增大，将会面临塔过高和斜索过长等一系列技术难点，这不仅涉及高耸塔柱抗震和抗风等动力稳定方面的问题，还有主梁受压力过大及长斜索因自重垂度增大而引起的种种技术问题。必须提到的是，斜拉桥的斜索可以说是这种桥梁的生命线，国内外已发生过几起通车仅几年就因斜索腐蚀严重而导致全部换索的实例。因此，确保其使用寿命仍是当今桥梁界十分关切和重视的重要课题。随着高性能新材料的开发、计算理论的进一步完善、施工方法的改进特别是设计构思的不断创新，斜拉桥还会向更大跨度和更新的结构形式发展。

6.组合体系桥

除了以上五种桥梁的基本体系，根据结构的受力特点，还有由几种不同体系的结构组合而成的桥梁，称为组合体系桥。由于吊杆将梁向上（与荷载作用的挠度方向相反）拉，显著减小了梁中的弯矩，同时由于拱与梁连接在一起，拱的水平推力就传给梁来承受，这样梁除了受弯还受拉。这种组合体系桥能跨越较一般简支梁桥更大的跨度，由于墩台没有推力作用，因此对地基的要求就与一般简支梁桥一样。

（二）桥梁的其他分类方法

除了上述按受力特点将桥梁分成不同结构体系，还可按桥梁用途、大小规模和建桥材料等进行分类。

1.按桥梁用途划分

可分为公路桥、铁路桥、公铁两用桥、公轨两用桥、农桥、人行桥、水运桥（渡槽）及其他专用桥（如通过管道、电缆等）。

2.按主要承重结构所用材料划分

可分为圬工桥（包括砖、石、混凝土桥）、钢筋混凝土桥、预应力混凝土桥、钢桥、钢—混凝土组合桥和木桥等。

3.按桥梁全长和跨径不同划分

可分为特大桥、大桥、中桥、小桥和涵洞。

4.按跨越障碍的性质划分

可分为跨河桥、跨线桥（立体交叉）、高架桥和栈桥。高架桥一般指跨越深沟峡谷以代替高路堤的桥梁。为将车道升高至周围地面以上并使下面的空间可以通行车辆或做其他用途而修建的桥梁称为栈桥。

5.按上部结构的行车位置划分

可分为上承式桥、下承式桥和中承式桥。桥面布置在主要承重结构以上的称为上承式桥；桥面布置在桥跨结构高度中间的称为中承式桥；桥面布置在承重结构以下的称为下承式桥。上承式桥结构简单，施工方便，且其主梁或拱肋的数量和间距可按需要调整，以求得经济合理的布置。同时，在上承式桥上行车时，视野开阔，视觉舒适，所以公路桥梁一般尽可能采用上承式桥。但上承式桥的不足之处是桥梁的建筑高度较大，因此在建筑高度受严格限制的情况下，就应采用下承式桥或中承式桥。

6.按桥跨结构的平面布置划分

可分为正交桥、斜交桥和弯桥。

除上述的桥梁分类方法外，还有按桥梁使用时间长短划分的永久性桥梁和临时性桥梁。除了固定式的桥梁，还有开户桥、浮桥和漫水桥等。

第三节　桥梁的总体规划与设计要点

一、桥梁设计的基本原则

桥梁设计的一般步骤：通过概念设计确定结构方案，确立计算模型，确定结构的详细尺寸和细节构造。选择构思好的桥梁结构方案是设计工作的第一步也是最重要的一步，是评价桥梁设计成功与否的重要标准。

与设计其他工程结构物一样，在桥梁设计中必须考虑下述各项要求。

（一）使用上的要求

桥上的行车道和人行道的宽度应保证车辆和行人的安全畅通，并适当考虑将来交通量增长的需要。桥型、跨度大小和桥下净空应满足泄洪、安全通航或通车等要求。建成的桥梁要保证使用年限，并便于检查和维修。

（二）经济上的要求

桥梁设计应体现经济上的合理性。在设计中必须进行详细周密的技术经济比较，使桥梁的总造价和材料等的消耗最少。应注意的是，要全面精确地计算及所有的经济因素往往是困难的。在技术经济比较中，尚应充分考虑桥梁在使用期间的运营条件及养护和维修等方面的问题。

桥梁设计应根据因地制宜、就地取材、方便施工的原则，合理选用合适的桥型。此外，还要满足快速施工要求。缩短工期的桥梁设计不仅能降低造价，而且提早通车在运输上将带来很大的经济效益。

（三）结构尺寸和构造上的要求

整个桥梁结构及其各部分构件在制造、运输、安装和使用过程中应具有足够的强度、刚度、稳定性和耐久性。桥梁结构的强度应使全部构件及其连接构造的材料抗力或承载能力具有足够的安全储备。对于刚度的要求，应使桥梁在荷载等作用下的变形不超过其规定的允许值，过度的变形会使结构的连接松弛，而且挠度过大会导致高速行车困难，引起桥梁的剧烈振动，使人体感觉不适，严重者会危及桥梁结构的安全。结构的稳定性是要使桥梁结构在各种外力作用下，具有能保持原来形状和位置的能力，如桥梁结构和墩台的整体不致倾倒或滑移，受压构件不致引起纵向屈曲变形等。在地震区修建桥梁时，在计算和构造上还要满足抵御地震破坏力的要求。

（四）施工上的要求

梁结构应便于制造和架设。应尽量采用先进的工艺技术和施工机械，以利于加快施工进度，保证工程质量和施工安全。

（五）美观上的要求

桥梁应具有优美的外形，与周围的景观相协调。城市桥梁和游览地区的桥梁，可较多地考虑建筑艺术上的要求。公路上的特殊大桥宜进行景观设计；上跨高速公路、一级公路的桥梁应与自然环境和景观相协调。合理的结构布局和轮廓造型是桥梁美观的主要因素，但绝不应把美观片面地理解为豪华的细部装饰。

优秀的、结构上既有特色又美观的桥型方案，应使结构的造型与力学行为相协调。在外形上标新立异、有特色但力学行为不合理的桥型方案，往往会显著提高造价和增加施工难度，严重者甚至会影响结构的耐久性和运行安全。

二、桥梁的平、纵、横断面设计

（一）平面设计

桥梁设计时首先要确定桥位。小桥和涵洞的位置和线形一般应服从线路的总体走向，为满足线路要求，可设计为斜交桥或弯桥。对于公路上的特大桥、大桥、中桥的桥位，原则上应符合线路的走向，桥、路综合考虑，尽量选择在河道顺直、水流稳定、地质条件良好的河段上。桥梁的平曲线半径、平曲线超高和加宽、缓和曲线、变速车道设置等，均应满足相应等级线路的规定。桥梁的线形及桥头引道要保持平顺，使车辆能顺利通过。小桥涵的线形及其与公路的衔接可按线路的要求布置。大、中桥梁的线形一般为直线。桥面受到两岸地形限制时，允许修建曲线桥，曲线的各项指标应符合线路的要求；允许修建斜桥，其交角（桥墩沿水流方向的轴线与河道水流方向间的夹角）一般不大于45°，在通航河流上不宜大于5°。

（二）纵断面设计

桥梁纵断面设计包括桥梁总跨径的确定、桥梁的分孔、桥面标高与桥下净空、桥上及桥头引道纵坡的布置等。

1.桥梁总跨径的确定

桥梁总跨径一般参照水文计算来确定。由于桥梁墩台和桥头路堤压缩了河床横断面面积，使桥下过水断面减小，流速加大，加强了河流对河床的冲刷。因此，桥梁总跨径必须保证桥下有足够的泄洪面积，使河床不致受到过大的冲刷。山区河流流速较大，应尽可能地少压缩或不压缩河床；而对于平原地区的宽滩河流（流速较小），虽然允许压缩，但是必须注意壅水对上游河堤、地下水及附近农田等可能产生的危害。

2.桥梁的分孔

桥梁的总跨径确定以后，还需进行单孔布置。一座较大的桥梁可以分成多孔。各孔的跨径有多大、有几个河中桥墩、哪些是通航孔、哪些不是通航孔，这些问题要根据通航要求、地形和地质条件、水文情况及经济技术和美观的需求来加以确定。桥梁的分孔关系着桥梁的总造价。跨径和孔数不同时，上部结构和墩台的总造价也是不同的。跨径越大，孔数越少，上部结构的造价就越高，而墩台的造价就越低。最经济的跨径是使上部结构和下部结构总造价最低的跨径。因此，当桥墩较高或者地质不良，基础工程复杂且造价较高时，桥梁的跨径可选得大一些；反之，当墩台较矮或地质良好时，桥梁的跨径就可以选得小一些。在实际工程中，可对不同的跨径布置进行粗略的方案比较，选择最经济的跨径和孔数。

对于通航河流，当通航净宽大于按经济造价确定的跨径时，一般按通航净宽来确定通航孔跨径，其余桥孔跨径则采用经济跨径。但对于变迁性河流，考虑航道可能发生变化，则需多设几个通航孔。

桥梁的分孔是一个非常复杂的问题，各种各样的条件和要求往往互相矛盾。例如，跨径在100m以下的公路桥梁，为了尽可能地符合标准跨径，不得不放弃采用按经济要求确定的孔径；某些应急工程为了便于抢修和互换，常需要将全桥各孔跨径做成统一的，并且跨径不能太大；有时因为工期紧，为减少水下工程，需要减少桥墩而增加跨径。再有些体系中，为了使结构受力合理和用材经济，布置时要考虑跨径比例的合理性。例如，在连续梁设计中，其中跨与相邻边跨的比值，对于三跨连续梁，一般取 1.0 ： 0.8；对于五跨连续梁，一般取 1.0 ： 0.9 ： 0.65。孔数不多时最好布置成奇数跨以免将桥墩放置于河道中央。

在有些情况下，为了避免在河中搭设脚手架和修建临时墩，可以加大跨径，采用悬臂浇筑法进行施工；在山区建桥时，往往采用单孔跨越深谷的大跨径桥梁，以避免建造中间桥墩。跨径的选择还与施工能力有关，有时选用较大跨径虽然在经济上和技术上是合理的，但是由于缺乏足够的施工技术能力和施工机械设备，不得不改用较小跨径。

总之，对于大、中型桥梁来说，桥梁分孔问题是设计中最基本、最复杂的问题，必须进行深入、全面的分析，才能制订比较完美的方案。

3.桥面标高与桥下净空

桥面标高在线路纵断面设计中已做规定，或根据设计洪水位及桥下通航需要的净空结合桥梁的建筑高度来确定。桥面标高的抬高会引起桥头引公路堤土方量的增加；而在修建城市桥梁时，则可能使引道布置困难。因此，必须根据设计洪水位、桥下通航（或通车）净空等的要求，结合桥型、跨径综合考虑，以确定合理的桥面标高。

对于非通航河流，梁底一般应高出设计洪水位（包括壅水和浪高）至少0.5m，高出最高流冰水位至少0.75m；支座底面应高出设计洪水位至少0.25m，高出最高流冰水位至少0.5m。对于无铰拱桥，拱脚允许低于设计洪水位，但设计洪水位一般不应超过拱圈矢高的2/3，拱顶底面至设计洪水位的净高不应小于1m。对于有漂流物或易淤积的河床，桥下净空应视情况适当加高。

4.桥梁的纵坡设置

桥面标高确定后，就可根据桥头两端的地形和线路要求来设计桥梁的纵断面线形。一般小桥通常做成平坡桥；对于大、中型桥梁，为了利于桥面排水和降低引公路堤的高度，往往设置从中间向两边倾斜的双向坡道，桥上纵坡不宜大于4%，桥头引道纵坡不宜大于5%。对位于城镇交通量大处的桥梁，桥上纵坡和桥头引道纵坡均不得大于3%。桥上或引道处纵坡发生变化的地方，均应按规定设置竖曲线。

（三）横断面设计

一般来说，在高速公路或一级公路上，多数修建上、下行两座独立桥梁。各级公路上的涵洞和二、三、四级公路上跨径小于8m单孔小桥的桥面宽度，应与路基同宽。城市桥梁的桥面宽度应考虑城市交通的规划要求予以适当加宽。桥上如通行电车和汽车时，一般将电车道布置于桥梁中央，汽车道在它的两旁。位于弯道上的桥梁，应按线路要求予以加宽和设置超高。

桥上人行道和慢车道的设置应根据需要而定，并与前后线路的布置相匹配。必要时慢车道与行车道之间应设置分隔设施。人行道宽0.75m或1m，大于1m时可按0.5m的倍数增加，且人行道宜高出行车道0.25～0.35m。

三、桥梁的设计与建设程序

各国根据桥梁建设长期积累的经验，各自形成了一整套与本国管理体制相适应的严密且有序的工作程序。我国根据国家基本建设程序的要求，逐步形成了包括技术、经济及组织工作在内的桥梁建设程序。它分为前期工作及设计阶段。前期工作包括编制预可行性研究报告和可行性研究报告。设计阶段按"三阶段设计"进行，即初步设计、技术设计与施工图设计。各阶段设计文件完成后的上报和审批都由国家指定的行政主管部门负责。批准后的文件是各建设程序实施的依据，也是下一阶段设计文件编制的依据。

（一）前期工作

预可行性研究报告和可行性研究报告的编制均属于建设的前期工作。两者应包括的内容及目的基本一致，只是研究的深度不同。预可行性研究报告是在工程可行的基础上，着重研究建设上的必要性和经济上的合理性；可行性研究报告则是在预可行性研究报告审批后，在必要性和合理性得到确认的基础上，着重研究工程上和投资上的可行性。这两个阶段的研究都为科学地进行项目决策提供依据，避免盲目决策带来的严重后果。前期工作的重点在于论证建桥的必要性、可行性，并确定建桥的地点、规模、标准、投资控制等一系列宏观问题。因此，本阶段的工作是非常重要的。这两个阶段的内容主要有以下两个方面：

1.工程可行性论证

本阶段工作的重点在于选择好桥位，确定桥梁的建设规模，同时需协调好桥梁与河道、航运、城市规划及已有设施的关系。工程可行性论证主要包括以下几个方面的内容：

（1）桥梁标准制定问题

首先确定车道数、桥面宽度及荷载标准，其次是选取允许车速、桥梁坡度和曲线半径，最后应考虑桥梁的抗震标准和航运标准等。

（2）自然条件及周围环境问题

本阶段的地质工作以收集资料为主，辅以在两岸适当布置钻孔进行验证。要探明覆盖层的性质、岩面高程、岩性及构造，确定有无大的构造断层，并从地质角度对各桥位做出初步评价。本阶段的水文工作也十分重要，一般要求提供设计流量，调查历史最高、最低水位，以及设计洪水频率的洪水位，掌握常水位情况及流速资料。此外，还要对特殊水文条件进行研究，如沿海地区的潮汐问题等。

（3）桥位问题

进行桥位方案比较的目的在于评估方案的可行性，特别是基础工程的可行性。为此，应该采取比较成熟的方案，以提高评估的可行性，并至少提出两个以上的桥位方案进行比选。遇到某些特殊情况时，还需要在大范围内提出多个桥位方案进行比选。

桥位比较的内容包括以下两个因素：①桥位对路网布置是否有利；比较造价时，要把各桥位桥梁本身的造价与相应附属工程的造价加在一起进行比较；桥梁建在城市范围内时，要使桥梁建设满足城市规划的要求，还要比较各桥位的航运条件；在进行自然条件的比较时，要考虑地质条件对基础工程的设计、施工难度及工程规模有无直接的影响。②外部条件的处理能否落实，桥梁在不同桥位时对周围设施的影响程度如何，以及不能拆迁的设施对桥梁的影响程度如何等；对环境保护的评估也是必不可少的。

经综合比较，选定一个桥位作为推荐桥位。

2.经济可行性论证

（1）造价及回报问题

收取车辆过桥费是公路桥梁取得回报的主要方式。但从宏观角度出发，桥梁建设是推动社会经济发展的重要因素。尤其是公路干线上特大桥的经济效益和社会效益更是全国性的，因此特大桥、大桥的投资者主要是国家或地方政府。

（2）资金来源及偿还问题

资金来源在预可行性研究阶段应有所计划，在可行性研究阶段则必须予以落实。若想通过国外贷款、发行债券、民间集资的渠道筹措资金，必须得到有关部门的批准。

（二）设计阶段

1.初步设计

由政府计划部门下达的设计任务书是进行初步设计的依据。设计任务书应就桥位、建桥标准、建桥规模等控制性要求作出规定。在进行进一步勘测工作时，如发现选定的桥位确属地质不良，并将导致设计和施工困难，则可以在选定桥位的上、下游附近在不影响桥梁总体布置的范围内，通过地质条件的比较，推荐一个新的桥位。初步设计阶段的主要内容有以下三点：

（1）进一步开展水文、勘测工作

在初步设计阶段，要通过进一步的水文工作提供基础设计和施工所需要的水文资料，如施工期间各月可能出现的高、低水位和相应的流速，以及河床可能出现的最大冲刷深度、施工中可能引起的局部冲刷等。

本阶段的勘测工作称为初勘，要求在以桥位中心线为轴线的上、下游适当布置钻孔，以探明岩层构造及其变化情况。根据钻探取得的资料，确定岩性、强度及基岩风化程度、覆盖层的厚度、力学指标，以及地下水位情况等。

（2）桥型方案比较

桥型方案比较是初步设计阶段的工作重点，一般要进行多个方案比较。各方案均要求提供桥型布置图，且图上必须标明桥梁纵、横断面结构布置，主要部位高程，上、下部结构的结构形式及工程量。对于推荐方案，还要提供上、下部结构的结构布置图，以及主要及特殊部位的构造处理。各类结构都需经过验算并提供可行的施工方案。

（3）科研项目

在初步设计阶段要提出设计、施工中需要进一步通过试验或理论研究来解决的技术难题，立项并做经费计划，待主管部门审批初步设计文件时一并审批，批准后方能实施。

（4）施工组织设计

推荐桥型方案要编制施工组织设计，包括主体结构的施工方案、施工工序、施工投入机械设备清单、主要工程量清单、砂石料来源、施工安排及工期计划等。

（5）概算

根据工程量、施工组织设计及标准定额编制概算。各桥型方案都要编制相应的概算，以便进行不同方案工程费用的比较。按照规定，初步设计概算不能超过前期工作已审批估算的10%，否则应重新编制方案。根据具体情况对概算做适当调整，可将其作为招标时的标底。主管部门审批初步设计文件时，如对推荐方案提出必须修改的意见，则需根据审批意见另外编制、修改初步设计文件并报送上级主管部门批准。

2.技术设计

技术设计应根据批准的初步设计中存在的重大、复杂技术问题及新技术、新材料的应用问题，通过进一步的科学试验、专题研究及分析论证予以解决，落实技术措施，提出可行的施工方案，经批准后作为编制施工图设计的依据。

3.施工图设计

在施工图设计阶段，要进一步根据施工需要进行补充钻探。特别是对于重要的基础，要探明岩面高程的变化。根据批准的初步设计文件和技术设计文件，绘制让施工人员能按图施工的施工详图，并根据施工图编制工程预算。

（三）桥梁的方案比较及桥梁美学设计

1.方案比较

为了获得经济、适用和美观的桥梁设计方案，设计人员必须根据自然和技术条件因地制宜地在综合应用专业知识了解、掌握国内外新技术、新材料、新工艺的基础上，进行深入细致的研究和分析对比工作，才能编制出完美的设计方案。桥梁设计方案的比选和确定可按下列步骤进行。

（1）明确各种标高

在桥位纵断面图上，按比例绘出设计洪水位、通航水位、堤顶标高、桥面标高、通航净空、堤顶行车净空位置图。

（2）桥梁分孔，初拟桥型方案草图

在确定了上述各种标高的纵断面图上，根据泄洪总跨径的要求做桥梁分孔和桥型方案草图。做草图时思路要开阔，只要基本可行，就应尽可能多地做一些方案草图，以免遗漏可能的桥型方案。

（3）方案初筛

对各桥型方案草图做技术上和经济上的初步分析和判断，筛去弱势方案，从中选出2~4个构思好、各具特点的方案，做进一步研究和比较。

（4）详绘桥型方案

根据不同桥型、不同跨度、不同宽度和施工方法，拟定主要结构尺寸，并尽可能细致地绘制出各个桥型方案的尺寸详图。对于新结构，应做初步的力学分析，以确定主要尺寸。

（5）编制估算或概算

依据方案详图，计算上、下部结构的主要工程数量，依据各地区或行业的估算定额或概算定额，编制出各方案的主要材料（钢、木、混凝土等）用量、劳动力数量和全桥总造价。

（6）方案选定和文件汇总

综合考虑建设造价、养护费用、建设工期、营运适用性、美观性等因素，阐述各方案的优缺点。经分析论证，选定一个最佳的方案作为推荐方案。在深入比较的过程中，应当及时发现并调整方案中的不尽合理之处，确保最后选定的方案是强中选强的方案。

上述工作全部完成之后，着手编写方案说明书。方案说明书应阐明方案编制的依据和标准，各方案的主要特色、施工方法、设计概算及方案比较的综合性评述。对推荐方案应做较详细的说明。各种测量资料、地质勘查和地震烈度复核资料、水文调查与计算资料等应按附件载入。

2.桥梁美学设计

"美学"一词来源于希腊语，原意为感觉、感性认识，因此美学可定义为研究感性认识的科学。建筑美学只是其中的一种。一座桥梁从满足功能要求角度而言，是工程结构物；从观赏角度而言，应该是一件建筑艺术品。尤其是大桥，它的雄伟壮观和千姿百态不仅可显示出一个国家的先进技术与生产工艺水平，更能反映出时代精神和当代人的创造力，往往是一个国家、一个地区、一个城市的标志，成为地标性建筑。

桥梁建筑艺术是桥梁美学的表现，它是通过桥梁建筑实体与空间的形态美及其相关因素的美学处理，形成的一种实用与审美相结合的造型艺术，或者说是一种创造桥梁美观的技术。这一技术的研究与发展，可以使桥梁建筑艺术发展壮大。

桥梁美学与桥梁技术不可分割，它追求工程方面和精神方面的统一。它的基本观点是充分满足工程规范，外观形貌尽量完美并与环境协调。桥梁的技术美包括形式美、功能美及与环境协调美三个要素。具备了形式美和功能美的桥梁，还必须与环境和谐统一，才能实现技术美。

（1）形式美

桥梁各构件相互之间取得充分协调，才能创造出桥梁的形式美。这种协调主要借助比例、匀称、平衡、韵律、重复、交替、层次等手法完成。

（2）功能美

功能美是遵循力学理论，在取得平衡并有紧张感的结构中求得内在美，在外观上体现一种力动感。

（3）环境协调美

桥梁建筑与桥位周围的自然景物、人工景物一起，构成了人们生活空间中的整体景观。它不仅影响原有环境，还改善了景观，给人们的生活带来了景观上的变化。桥梁建筑对生活环境的影响及建桥后的景观效果是该地区人民极为关注的。因此，桥梁除了形式美、功能美外，与周围环境的协调也是桥梁技术美中很重要的因素。

桥梁建筑美的基本原则为统一和谐、均衡发展、比例协调、韵律优美及建筑风格具有时代性和民族性。它们在桥梁工程中的应用主要体现在桥梁必须与周围环境相融合，成为自然整体的一个协调部分；桥梁本身的造型必须比例适当，匀称和谐；桥梁造型应结构简单，线条流畅；桥梁建筑应当表现出清新、雅洁的风格等。

第四节　桥梁设计荷载

一、作用分类和作用代表值

公路桥梁的作用按其随时间变化的性质，分为永久作用（permanent action）、可变作用（variable action）和偶然作用（accidental action）。永久作用习惯上称之为恒载（dead load），是指在设计基准期内，其量值不随时间变化，或其变化与平均值相比可忽略不计的作用，如结构重力。可变作用是指在设计基准期内，其量值随时间变化，且其变化与平均值相比有不可忽略的作用，如汽车、人群荷载（习惯上称之为活载，live load）。偶然作用是指在设计基准期内不一定出现，但一旦出现，其值很大且持续时间很短的作用，如地震作用。

铁路桥梁习惯于按作用的性质和发生的概率来进行分类，将桥梁作用分为主力（对应于公路桥的永久作用和一部分可变作用）、附加力（对应于不包含在主力中的其他的可变作用）和特殊荷载（对应于偶然作用）。

尽管公路、铁路规范对各种作用的种类有所不同，但基本上大同小异。需要注意的是，有些作用是设计铁路桥时所特有的，如列车横向摇摆力、牵引力等；有些作用仅在一本规范中列出，如公路规范中的支座摩阻力，但在按另一本规范设计桥梁时，可视情况加以采用。另外，在设计公铁两用桥时，目前的设计实践是在铁路活载的基础上，增加公路活载的75%，但对仅承受公路活载的构件，应计算全部公路活载。

上述作用的类型，需要根据桥梁的实际情况加以调整。例如，对高速铁路桥梁，还需要考虑列车高速运行产生的气动力，以及长钢轨的收缩力和挠曲力对结构的影响。另外，分类也不是绝对的。例如，铁路钢梁桥的水平联结系主要承受风力和制动力，在设计水平联结系时，就该视风力和制动力为活载而非附加力。

除了解作用的分类外，还需要明确其大小。这个代表作用大小的数值就称为作用代表值（representative value of an action）。它采用数理统计的方法或根据工程经验加以确定。在进行桥梁结构或构件设计时，需针对不同设计目的采用规定的各种作用代表值。

作用代表值包括作用标准值、频率值和准永久值。作用标准值（characteristic value of an action）为各种作用的基本代表值，其值可根据作用在设计基准期内最大值概率分布的某一分位值（如95%）确定。作用频率值（frequent value of an action）是可变作用的一种代表值，其可根据在足够长的观测期内作用任意时点概率分布的0.95分位值确定。作用准永久值（quasi-permanent value of an action）是可变作用的另一种代表值，其可根据在足够长的观测期内作用任意时点概率分布的0.5（或略高于0.5）分位值确定。每个代表值的含义是实际作用超出其规定的代表值的概率不大于1与分位值的差值。例如，对作用频率值，实际的作用超出频率值的概率不大于1-0.95=0.05。

我国公路桥涵设计基于极限状态法，设计时对不同的作用采用不同的代表值。对永久作用和偶然作用，采用标准值。对可变作用，根据不同的极限状态和组合方式采用标准值、频率值或准永久值。铁路桥梁设计规范仍基于容许应力法，其各类荷载的代表值相当于上述标准值，以及没有规定作用的频率值和准永久值。

在确定作用标准值时，涉及设计基准期（design reference period）。简单来讲，它就是在确定某些作用（这些作用的最大值概率分布与时间有关，如风荷载、车辆活载等）的标准值时需要人为事先规定一个基准时间参数。对桥梁结构，设计基准期通常取100年。可以理解设计基准期是规范给出的桥梁预期或参考使用年限，但不能简单地将其等同于结构的真实使用寿命。

在明确了各种作用（种类、形式和大小）及其代表值后，就可按结构力学方法进行结构分析。结构对所受作用的响应，如构件承受的弯矩、剪力，结构的位移等，统称为作用效应（effect of an action）。

二、永久作用

永久作用是指结构永久承受的荷载，即恒载，其作用位置、大小和方向一般是固定不变的。作用于桥梁上部结构的恒载，包括结构重力（习惯上称为一期恒载）、桥面铺装和附属设备等重力（习惯上称为二期恒载）；作用于桥梁下部结构的恒载，包括由支座传递的上部结构的重力、墩台自身的重力、墩台可能承受的土压力和水压（浮）力等。

结构重力的标准值，可按结构构件的设计尺寸和材料的重力密度计算确定。常用材料的重力密度可参阅桥梁设计规范。在进行桥梁结构（尤其是新型结构）分析时，往往需要预先估算恒载。通常，当估算的恒载与设计图完成后确定的恒载之间的差异较小（例如，不超过3%）时，不必修正设计；否则有必要按设计图重新计算恒载，再次进行结构分析。

土压力（earth pressure）按其产生的条件，分为静土压力、主动土压力和被动土压力。设计桥梁下部结构时主要用到前两者。土的侧压力计算涉及结构形式、填料性质、墩台位移和地基变形，也与水文和外加荷载等因素有关。目前，采用库伦（楔体极限平衡）理论推导的公式计算土侧压力。具体计算方法可参阅有关规范和设计手册。

水浮力是指由地表水或地下水通过地基土壤的孔隙而传递给建筑物基础底面的（由下而上的）水压力，其值等于建筑物所排开的同等体积的水重。一般位于岩石地基上的基础被认为是不渗水的，可不计水的浮力；对位于碎石类土、沙类土、黏沙土等透水性地基上的墩台，需在设计中考虑水的浮力。

对于预应力混凝土桥梁，在验算结构的使用性能（如混凝土应力）时，预加力应当视为永久作用；在验算结构的承载能力（如抗弯承载能力）时，不计算预加力，而把预应力钢筋视为结构抗力的一部分。

混凝土收缩（shrinkage）及徐变（creep）作用是长期存在的。当混凝土应力较小时，混凝土徐变影响的计算可依据混凝土应力与徐变变形呈线性关系的假定进行分析。混凝土收缩系数和徐变系数的确定，按照《公路钢筋混凝土及预应力混凝土桥涵设计规范》（JTG 3362—2018）中的规定计算。对超静定桥梁结构，墩台基础可能发生不均匀沉降。基础变位对结构的影响也是长期的，其作用效应可依据基础实际情况，按最终沉降量分析计算。

三、偶然作用

（一）地震作用

地震作用主要是指地震时强烈的地面运动所引起的结构惯性力。它是随机变化的动力荷载，其值大小取决于地震强烈程度和结构的动力特性（频率和阻尼等）以及结构或杆件的质量。地震作用分竖直方向和水平方向，但经验表明，地震的水平运动是导致结构破坏的主要因素，结构抗震验算时，一般主要考虑水平地震作用。因此，在工程设计中，凡计算作用在结构上的地震作用都是指水平地震作用（简称地震作用）。

抗震设防要求以地震时地面最大水平加速度的统计值，即地震动峰值加速度确定。位于地震动峰值加速度为0.1g、0.15g、0.2g和0.3g的地区的桥涵工程，应进行抗震设计；位于地震动峰值加速度大于或等于0.4g的地区的桥涵工程，应进行专门的抗震研究和设计。地震作用的计算及结构的设计应符合《公路桥梁抗震设计规范》（JTG/T 2231—01—2020）的规定。

（二）船舶或漂流物撞击力

船舶或漂流物撞击力在可能的条件下，应采用实测资料或模拟撞击试验进行计算，并借此进行防撞设施的设计。船舶或漂流物与桥梁结构的碰撞过程十分复杂，其与碰撞时的环境因素（风浪、气候、水流等）、船舶特性（类型、尺寸、速度、装载情况、船体的强度和刚度等）、桥梁的结构特性（尺寸、形状、材料、质量和抗力等）有关。跨越江、河、海湾的桥梁，位于通航河道或有漂流物的河流中的桥墩桥台，设计时必须考虑漂流物或船舶对桥墩墩台的撞击作用。其撞击作用的标准值可按下列规定采用或计算。

1.漂流物横桥向撞击力标准值可按下式计算

$$F = \frac{Wv}{gT} \tag{1-1}$$

式中：W——漂流物重力，kN，应根据河流中漂流物的情况，按实际调查确定；

v——水流速度，m/s；

T——撞击时间，s，应根据实际资料估算，在无实际资料时，可用1 s；

g——重力加速度，$g = 9.81 \, \text{m} / \text{s}^2$。

2.可能遭受大型船舶撞击作用的桥墩

应根据墩身自身抗撞击能力、桥墩的位置和外形、水流速度、水位变化、通航船舶类型和碰撞速度等因素做桥墩防撞设施的设计。当设有与墩台分开的防撞击的防护结构时，桥墩可不计船舶的撞击作用。

（三）汽车撞击作用

汽车撞击力标准值的行驶方向取为1000 kN，与之垂直方向取为500 kN。两个方向的撞击力不同时考虑，撞击力作用于行车道以上1.2m处，直接分布在撞击涉及的构件上。对于设有防撞设施的结构构件，可视设施的防撞能力予以折减，但折减后不应低于上述取值的1/6。

汽车撞击问题在我国逐渐突出，已影响到公路桥梁结构和道路行车的安全。为防止或减少因撞击产生的破坏，对易受到汽车撞击的构件的部位应采取相应的构造措施，并增设钢筋或钢筋网。对于跨线桥，不应在没有中间带的公路中央设立桥墩。

第二章

公路桥梁工程的施工组织设计

第一节　施工组织设计的任务与原则

一、道路与桥梁工程的施工特点

道路桥梁是一种人工构筑物，是通过设计与施工消耗大量的人工、材料和机械而完成的建筑产品。和工业生产相比较，道路桥梁施工同样是把一系列的资源投入产品（工程）的生产过程，其在生产上的阶段性和连续性与组织上的专门化和协作化是一致的。但是，道路桥梁施工与一般工业生产和其他土建工程施工（如房屋建筑）都有所不同。比如，由于道路工程的线性分布性质，使施工面狭长、流动性大、临时工程多，施工容易受到其他工程和外界的干扰，施工管理工作量大；由于道路施工全系野外作业，受自然条件影响很大，因此施工受季节影响；由于工程数量分布不均匀（特别是集中土石方和大中桥），给各施工项之间的协调工作带来困难；由于道路是永久性建筑，占用土地又多，一般不可能拆除重建，因此施工质量尤其重要。

由于道路桥梁施工的上述特点，为了保证施工任务的圆满完成，必须做好施工组织设计，并采取相应的管理措施。

二、施工组织设计的任务与作用

施工现场的组织与管理工作贯穿于施工的全过程，分为施工准备工作、现场施工管理与调度工作及竣工验收与结算。具体包括以下内容：

（一）施工准备工作

①现场调查，即调查地物地貌、水文地质、资源供应及施工运输条件；②图纸会审与技术交底；③编制施工组织设计；④编制施工预算，下达施工任务，签订分包协议；⑤组织劳力、机械、材料进场；⑥测量放线，二通一平，按平面布置图搭设临时生产、生活设施；⑦外部协作，办理施工执照，申办封闭交通。

（二）现场施工管理与调度

①编制和下达施工作业计划，制定劳动组合与施工作业程序，工程任务划分；②建立施工组织管理体系，形成生产指挥系统；③开展现场技术管理、质量管理、材料管理、机械设备管理、安全文明施工管理及施工现场的平面管理与环境管理；④建立现场调度会议制度，定期分级召开生产调度会议；⑤推行施工任务书与包工合同，加强基层作业队（班、组）管理。

（三）施工验收与工程结算

①工程收尾、清场、返修补修，工程分级检查验收，工程量核实，签证与工程结算，交工会议与签订保修协议。②承担大中型市政工程施工项目时，应实行"项目法"管理。

施工组织设计的作用是指导拟建工程从施工准备到竣工验收全过程的各综合性的技术经济文件，是沟通工程设计和施工之间的桥梁，是指导现场施工的法规。它的作用是全面规划、布置施工生产活动；制定先进合理的技术和组织措施；确定先进合理、切实可行的施工方案；节约使用人力、物力和加强各方面的协调配合，保证有节奏的连续施工，全面完成施工任务，以便企业以最小的消耗，取得较大的经济效果。

三、施工组织设计的一般原则

组织施工或编制施工组织设计时，应根据施工特点和以往积累的经验，遵循以下十一项原则：①认真贯彻党和国家对基本建设的各项方针和政策。②严格遵守国家和合同规定的工程竣工及交付使用期限。③合理安排工程开展程序和施工顺序。建筑施工的特点之一是产品的固定性，因此可以使建筑施工在同一场地上同时或者先后交叉进行。没有前一阶段的工作，后一阶段的工作就不能进行，同时它们之间又是交错搭接地进行。顺序反映客观规律要求，交叉则反映争取时间的努力。因此，在编制施工组织设计的过程中必须合理安排施工程序。在安排施工程序时必须考虑以下几点：要及时完成相关的准备工作，为正式施工创造良好条件；正式施工时应该先进行全场性的工作，然后再进行各个项目的施工；对于单个构筑物的施工顺序，既要考虑空间的顺序，也要考虑各个工种之间的顺序；可供整个施工过程使用的建筑物要尽可能地提前建造，以便减少施工的临时设施，从而节约投资。④在选择施工方案时，要积极采用新材料、新设备、新工艺和新技术，努力为新结构的推行创造条件；要注意结合工程特点和现场条件，使技术的先进适用性和经济合理性相结合，防止单纯追求先进却忽视经济效益的做法；还要符合施工验收规范、操作规程的要求和遵守有关防火、保安及环保等规定，确保工程质量和施工安全。施工方案的选择必须进行多方案比较。比较时应做到实事求是，在多个方案中选择最经济、最合理的；一切从实际出发，以数据来定方案，数据一定要准确，结论要有理、有力。⑤对于必须进入冬、雨季施工的工程，应落实季节性施工措施，以增加全年的施工天数，提高施工的连续性和均衡性。建筑施工周期长，多属露天作业，不可避免地会受到天气和季节的影响，主要是冬、雨季的影响。因此，如何克服冬、雨季所造成的不利影响是关键问题。主要措施有以下两条：一是在安排进度时，将受季节影响较大的施工项目安排在有利的天气进行，将受天气影响较小的施工项目安排在冬、雨季进行；二是采取一定的措施，保证冬、雨季施工的施工质量与进度。⑥尽量利用正式工程已有设施，以减少各种临时设施；尽量利用当地资源，合理安排运输、装卸与储存作业，减少物资运输量，避免二次搬运；精心进行场地规划布置，节约施工用地，不占或少占农田。⑦必须注意根据地区条件和构件条件，通过技术经济比较，恰当地选择预制方案或现场浇筑方案。确定预制方案时，应贯彻工厂预制与现场预制相结合的方针，努力提高建筑工业化程度，但不能盲目追求装配化程度的提高。⑧要贯彻先进机械、简易机械和改进机械相结合的方针，恰当选择自行装备、租赁机械或机械化分包施工等方式，但不能片面地强调提高机械化程度指标。⑨制定节约能源和材料措施。⑩要贯彻"百年大计、质量第一"和预防为主的方针，从各方面制定保证质量的措施，预防和控制影响工程质量的各种因素。⑪要贯彻"安全为了生产，生产必须安全"的方针，建立健全各项安全管理制度，制定安全施工的措施，并在施工过程中经常地进行检查和督促。

第二节　施工组织设计的阶段与内容

一、施工组织设计阶段的方案

施工组织设计根据设计和编制对象的不同大致可分为三类：施工组织总设计、单位工程施工组织设计和分部分项工程施工组织设计。

（一）施工组织总设计

施工组织总设计即施工组织大纲，以群体工程若干个单项工程为对象，在初步设计阶段或扩大初步设计阶段编制的战略性和方针性的全面规划和总体部署，是指导整个工程施工全过程的组织、技术、经济的综合性设计文件。它将建设项目视为一个系统，对影响全系统的重大战略问题进行预测和决策，预见工程建设的进程和发展，预见可能发生的矛盾，从而把握全局，取得主动，指导做好施工前的准备工作，内容比较概括、粗略。它是施工单位编制年度施工计划和单位工程施工组织设计的依据。

施工组织总设计的主要内容包括工程概况、施工部署与施工方案、施工总进度计划、施工准备工作及各项资源需要计划、施工总平面图、主要技术组织措施及主要技术经济指标等。

（二）单位工程施工组织设计

单位工程施工组织设计是以单位工程为对象，在收到施工图纸资料后主体工程开工之前编制的统筹规划和施工部署，由直接组织施工的单位编制。如确定具体的施工组织、施工方法、技术措施等。其内容比施工组织总设计详细、具体，既是指导该单位工程施工全过程的组织、技术、经济的综合性文件，也是施工企业编制季度、月度计划的依据。

（三）分部分项工程施工组织设计

分部分项工程施工组织设计是以一个较小的单位工程或大型复杂的分部分项工程或专业工程为对象，在收到图纸资料后工程开工之前针对工程特点和主要施工工序，在施工方法、施工机具、施工进度、劳动组织、技术措施、时间配合和空间布置等方面编制的，用以指导该项工程施工全过程的组织、技术、经济的综合性文件。内容比单位工程施工组织设计详细、具体、简明，是专业工程的具体施工设计。一般在单位工程施工组织设计确定施工方案之后，由施工队技术员负责编制。

分部分项工程设计的主要内容包括工程概况、施工方案、施工进度表、施工平面图及技术组织措施等。

施工方案是根据设计图纸和说明书，决定采用哪种施工方法和机械设备，以何种施工顺序和作业组织形式来组织项目施工活动的计划。施工方案确定了，就基本上确定了整个工程施工的进度、劳动力和机械的需要量、工程的成本、现场的状况等。所以说，施工方案的优劣在很大程度上决定了施工组织设计质量的好坏和施工任务能否圆满完成。施工方案包括施工方法与施工机械选择、施工顺序的合理安排以及作业组织形式和各种技术组织措施等内容。

1.施工方案制订的原则

①制订方案首先必须从实际出发，符合现场的实际情况，并有实现的可能性。所制订方案在资源、技术上提出的要求应该与当时已有的条件或在一定时间能争取到的条件相吻合，否则是不能实现的。

②施工方案的制订必须满足合同要求的工期。按工期要求投入生产、交付使用，发挥投资效益。

③施工方案的制订必须确保工程质量和施工安全。工程建设是百年大计，要求质量第一，保证施工安全是员工的权利和社会的要求。因此，在制订方案时应充分地考虑工程质量和施工安全，并提出保证工程质量和施工安全的技术组织措施，使方案完全符合技术规范、操作规范和安全规程的要求。如在质量方面制定工序质量控制标准、岗位责任制与经济责任制和质量保障体系等。

④在合同价的控制下，尽量降低施工成本，使方案更加经济合理，增加施工生产的盈利。从施工成本的直接费用和间接费用中找出节约的途径，采取措施控制直接消耗，减少非生产人员，挖掘潜力，使施工费用降低到最低限度，不突破合同价，取得好的经济效益。

2.施工方法的选择

施工方法是施工方案的核心内容，对工程的实施起决定性作用。确定施工方法应突出重点，凡是采用新技术、新工艺和对工程质量起关键作用的项目，以及工人在操作上还不够熟练的项目，应详细且具体，不仅要拟定进行这一项目的操作过程和方法，而且要提出质量要求，以及达到这些要求的技术措施，并要预见可能发生的问题，提出预防和解决这些问题的办法。对于一般性工程和常规施工方法则可适当简化，但要提出工程中的特殊要求。

3.施工机械的选择和优化

施工机械对施工工艺、施工方法有着直接影响，施工机械化是现代化大生产的显著标志，对加快建设速度、提高工程质量、保证施工安全、节约工程成本均起着至关重要的作用。因此，选择施工机械成为确定施工方案的一个重要内容，应主要考虑下列问题：①在选用施工机械时，应尽量选用施工单位现有机械，以减少资金的投入，充分发挥现有机械效率。若现有机械不能满足工程需要，则可考虑租赁或购买。②机械类型应符合施工现场的条件。施工条件是指施工场地的地质、地形、工程量大小和施工进度等，特别是工程量和施工进度计划，是合理选择机械的重要依据。一般来说，为了保证施工进度和提高经济效益，工程量大的应采用大型机械，工程量小的则应采用中小型机械，但也不是绝对的。如一项大型土方工程，由于施工地区偏僻，道路、桥梁狭窄或载重量限制大型机械的通过，如果只是专门为解决运输问题而修路、桥，显然是不经济的，因此应选用中型机械施工。③在同一建筑工地上施工机械的种类和型号应尽可能少。为了便于现场施工机械的管理及减少转移，对于工程量大的工程应采用专用机械；对于工程量小且分散的工程，则应尽量采用多用途的施工机械。④要考虑所选机械的运行费用是否经济，避免大机小用。施工机械的选择应以能否满足施工的需要为目的。如本来土方量不大，却用了大型土方机械，结果不到一星期就完工了，但大型机械的台班费、进出场的运输费、便道的修筑费以及折旧费等固定费用相当庞大，使运行费用过高，超过了缩短工期所创造的价值。⑤施工机械的合理组合。选择施工机械时，要考虑各种机械的合理组合，这样才能使选择的施工机械充分发挥效率。合理组合是指主机与辅机在台数和生产能力上的相互适应，作业线上的各种机械互相配套的组合。主机与辅机的组合一定要在设法保证主机充分发挥作用的前提下，考虑辅机的台数和生产能力。作业线上各种机械的配套组合，一种机械化施工作业线是由几种机械联合作业组合成一条龙施工，才能具备整体生产能力，如果其中某种机械的生产能力不适应作业线上的其他机械，或机械可靠性不好，都会使整条作业线的机械发挥不了作用。如在桥梁工程中的混凝土拌和机、塔吊、吊斗的一条龙施工，就存在合理配套组合的问题。

选择施工机械时应从全局出发统筹考虑。全局出发就是不仅考虑本项工程，而且考虑所承担的同一现场或附近现场其他工程的施工机械的使用。也就是说，从局部考虑去选择机械是不合理的，应从全局的角度进行考虑。

4.施工顺序的选择

施工顺序是指施工过程或分项工程之间施工的先后次序，它是编制施工方案的重要内容之一。施工顺序安排得好，可以加快施工进度，减少人工和机械的停歇时间，并能充分利用工作面，避免施工干扰，达到均衡、连续施工的目的，并能实现科学的组织施工，做到不增加资源，加快工期，降低施工成本。安排好一个施工项目的施工顺序，要考虑到多方面的因素：①统筹考虑各施工过程之间的关系。在工程施工过程中，任何相邻的施工过程之间总是有先有后，有些是由于施工工艺的要求而固定不变的，也有些不受工艺限制，有一定的灵活性。②考虑施工方法和施工机械的要求。如桥梁工程的基础是钻孔灌注桩，施工方法采用钻孔机钻孔，在安排每个基础根桩的施工顺序时相邻桩不能顺序施工，否则会发生塌孔现象，所以必须间隔施工。采用间隔施工时，钻机移动的次数会增多，而钻机移动需要拆卸和重新安装，很费时间。此时必须采取措施合理安排桩基的施工顺序，既要保证钻机移动的最少，又要保证钻孔安全，还能加快施工进度。③考虑施工工期与施工组织的要求。合理的施工顺序与施工工期有着密切的关系，施工工期影响到施工顺序的选用，如有些建筑物，由于工期要求紧张，采用逆作法施工，这样便会导致施工顺序的较大变化。一般情况下，满足施工工艺条件的施工方案可能有多个，因此还应考虑施工组织的要求，并通过对方案的分析、对比，选择经济、合理的施工顺序。通常，在相同条件下，应优先选择能为后续施工过程创造良好施工条件的施工顺序。④考虑施工质量的要求。确定施工顺序时，应以充分保证工程质量为前提。

当有可能出现影响工程质量的情况时，应重新安排施工顺序或采取必要的技术措施。⑤考虑当地的气候条件和水文要求。在安排施工顺序时，应考虑冬季、雨季、台风等气候的影响，特别是受气候影响大的分部工程应尤为注意。在南方施工时，应从雨季考虑施工顺序，可能因雨季而不能施工的应安排在雨季前进行。如土方工程不能安排在雨季施工。在严寒地区施工时，则应考虑冬季的施工特点安排施工顺序。桥梁工程应特别注意水文资料，枯水季节宜先施工位于河中的基础等。⑥安排施工顺序时应考虑经济和节约，降低施工成本。合理安排施工顺序，加速周转材料的周转次数，并尽量减少配备的数量。通过合理安排施工顺序可缩短施工期，减少管理费、人工费、机械台班费等，降低工程成本，给项目带来显著的经济效益。⑦考虑到施工的安全要求。在安排施工顺序时，应力求各施工过程的搭接不会产生不安全因素，以避免安全事故的发生。

5.技术组织措施的设计

组织措施是施工企业为完成施工任务、保证工程工期、提高工程质量、降低工程成本，在技术上和组织上所采取的措施。企业应该把编制技术组织措施作为提高技术水平的关键，改善经营管理。通过编制技术组织措施，结合企业内部的实际情况，很好地学习和推广同行业的先进技术和行之有效的组织管理经验。

二、施工组织计划内容

（一）工程概况

①简要说明工程名称，施工单位名称，建设单位及监理机构、设计单位、质检站名称，合同的开工日期和施工日期，合同价（中标价）。②简要介绍拟建工程的地理位置、地形地貌、水文、气候、降雨量、雨季、交通运输、水电情况。③施工组织机构设置及职责部门之间的关系。④工程结构、规模、主要工程数量表。⑤合同特殊要求，如业主提供结构材料、指定分包商等。

（二）施工总平面部署

①简要说明可供使用的土地、设施、周围环境、环保要求，以及需要保护或注意的情况。②施工总平面布置必须以平面布置图表示，并应标明拟建工程平面

位置、生产区、生活区、预制场、材料场、爆破器材库位置。③施工总平面布置可用一张图，也可用多张相关的图表示；图上无法表示的，应用文字简单叙述。

（三）技术规范及检验标准

①明确本工程所使用的施工技术规范和质量检验评定标准。②注明本工程所使用的作业指导书的编号和标题。

（四）施工顺序及主要工序的施工方法

①施工顺序。一般应以流程图表示各分项工程的施工顺序和相关关系，必要时附以文字简要说明。②施工方法。施工方法是施工组织设计重点叙述的部分，包含主要分项工程的施工方法，重点叙述技术难度大、工种多、机械设备配合多、经验不足的工序和结构关键部位。对于常规的施工工序则简要说明。

（五）质量保证计划

①明确工程质量目标。②确定质量保证措施。

根据工程的实际情况，按分项工程项目分别制定质量保证技术措施，并配备工程所需的各类技术人员；对于工程的特殊过程，应对其连续监控和持证上岗作业，并制定相应的措施和规定；对于分包工程的质量要制定相应的措施和规定。

（六）安全劳保技术措施

安全劳保技术措施包括水上作业、高空作业、夜间作业、起吊安装、预应力张拉、爆破作业、汽车运输和机械作业等安全措施，以及安全用电、防水、防火、防风、防洪的措施；机械、车辆多工种交叉作业的安全措施，操作者安全环保的工作环境所需要采取的措施，拟建工程施工过程中工程本身的防护和防碰撞措施，维持交通安全的标志。所有措施应遵守行业和公司各类安全技术操作规程和各项预防事故的规定，应由项目部的安全部门负责人审核后定稿。

三、实施施工组织设计

工程中标后，对于单位工程和分部工程，应在指导性施工组织设计的基础上分别编制实施性的施工组织设计。

实施性施工组织设计的任务是：①它是用来直接指挥施工的计划，这是其核心内容。因此，应具体制订出按工作日程安排的施工进度计划。②根据施工进度计划具体计算出劳动力、机具、材料等日程需要量，并规定工作班组及机械在作业过程中的移动路线及日程。③在施工方法上，要结合具体情况考虑到工程细目的施工细节，具体到能按所定施工方法确定工序、劳动组织及机具配备。④工序的划分、劳动力的组织及机具的配备，既要适应施工方法的需要，也要考虑工作班组的组织结构和设备情况，要最有效地发挥班组的工作效率，便于实行分项承包和结算，还要切实保证工程质量和施工安全。⑤要考虑到当发生意外情况时留有调节计划的余地。如因故中途必须停止计划项目的施工时，要准备机动工程，调动原计划安排的班组继续工作，避免窝工。

实施性施工组织设计必须具体、详细，以达到指导施工的目的，但应避免过于复杂、烦琐。

在某些特定情况下，针对工程的具体情况有时还需要编制特殊的施工组织设计，如以下三种情况：①某些特别重要和复杂，或者缺乏施工经验的分部、分项工程，如复杂的桥梁基础工程、站场的道岔铺设工程、特大构件的吊装工程、隧道施工中的喷锚工程等。为了保证施工的工期和质量，有必要编制专门的施工组织设计。但是，编制这种特殊的施工组织设计，其开工与竣工的工期要与总体施工组织设计一致。②对特殊条件下的施工，如严寒、雨季、沼泽地带和危险地区（如隧道中通过瓦斯地层的施工）等，需要采取特殊的技术措施，有必要为之专门编制施工组织设计，以保证施工的顺利进行，以及质量要求和人员的安全。③某些施工时间长的项目，即跨越几个年度的项目，在编制指导性施工组织设计或实施性施工组织设计时，不可能准确地预见到以后年度各种施工条件的变化，因而也不可能完全切实或详尽地进行施工安排。因此，需要对原定项目施工总设计在某一年进行进一步具体化或做相应的调整与修正。这时，就有必要编制年度的项目施工组织总设计，用以指导施工。

指导性项目施工组织设计是整个项目施工的龙头，是总体的规划。在这个指导文件规划下，再深入研究各个单位工程，从而制定实施性的施工组织设计和特殊的施工组织设计。在编制项目指导性施工组织设计时，可能对某些因素和条件未预见到，而这些因素或条件却影响整个部署。这就需要在编制局部的施工组织设计后，再对全局性的指导性施工组织设计做必要的修正和调整。

第三节　施工组织的基本方法

一、顺序作业法

根据工程结构施工程序和工艺流程，按照先后顺序施工操作，按照固定的程序组织施工称为顺序作业法。其主要特点如下：①没有充分利用工作面进行施工，（总）工期较长。②每天投入施工的劳动力、材料、机具的种类比较少，有利于资源供应的组织工作。③施工现场的组织、管理比较简单。④不强调分工协作，若由一个作业队完成全部施工任务，不能实现专业化生产，不利于提高劳动生产率；若按工艺专业化原则成立专业作业队，各专业队不能连续作业，劳动力和材料的使用可能不均衡。

二、平行作业法

根据工程结构施工程序和工艺流程，大量人员机械施工操作，按照固定的程序组织施工称为平行作业法。其主要特点如下：①充分利用工作面进行施工，（总）工期较短。②每天同时投入施工的劳动力、材料和机具数量较大，影响资源供应的组织工作。③如果各工作面之间需共用某种资源时，施工现场的组织管理比较复杂、协调工作量大。④不强调分工协作，此点与顺序作业法相同。

三、流水作业法

流水施工是一种科学、有效的工程项目施工组织方法之一，其建立在分工协作的基础上，实行专业化施工，充分利用工作时间和操作空间，减少非生产性劳动消耗，保证工程施工连续、均衡、有节奏地进行，从而对提高工程质量、降低工程造价、缩短工期有着显著作用。流水作业施工就是由固定组织的工人在若干个工作性质相同的施工环境中依次、连续地工作的一种施工组织方法。工程施工中可以采用依次施工（亦称顺序施工法）、平行施工和流水施工等组织方式。对于相同的施工对象，当采用不同的作业组织方法时，其效果也各不相同。

流水施工组织的具体步骤是将拟建工程项目的全部建造过程，在工艺上分解为若干个施工过程，在平面上划分为若干个施工段，在竖向上划分为若干个施工层，然后按照施工过程组建专业工作队（或组），并使其按照规定的顺序依次连续地投入各施工段，完成各个施工过程。当分层施工时，第一施工层各个施工段的相应施工过程全部完成后，专业工作队依次、连续地投入第二、第三……第N施工层，有节奏、均衡、连续地完成工程项目的施工全过程，这种施工组织方式称为流水施工。例如，吊顶的班组在10层工作一周完成任务后，第二周立即转移到11层做同样的工作然后第三周再到12层工作。其他工作队也是这样工作。此种作业法既能充分利用时间又能充分利用空间，大大缩短了工期，三个楼层总工期为35d，同时又克服了平行作业法资源高度集中的缺点，所以流水作业法是一种先进有效的作业组织法。流水作业法可保证生产的连续性和均衡性，而生产的连续性和均衡性势必使各种材料可以均衡使用，消除了工作组的施工间歇，因而可以大大缩短工期，一般可缩短1/3～1/2。

流水施工方式是一种先进、科学的施工方式。由于在工艺过程划分、时间安排和空间布置上进行统筹安排，其将会给相应的项目部带来显著的经济效果，具体可归纳为以下几点：前后施工过程衔接紧凑，减少了不必要的时间间歇，使施工得以连续进行，后续施工过程尽可能提前在不同的工作面上开展，从而加快施工进度，缩短工程工期；各个施工过程均采用专业班组操作，可提高工人的熟练程度和操作技能，同时，工程质量也易于保证和提高；采用流水施工，使得劳动力和其他资源的使用比较均衡，从而可避免出现劳动力和资源使用大起大落的现象，减轻施工组织者的压力，为资源的调配、供应和运输带来方便；由于工期的缩短、工作效率提高、资源消耗等因素共同作用，可以减少临时设施及其他不必要的费用，从而降低工程造价。

流水施工的优点是各工作队可以实行专业化施工，从而为工人提高技术熟练程度以及改进操作方法和生产工具创造了有利条件，可充分提高劳动生产率。劳动生产率得到提高，相应地可以减少工人人数和临时设施数量，从而可以节约投资、降低成本，同时专业化施工有助于保证工程质量。

流水施工具有以下特点：①科学地利用了工作面，争取了时间，使总工期趋于合理。②工作队及其工人实现了专业化生产，有利于改进操作技术，可以保证工程质量和提高劳动生产率。③工作队及其工人能够连续作业，相邻两个专业工作队之间可实现合理搭接。④每天投入的资源量较为均衡，有利于资源供应的组织工作。⑤为现场文明施工和科学管理创造了有利条件。

上述经济效果都是在不需要增加任何费用的前提下取得的。可见，流水施工是实现施工管理科学化的重要组成内容，是与建筑设计标准化、施工机械化等现代施工内容紧密联系、相互促进的，是实现企业进步的重要手段。

四、网络计划法

网络计划技术既是一种科学的计划方法，又是一种有效的生产管理方法。主要有单代号网络图、双代号网络图。与横道图计划管理方法相比，网络计划技术具有如下特点：

①网络计划把整个施工过程中各有关工作组成一个有机的整体，因而能全面且明确地反映出各工序之间的相互制约和相互依赖的关系，能够清楚地看出全部施工过程在计划中是否合理。

②网络计划可以通过时间参数计算，能够在工作众多、错综复杂的计划中，找出影响工程进度的关键工作，便于管理人员集中精力抓住施工中的主要矛盾，确保按期竣工，避免盲目抢工。因为，在通常的情况下，当计划内有10项工作时，关键工作只有3~4项，占30%~40%；有100项工作时，关键工作只有12~15项，占12%~15%；有5000项时，关键工作也不过150~160项，占3%~4%。据说，世界上曾有10000项工作的计划，其中关键工作只占1%~2%。

③通过利用网络计划中反映的各项工作的机动时间，可以更好地运用和调配人力与设备，节约人力、物力，达到降低成本的目的。

④通过对计划的优劣比较，可在若干可行性方案中选择最优方案。

⑤在计划的执行过程中，当某一工作因故提前或拖后时，能从计划中预见到它对其他工作及总工期的影响程度，便于及早采取措施以充分利用有利的条件或有效地消除不利的因素。

⑥可以利用现代化的计算工具——计算机，对复杂的计划进行绘图、计算、检查、调整与优化。

网络计划的缺点是从图上很难清晰地看出流水作业的情况，也难以根据一般网络图算出人力及资源需要量的变化情况。

可见，网络计划技术的最大特点在于它能够提供施工管理所需的多种信息，有利于加强工程管理。所以，网络计划技术已不仅是一种编制计划的方法，而且是一种科学的工程管理方法。它有助于管理人员合理地组织生产，做到心中有数，知道管理的重点应放在何处、怎样缩短工期、在哪里挖掘潜力、如何降低成本。在工程管理中提高应用网络计划技术的水平，必能进一步提高工程管理的水平。

网络计划的优化是指在一定的约束条件下，利用最优化原理，按照既定目标对网络计划进行不断改进，以寻求满意方案的过程。根据优化目标的不同，网络计划的优化可分为工期优化、资源优化和费用优化。

第四节　机械化施工组织

一、机械化施工组织的作用

施工机械在城市建设、交通运输、能源开发、国防建设中起着十分重要的作用，是国家经济建设不可缺少的技术装备，是确保工程质量、降低工程造价、减轻劳动强度、提高经济效益和社会效益的重要手段。

土石方机械包括推土机、装载机、挖掘机、铲运机、平地机、凿岩机，以及石料破碎、筛分机械等几个重要机种。既是工程机械中用途最广泛的一大类机械，也是公路建设特别是高等级公路建设中土石方工程中的主要施工机械。同时，土石方机械还广泛应用于铁路、水利、矿山、港口、机场、农田及国防等工程建设中，在国民经济建设中起着重要作用。在公路路基工程中，土石方机械担负着土石方的铲装、填挖、运输、整平等作业，具有施工速度快、作业质量高、生产效率高等优点，是现代公路建设中不可缺少的。土石方机械的作业对象是各种土、砂、石等物料。在进行施工作业时，机械承受负荷重、外载变化波动大、工作场地条件差、环境比较恶劣，因此要求土石方机械具有良好的低速作业性、足够的牵引力、整机的高可靠性和较高的作业生产能力。

由于现代工程的大型化，土石方机械继续向大型化方向发展，以适应巨大工程机械化施工的需要；同时为满足道路与桥梁建设、环保和窄小场地以及小型土石方工程的要求，小型、多功能、机动性好的机种也得到进一步的发展。现代计算机、电子和激光等技术的发展以及这些技术在土石方机械上的应用，将大大提高土石方机械的自动控制和智能化程度。同时，省力操纵、安全防护、降低噪声、提高可靠性及驾驶人员的舒适性等，将是土石方机械今后继续发展的方向。

二、施工机械的选型与配套原则

作为生产工具的施工机械，其购价都很高，因此使用费用很大（以土方工程为例，设备费占工程费的30%～40%）。工作环境（地形、土壤、质量）复杂、工地施工条件艰苦时，工程的机械设备费用将更高。为了使施工机械在施工过程中发挥其最大的经济效益，顺利地完成工程任务，必须选择最适合施工条件的机种。这种选型工作在设计阶段应该考虑周详。在选定所需机种、数量、工程量等条件后，还须正确估算其成本，然后用优选法选出最优的机械配组，这才是施工机械选型和配组的目的。

（一）施工机械选型的一般选定

合理地选定机种必须与施工条件、施工方法和技术经济效益联系起来进行比较，才能选出理想的机种。一般机械选定考虑的要点是：①能适应工地的土质、地形；②能满足工程质量要求；③在保证质量的前提下，不影响和损坏附近建成的建筑物；④能高效率地完成需要的工作；⑤机械运转费少且施工单价低；⑥容易进行运转、维修，可靠性又高；⑦可以自动化和省力；⑧安全又不会污染环境；⑨易于筹办、便于转移。

（二）特殊性机械的选定

根据施工需要必须引进特殊机械时，除了上述要点外，还要考虑以下三点：①有无可代替的其他施工方法；②引进特殊机械后是否具备经营管理的能力并能充分发挥特殊机械的效能；③能否成为今后新施工方法的典型。

（三）施工机械的配组

根据机械选型要点，选出与其相适应的机种和数量后，还需要研究施工技术和施工组织，合理地进行配组。配组的方法是首先在已选定的施工机械中，正确确定机组的主体机械，然后配备所需的辅助机械，使之成龙配套，形成单项工程机械化。这样可以提高机械化施工水平，逐步向全工程实行流水作业法的综合机械化发展。为了使组合的每台机械都能在施工中发挥最大效率，机械选型配套应符合下列要求：①在规定施工期内，机械应完成的工作量；②要充分利用主机的生产能力；③主体机械与辅助机械以及运输工具之间各机械的工作能力要保持平衡，还要使机组得到合理的配合和使用。

三、施工机械组织措施

施工机械使用管理的基本要求是保持机械的良好技术状态，正确使用和优化组合，发挥机械的效能，以达到安全、优质、高效、低消耗地完成施工生产任务的目的。

机械技术状态是指机械所具有的工作能力，包括性能、精度、效率、运动参数、安全、环保、能源消耗等所处的状态及其变化情况。机械在使用过程中，由于受到各种力的作用和环境条件、使用方法、工作规范、工作持续时间长短等影响，使机械应有的功能和技术状态水平不断发生变化而有所降低或劣化。要控制这种变化过程，除了应创造适合机械工作的环境和条件外，正确使用机械是控制机械技术状态变化和延缓工作能力下降的先决条件。

评定机械技术状态达到完好标准的要求，主要有以下三点：①机械性能良好。机械的性能和精度能稳定地满足施工生产工艺要求，动力部分应能达到规定的功率。②机械运转正常。部件齐全，安全防护装置良好，操纵、控制系统灵敏可靠，机械的牵引力和工作装置的效率应正常。③燃料、动能、润滑油料以及材料、配件等消耗正常，基本无漏油、漏水电现象，外表清洁整齐。

凡不符合上述三项要求的机械，不应称为完好机械。机械完好的具体标准应能对机械做出定量分析和评价，各行业主管部门根据总的要求结合行业机械特点制定。

正确使用机械是机械使用管理的基本要求，包括技术合理和经济合理两个方面的内容。技术合理就是按照机械性能、使用说明书、操作规程以及正确使用机械的各项技术要求使用机械；经济合理就是在机械性能允许的范围内，能充分发挥机械的效能，以较低的消耗得到较高的经济效益。根据技术合理和经济合理的要求，机械的正确使用主要应达到以下三个标志：

（一）高效率

机械使用必须使其生产能力得以充分发挥。在综合机械化组合中，至少应使其主要机械的生产能力得以充分发挥。机械如果长期处于低效运行状态就是不合理使用的主要表现。

（二）经济性

在机械使用已经达到高效率时，还必须考虑经济性的要求。使用管理的经济性、要求在可能的条件下，使单位实物工程的机械使用费的成本最低。

（三）机械非正常损耗防护

机械正确使用追求的高效率和经济性必须建立在不发生非正常损耗的基础上，否则就不是正确使用，而是拼机械、吃老本。机械的非正常损耗是指由于使用不当而导致机械早期磨损、事故损坏以及各种使机械技术性能受到损害或缩短机械使用寿命等现象。

在机械化施工中，机械的选用和组合是否合理，将直接关系到施工进度、质量和成本，是优质、高产、低耗地完成施工生产任务和充分发挥机械效能的关键。其必须做到以下十点：

1.编好机械使用计划

根据施工组织设计编制机械使用计划。编制时要采用分析、统筹、预测等方法计算机械施工的工程量和施工进度，作为选择调配机械类型、台数的依据，以尽量避免大机小用、早要迟用，既要保证施工需要，又不使机械停置，或不能充分发挥其效率。

2.通过经济分析选用机械

任何工程配备的施工机械，不仅有机种上的选用，还有机型、规格上的选择。在满足施工生产要求的前提下，对不同类型的机械施工方案，从经济性进行分析比较，即将几种不同的方案计算单位实物工程的成本费，取其最小者为经济最佳方案。对于同类型的机械施工方案，如果其规格、型号不相同，也可以进行分析比较，按经济性择优选用。

3.合理组合机械

机械施工是多台机械的联合作业，合理的组合和配套才能最大限度地发挥每台机械的效能。合理组合机械的原则是：①尽量减少机械组合的机种类。机械组合的机种数越多，其作业效率会越低，影响作业的概率就会增多，如组合机械中一种机械发生故障，将影响整个组合作业。②注意机械能力相适应的组合。在流水作业中使用组合机械时，必须对组合的各种机械能力进行平衡。如作业能力不平衡时，会出现一台或几台机械能力过剩，发挥不出机械的正常效率。③机械组合要配套和平列化。在组织机械化施工时，必须注意机械配套，而且要注意分成几个系列的机械组合，同时平列地进行施工，以免组合中一台机械损坏造成全面停工。④组合机械应尽可能简化机型，以便于维修和管理。⑤尽量选用具有多种作业装置的机械，以利于一机多用。

4.重视机械的配套使用

要使选用的机械达到高效率，必须做到合理配套，主要有以下四个方面：①工序机械配套。如土石工程中不仅有挖土、运土机械（挖掘机、推土机、运输车等），还要有平整、压实机械（平地机、压路机、振动夯、洒水车等），要做到机种和工序配套。②机械的规格、能力配套。如自卸汽车应和挖掘、装载机的容量相适应。③同一台机械的主机、副机和一机多用的配套。④组合机械中应以关键及重型机械为基准，其他配套机械都应以确保关键及重型机械充分发挥效率为选配标准。

5.提高机械操作人员素质

施工机械是由操作人员直接掌握的，机械使用的好坏、生产效率的高低与工作人员的高度责任心和熟练的操作技术有关。因此，必须做好下列工作：①合理配备机械操作和维修人员。根据机械类型和作业班次，按照定额配备技术等级符合机械技术要求的操作和维修人员。②所有机械操作人员都应经过专业技术培训，按照应知、应会的要求进行考核，合格者获得操作证，凭证操作机械。③坚持定人、定机，建立岗位责任制及交接班制度。④新工人在独立使用机械时，必须经过对机械的结构性能、安全操作、维护要求等方面的技术知识教育和实际操作及基本功的培训。⑤严格执行机械使用安全技术规程和使用监督检查制度，定期开展机械使用检查评比活动。

6.施工机械的现场管理

施工机械现场管理就是机械进入施工现场的管理工作，目的是维持机械良好的技术状况，保证施工的连续、均衡、协调和高效。机械施工现场准备包括场地准备、机械准备、机械安装准备、机械组织准备等，这些准备工作可以同时进行或穿插进行。①施工场地准备。根据施工现场的条件和施工顺序，考虑机械停放、机械作业、行驶路线、管线路设置、材料堆放等位置关系，合理布置施工场地。②施工场地要做好"三通一平"，要为机械使用提供良好的工作环境。需要构筑基础的机械（塔式起重机、施工升降机等），要预先构筑好符合规定要求的轨道基础或固定基础。一般机械的安装场地必须平整坚实，四周要有排水沟。③设置为机械施工必需的临时设施，主要有停机场、机修所、油库，以及固定使用的机械工作棚等。其设置要点是位置要选择得当，布置要合理，便于机械施工作业和使用管理，符合安全要求，建造费用低，以及交通运输方便等条件。④根据施工机械作业时的最大用电量和用水量，设置相应的电和水，保证机械施工用电、用水的需要。

7.机械进场运输

机械进场应选择合理的运输方式，尤其是距离较远的施工现场。选择运输方式的原则应以保证安全和按时投入施工为前提，综合考虑机械的体积、质量、行走装置、运输工具和条件、运输距离和装卸能力、运输费用等情况，经计算和评价确定。

8.机械施工组织准备

机械施工组织准备应以施工计划为依据，以有利于施工指挥、调度和协作为原则，主要有以下三个方面：①编制作业班组。机械作业班组一般按机械类型或作业地点编制。由于施工机械种类繁多，工作性质和内容各不相同，因此应根据施工任务和现场的具体情况确定，总的要求是规定各班组的机械和人员组成、作业内容和职责要求等。②确定作业班制。机械作业班应根据施工进度计划确定，并在实施中根据施工进度情况随时调整，以保证按时完成施工任务。机械作业班制可分为单班制、双班制和三班制，在一般情况下，以采用双班制效率较高。③配备维修力量。根据机械数量及作业班次配备相应的维修力量。机械数量较多的施工现场应设置维修场所，维修人员一般为操作人员的1/4～1/3，工种应根据需要配备，维修机具也应尽量配套。

9.机械施工计划的协调

在机械施工计划中，有总的施工进度计划、短期（月、旬、日）施工作业计划、各工序（或流水作业）之间的机械协作计划、机械保养修理计划、物资供应计划等。

这些计划互相联系、互相制约，只要一个计划执行不好，就会影响整个施工进度计划的完成。现场管理就是要根据机械施工的特点，注意各种计划的执行情况及有关信息，发现某个计划失调或不平衡时应及时采取措施进行协调，并注意以下三点：①机械施工进度计划和维修计划的协调。在编制机械施工进度计划时，应考虑机械的保养和修理时间，在确定保养和修理日期时，应考虑对施工生产的影响，尽量使保养、修理的停机时间不过分集中；对于施工高潮阶段，保养、修理应穿插进行，保养、修理周期也可适当提前或滞后。总之，应根据施工需要进行合理调节，使机械施工与维修作业基本均衡。②机械施工作业计划和供应计划的协调。机械施工作业计划的执行决定于各项供应计划的实现，为此，应把材料、配件等供应计划统一在施工作业计划中，使机械施工计划有可靠的物质保证。在施工过程中，应随时掌握材料、配件的库存及消耗动态，做出预测及调节措施。如发现计划失调，应立即进行调整。③机械施工计划应留有余地。机械施工中存在不可预见的因素变化（如气候、不明地质以及事故等）需随之调整，因此机械施工的长期计划应留有余地；对于施工短期计划的余地，一般应留在第四季度或年末月份，以利于年度计划的完成并为明年的施工做好准备。

10.机械施工组织调度

机械施工组织调度应以施工计划为依据，对机械施工过程中各阶段、各工序进行组合排列和协调，以达到机械施工连续和均衡的目的。

全面了解和掌握机械施工进度以及影响进度的有关因素，统筹安排，合理调节，如重点工程的机械、人力和材料应优先安排，保障供给；受气候影响较大的施工项目应在有利季节组织施工等。

合理组织机械施工必须把空间组织和时间组织结合起来，做出统一的施工组织。如流水作业，可按照工序或机械种类合理布置，要求达到工作面排列系统化、机械运行单向化、作业时间同步化，以缩短机械作业的循环时间，提高生产率。

　　在施工过程中，某一工序的机械发生故障或某一计划失调时，应从劳动组织或技术综合分析，采取果断措施进行调度。为此，应广泛收集施工过程中的各种信息措施；还应建立信息反馈系统，提高组织调度效率。为了做好组织调度工作，应有科学的预见性和预防措施，如防洪、防火、防质量事故等。此外，在不影响竣工期的情况下，应备留一些工程项目，作为施工淡季时调节备用。

第三章

路基工程施工

〇〇〇

第一节　填方路基施工技术

一、路基填筑方案

（一）填筑方法

路基填筑的常规方法有水平分层填筑、纵向分层填筑、横向填筑及联合填筑。其中，水平分层填筑是应用最广且施工质量最好的一种方法，高速公路、一级公路及铺设高级路面的其他等级公路的路基填筑均应采用水平分层填筑法施工。

（二）填筑的一般要求

①性质不同的填料，应水平分层、分段填筑，分层压实。同一水平层路基的全宽应采用同一种填料，不得混合填筑。每种填料填筑层压实后的连续厚度不宜小于500mm。填筑路床顶最后一层时，压实后的厚度应不小于100mm。

②对潮湿或冻融敏感性小的填料应填筑在路基上层；强度较小的填料应填筑在下层。在有地下水的路段或临水路基范围内，宜填筑透水性好的填料。

③在透水性不好的压实层上填筑透水性较好的填料前，应在其表面设2%～4%双向横坡，并采取相应的防水措施。不得在由透水性较好的填料所填筑的路堤边坡上覆盖透水性不好的填料。

④每种填料的松铺厚度应通过试验路段获得，一般为1.3mm。

⑤每一填筑层压实后的宽度不得小于设计宽度。

⑥路堤填筑时，应从最低处起分层填筑，逐层压实；当原地面纵坡大于12%或横坡陡于1∶5时，应按设计要求挖台阶，或设置坡度向内并大于4%、宽度大于2m的台阶。

⑦填方分几个作业段施工时，接头部位如不能交替填筑，则先填路段，应按1∶1坡度分层留台阶；如能交替填筑，则应分层相互交替搭接，搭接长度不小于2m。

（三）路基填筑机械

路基填筑施工常用的机械有挖掘机、推土机、装载机、平地机、压路机、自卸汽车及洒水车等。

二、路基填筑试验段

下列情况下，应进行试验路段施工：①二级及以上公路路堤。②填石路堤、土石路堤。③特殊地段路堤。④特殊填料路堤。⑤拟采用新技术、新工艺、新材料的路基。

试验路段应选择在地质条件、断面形式等工程特点具有代表性的地段，路段长度不宜小于100m，以确定路基预沉留量、路基宽度内每层填料的虚铺厚度、合适的压实方式及机械组合、确定压实遍数等。路堤试验段结束后，应进行技术总结并形成成果报告，该成果报告应包括以下内容：①填料试验、检测报告等。②施工测量成果。③压实工艺主要参数：机械组合、压实机械规格、松铺厚度、碾压遍数、碾压速度、最佳含水量及碾压时含水量允许偏差等。④过程质量控制方法、指标。⑤质量评价指标、标准。⑥优化后的施工组织方案及工艺。⑦原始记录、过程记录。⑧对施工设计图的修改建议等。

三、土质路堤施工技术

（一）施工准备

①路基开工前，应在全面理解设计要求和设计交底的基础上，进行现场调查和核对。

②在详尽的现场调查后，应根据设计要求、合同、现场情况等，编制实施性施工组织设计，并按管理规定报批。

③路基开工前必须建立健全质量、环保、安全管理体系和质量检测体系，并对各类施工人员进行岗位培训和技术、安全交底。

④临时工程应满足正常施工需要，应保证路基施工影响范围内原有道路、结构物及农田水利等设施的使用功能。

（二）测量放样

①路基施工前，应对原地面进行复测，核对或补充横断面，发现问题时应进行处理。

②路基施工前，按设计逐桩坐标恢复路线中桩，计算坡脚的位置并在两侧各加宽30～50cm撒出路基边线，作为填土边缘控制线。同时，应设置标识桩，对路基用地界、路堤坡脚、取土坑、护坡道、弃土堆等具体位置进行标识。

③对高填路段，每填3～5m或一个边坡平台应复测中线和断面。

④施工过程中，应保护好所有控制桩点，并及时恢复被破坏的桩点。每项测量成果必须进行复核，原始记录应存档。

（三）原地面处理

路基范围内的原地基应在路基施工前按下列要求进行处理：

①稳定的斜坡上，地面横坡缓于1∶5时，清除地表草皮、腐殖土后，可直接填筑路堤；地面横坡为1∶5～1∶2.5时，原地面应挖台阶，台阶宽度不应小于2m。基岩面上的覆盖层较薄时，宜先清除覆盖层再挖台阶；当覆盖层较厚且稳定时，可予保留。

②陡坡地段、土石混合地基、填挖界面、高填方地基等都应按设计要求进行处理。

③地基表层应碾压密实。对于一般土质地段，高速公路、一级公路和二级公路路堤基底的压实度（重型）不应小于90%，三、四级公路不应小于85%。低路堤应对地基的表层土进行超挖、分层回填压实，其处理深度不应小于路床深度。

④原地面坑、洞、穴等应在清除沉积物后，用合格填料分层回填、分层压实，压实度应符合规定。

⑤对于泉眼或露头地下水，应按设计要求，采取有效导排措施后方可填筑路堤。

⑥地基为耕地、土质松散、水稻田、湖塘、软土、高液限土等时，应按设计要求进行处理，局部软弹部分也应采取有效的处理措施。

⑦地下水位较高时，应按设计要求进行处理。

⑧陡坡地段、土石混合地基、填挖界面、高填方地基等都应按设计要求进行处理。

（四）填料的选择

公路路基填料首先应满足路基强度和回弹模量的要求，其次应结合土石方调配设计对移挖作填、集中取（弃）土、填料改良处理等方案进行技术经济比较，充分利用挖方材料，节约土地，最后选择挖取方便、压实容易、强度高、水稳定性好的土体作为路基填料。

①宜优先选用级配较好的砾类土、砂类土等粗粒土作为填料，填料的最大粒径应符合规定。

②含草皮、生活垃圾、树根、腐殖质的土严禁作为填料。

③泥炭、淤泥、冻土、强膨胀土、有机质土及易溶盐超过允许含量的土，不得直接用于填筑路基；确需使用时，必须采取技术措施进行处理，经检验满足设计要求后方可使用。

④季节性冻土地区的路床及浸水部分路堤不应直接采用粉质土填筑。

⑤液限大于50%、塑性指数大于26、含水量不适宜直接压实的细粒土，不得直接作为路堤填料；需要使用时，必须采取技术措施进行处理，经检验满足设计要求后方可使用。

⑥粉质土不宜直接填筑于路床，不得直接填筑于冰冻地区的路床及浸水部分的路堤。

⑦浸水路堤、桥涵台背和挡土墙背宜采用渗水性良好的填料。在渗水材料缺乏的地区，采用细粒土填筑时，可采用无机结合料进行稳定处置。

⑧填料最小承载比和最大粒径，应符合表3-1的规定。

表3-1　路堤填料最小承载比和最大粒径要求

公路路基填料最小承载比和最大粒径（m）			填料最小承载比CBR（%）			填料最大粒径(mm)
			高速、一级公路	二级公路	三、四级公路	
填方路基	上路床	0~0.3	8	6	5	100
	下路床	轻、中及重交通 0.3~0.8	5	4	3	100
		特重、极重交通 0.3~1.2				
	上路堤	轻、中及重交通 0.8~1.5	4	3	3	150
		特重、极重交通 1.2~1.9				
	下路堤	轻、中及重交通 >1.5	3	2	2	150
		特重、极重交通 >1.9				
零填及挖方路基	上路床	0~0.3	8	6	5	100
	下路床	轻、中及重交通 0.3~0.8	5	4	3	100
		特重、极重交通 0.3~1.2				

（五）土方运输

土方运输采用挖掘机装车，自卸车运输。为防止运输途中的水分散失、扬尘及遗撒，应对运输车辆进行覆盖，并及时对便道进行洒水，减少环境污染。

（六）分层摊铺

路基分层摊铺须严格按照"划格上土，挂线施工，平地机整平"的要求。

①放线和标高控制。沿线路方向每20m采用全站仪放出线路中桩和填筑边线（宽度按设计宽度每侧加宽30～50cm），用石灰或旗杆进行标识。用水准仪测出该层填铺厚度控制桩的标高，在路基两侧边缘沿纵向每隔20m打一长70cm的边桩，并用红白漆每隔10cm交错标注，按设定的松铺厚度挂线，以控制标高。

②画网格，控制虚铺厚度。根据运输车每车的方量和设定的松铺厚度，通过计算确定单车的卸土面积，按照卸土面积用石灰在下承层上画网格，以便运输车辆按照顺序倾倒填料。

③上料。运输车辆到达现场后，由现场施工人员进行指挥，严格按照标识卸放，每网格内倾倒1车填料以控制填料厚度。若按设计图纸，路堤结构中有土工格栅、土工布等土工织物，应先按照设计及规范要求在上料前铺设土工织物，并在上料过程中注意保护土工织物的完整性。

④控制填料地含水量。按照填料室内试验，填料施工含水量控制在最佳含水量±2%以内。填料含水量较低时，采用洒水措施；填料含水量较高时，采用翻松晾晒。

⑤粗平。填料上足后，采用推土机进行摊铺，纵向50～60m为一个摊铺段，同时人工配合机械对局部进行找平和补料。

⑥精平。粗平完成后，采用平地机精平作业。

⑦集料窝、带处理。在每摊铺段完成后由压路机静压一遍，人工查找集料窝并进行处理，对局部级配较差的填料进行现场拌和。

（七）分层碾压

①按碾压方法（式）分为重力压实（静压）和振动压实两种。

②按照试验段成果完善后的路基填筑方案确定的压实机械及其组合、压实遍数及压实速度进行碾压。碾压应坚持初压（静压1～2遍）、复压（振动2～6遍）

及终压（静压1~2遍）的步骤，遵循"先轻后重、先慢后快、先两边后中间、弯道地段先内侧后外侧"的原则，轮迹重叠1/3~1/2，直到达到规范规定的压实度。压实机械对土进行碾压时，一般以慢速效果最好，除羊足碾或凸块式碾外，压实速度以2~4 km/h最为适宜。羊足碾的速度可以更快，在碾压黏土时最高可达12~15 km/h。

③碾压应在路基全宽范围内，纵向分行进行。纵向分段压好后，进行第二段压实时，其在纵向接头处的碾压范围宜重叠1~2m，以确保接头处平顺过渡。

④碾压一段终了时，宜采取纵向退行方式继续第二遍碾压，不宜采用掉头方式，以免因机械掉头时搓挤土，使压实的土又被翻松。故压路机始终要以纵向进退方式进行压实作业。

⑤碾压应从路基边缘向中央进行，压路机轮外缘距路基边应保持安全距离。

⑥碾压不到的部位应采用小型夯实机夯实，防止漏夯，要求夯击面积重叠1/4~1/3。

（八）分层检验

路基填土压实质量检测随分层填筑碾压施工分层检测，每一压实层压实度检验合格后方可填筑上一层。否则应查明原因，采取措施进行补压。

①用灌砂法、灌水（水袋）法检测压实度时，取土样的底面位置为每一压实层底部；用环刀法试验时，环刀中部处于压实层厚的1/2深度；用核子仪试验时，应根据其类型，按说明书要求办理。

②检测频率为每1000m^{2}至少检验2点，不足1000m^{2}时检验2点，必要时可根据需要增加检验点。

（九）路床精加工

路堤填筑接近于路床高程时，要逐步控制填土厚度，并使顶面最后一层的压实厚度不小于10cm。

精平时采用平地机精平，光轮振动压路机压实，反复进行，直到检测数据全部满足技术规范要求为止。

对已精平、完工的路基进行交通管理，避免在雨季车辆行驶时路基表面被破坏。

（十）路基整修

每填筑完一段路堤并稳定后，及时进行边坡清理，削去超宽填筑部分，并进行防护工程以及排水沟砌筑，避免路堤坡脚受雨水冲刷。雨天施工时，随挖、随运、随铺、随压。每层填土筑成2%~4%排水横坡，当天填筑的土层当天完成压实。路堤表层及边坡应加以整理，不得有积水存在。路堤表层含水量接近正常时，方可继续填筑。在整个路堤施工期间，如路基填筑周期较长，应做好临时路基排水设施，保证排水畅通。

四、填石路堤施工技术

填石路堤是指用粒径大于40（37.5）mm、含量超过总质量70%的石料填筑的路堤。

（一）填料的选择

①山区填石路堤最为常见，石料来源主要是路堑和隧道爆破后的石料。

②硬质岩石、中硬岩石可用作路床、路堤填料；软质岩石可用作路堤填料，不得用于路床填料；膨胀性岩石、易溶性岩石、易风化崩解性岩石和盐化岩石等不得用于路堤填筑。

风化岩石和软质岩石填筑路堤时，路床应采用硬质岩碎石或其他符合要求的材料填筑，并应采取路堤边部包边封闭或加筋、底部设置排水垫层、顶部设置防渗层等措施，防止填石路堤产生湿化变形。

在软弱地基上填石路堤，应与软土地基处理设计综合考虑。

③填石路堤顶部最后一层填料铺筑层厚不得大于0.4m，填料粒径不得大于150mm，其中小于4mm的细料含量不应小于30%，且铺筑层表面应无明显孔隙、空洞。填石路堤上部采用其他材料填筑时，可视需要设置土工布作为隔离层。

④路床范围应用符合要求的土填筑，填料粒径应小于100mm。

（二）填筑方法

1.分层压实法

自下而上水平分层，逐层填筑、逐层压实，是普遍采用并能保证填石路堤质量的方法。二级及以上公路的填石路堤应分层填筑压实。高速公路、一级公路和铺设高级路面的其他等级公路的填石路堤均应采用此方法。

2.竖向填筑法（倾填法）

以路基一端按横断面的部分或全部高度自上而下倾卸石料，逐步推进填筑。其主要用于三、四级公路且铺设低等级路面的公路，也可用于陡峻山坡施工特别困难或大量以爆破方式开挖填筑的路段，以及无法自下而上分层填筑的陡坡、断岩、泥沼地区和水中作业的填石路堤。

3.冲击压实法

利用冲击压实机的冲击碾周期性、大振幅、低频率地对路基填料进行冲击，压密填方。既具有分层法连续性的优点，又具有强力夯实法压实厚度深的优点。其缺点是在周围有建筑物时，使用受到限制。

4.强力夯实法

用起重机吊起夯锤从高处自由落下，利用强大的动力冲击，迫使岩土颗粒位移，提高填筑层的密实度和地基强度。该方法机械设备简单，击实效果显著，施工中无须铺撒细粒料，施工速度快，有效解决了大块石填筑地基厚层施工的夯实难题。对强夯施工后的表层松动层，再采用振动碾压法进行压实。

（三）填石路堤施工工艺流程

1.施工准备

填石路堤施工前，应先修筑试验路段，确定满足孔隙率标准的松铺厚度、压实机械型号及组合、压实速度及压实遍数、沉降差等参数。

路床施工前，应先修筑试验路段，确定能达到最大压实干密度的松铺厚度、压实机械型号及组合、压实速度及压实遍数、沉降差等参数。

2.测量放样

按照设计图纸及施工工艺要求，采用全站仪或GPS放样道路中线及边线，并钉设边桩及中桩，以此控制上料厚度及宽度。

3.分层摊铺

采用方格网法上料，按水平分层、先低后高、先两侧后中央卸料，并采用大功率推土机摊平。个别不平处应配合人工用细石块石屑找平。

岩性相差较大的填料应分层或分段填筑。严禁将软质与硬质石料混合使用。

4.边坡码砌

中硬、硬质石料填筑路堤时，应进行边坡码砌。码砌边坡的石料强度、尺寸及码砌厚度应符合设计要求。设计无要求时，码砌厚度宜为1～2m，码砌石块的最小尺寸不应小于300mm。边坡码砌与路基填筑宜基本同步进行。

5.碾压

填石路堤碾压应采用重型压实机（建议18 t以上）进行碾压。碾压程序及碾压方法应参照试验段获得的相关数据执行。

6.质量检验

①上下路堤的压实质量检验。填石路堤的压实质量标准宜采用孔隙率作为控制指标。施工压实质量可采用孔隙率与压实沉降差或施工参数（压实功率、碾压速度、压实遍数、铺筑层厚等）联合控制。

填石路堤施工过程中，每一压实层可用试验段确定的工艺流程和工艺参数控制压实过程，用试验路段确定的沉降差指标检测压实质量。

②填石路堤成型后，路基边线与边坡不应出现单向累计长度超过50m的弯折，上边坡不得有危石。

五、土石路堤施工技术

土石路堤是指石料含量占总质量30%～70%的土石混合材料修筑的路堤。

（一）填料要求

①膨胀岩石、易溶性岩石等不宜直接用于路堤填筑，崩解性岩石和盐化岩石等不得直接用于路堤填筑。

②天然土石混合填料中，中硬、硬质石料的最大粒径不得大于压实层厚的

2/3；石料为强风化石料或软质石料时，其CBR值应符合规范规定，石料最大粒径不得大于压实层厚。

（二）施工技术

土石路堤施工技术及工艺流程与填石路堤施工技术及工艺流程相类似，只是在个别细节处理上有特殊要求，具体如下：

1.基底处理

土石路堤基底处理除满足土质路堤基底处理的要求外，在斜、陡坡地段，土石路堤靠山一侧应按设计要求做好排水和防渗处理。

2.摊铺碾压

①施工前，应根据土石混合材料的类别分别进行试验路段施工，确定能达到最大压实干密度的松铺厚度、压实机械型号及组合、压实速度及压实遍数、沉降差等参数。

②土石路堤不得采用倾填，应分层填筑压实。

③土石混合材料来自不同料场，其岩性或土石比例相差较大时，宜分层或分段填筑。

④压实后透水性差异大的土石混合材料应分层或分段填筑，不宜纵向分幅填筑；如确需纵向分幅填筑，应将压实后渗水良好的土石混合材料填筑于路堤两侧。

⑤碾压前应使大粒径石料均匀分撒在填料中，石料间孔隙应填充小粒径石料、土和石渣。

⑥压实机械宜选用自重不小于18 t振动压路机。

⑦中硬、硬质石料的土石路堤应进行边坡码砌，码砌边坡的石料强度、尺寸及码砌厚度应符合设计要求。边坡码砌与路堤填筑宜基本同步进行。软质石料土石路堤边坡按土质路堤边坡处理。

⑧填料由土石混合材料变化为其他填料时，土石混合材料最后一层的压实厚度应小于300mm，该层填料最大粒径宜小于150mm。压实后，该层表面应无孔洞。

六、高路堤施工技术

高路堤是指填土的边坡高度大于20m的路基。

（一）填料选择

高路堤填料宜优先采用强度高、水稳性好的材料，或采用轻质材料。受水淹、浸的部分应采用水稳性和透水性均好的材料。

（二）基底处理

①基底承载力应满足设计要求。特殊地段或承载力不足的地基应按设计要求进行处理。

②覆盖层较浅的岩石地基，宜清除覆盖层。

（三）填筑施工

高填方路堤填筑应符合下列规定：

①施工中应按设计要求预留路堤高度与宽度，并进行动态监控。

②施工过程中宜进行沉降观测，按照设计要求控制填筑速率。

③高填方路堤宜优先安排施工。

七、桥涵及结构物回填

（一）回填范围

一般规定桥台及涵洞背部填土加强区段的长度为自台背面起，顶面长度不小于台高加2m，底面长度不小于2m；拱桥台背填土长度应不小于台高的3~4倍；挡土墙背部填土长度不得小于1m。

（二）填料选择

填料应采用设计要求的填料，不应含有有机物、冰块、草皮、树根等杂物或生活垃圾，其化学及电化学性能应符合锚杆、拉杆、筋带的防腐和耐久性要求。严禁采用膨胀土、高液限黏土、腐殖土、盐渍土、淤泥和冻土块等不良填料。

（三）基坑回填

基坑回填必须在隐蔽工程验收合格后方可进行。基坑回填应分层填筑、分层压实，分层厚度宜为100～200mm。二级及以上公路采用小型夯实机具时，基坑回填的分层压（夯）实厚度不宜大于150mm，并应压（夯）实到设计要求的压实度。

（四）施工机械

由于台背后的施工空间有限，大型施工机械无法全覆盖作业，因此台背回填应采用人工辅以小型夯实机械施工。

（五）台背及与路堤间回填

台背及与路堤间的回填施工应符合以下规定：①台背回填部分的路床宜与路堤、路床同步填筑。②二级及以上公路应按设计做好过渡段，过渡段路堤压实度应不小于96%，并应按设计做好纵向和横向防排水系统。③二级以下公路路堤与回填连接部，应按设计要求预留台阶。④桥台背和锥坡回填施工宜同步进行，一次填足并保证压实整修后能达到设计宽度的要求。⑤涵洞洞身两侧应对称分层回填压实，填料粒径宜小于150mm。⑥两侧及顶面填土时，应采取措施防止压实过程对涵洞产生不利后果。

第二节　挖方路基施工技术

一、土质挖方路基施工技术

（一）开挖方法

1.横向挖掘法

横向挖掘法分为单层横向全宽挖掘法和多层横向全宽挖掘法。

采用单层横向全宽挖掘法时，需利用一台挖掘机，使其位于道路中心位置，左、右分别挖土，按断面全宽一次性挖掘至设计高程，边挖边沿中线移动，使路堑一次成型。这种方法适用于挖掘深度小、工程量较小、工作面较窄且较短的路堑。

多层横向全宽挖掘法和单层横向挖掘法基本相同，一层挖完后再挖下一层，分层挖掘至设计高程。该方法主要适用于深、短且较窄的路堑。

2.纵向挖掘法

对于土方比较集中的深路堑，可采用多层纵向挖掘法。先沿路堑挖一通道，然后将该通道向两侧拓宽扩大工作面，该通道可作为运土路线和场内排水的出路。该层拓宽至路堑边坡后，再开挖下层，直至挖至设计高程。该法适用于较长、较深且两端纵坡较小的路堑开挖。路堑过长时，也可分段纵挖，即将路堑分成两段或数段，各段分别安排多个施工队伍，同时按上述方法组织纵向开挖。纵向挖掘法可以使用推土机、铲运机施工，也可使用装载机或挖掘机配合自卸汽车施工。

3.混合式挖掘法

混合式挖掘法是将横向挖掘法与纵向挖掘法相结合，适用于路堑纵向长度和挖深都很大时，先将路堑纵向挖通后，然后沿横向坡面挖掘，以增加开挖坡面。

（二）施工工艺流程

施工前根据设计文件，首先恢复中线并进行现场调查，根据地形、路堑断面及长度，确定合理的开挖方式。然后结合现场实际与设计要求，修建临时排水设施，并考虑与永久排水设施相结合。

填料路堑在雨季施工时，集中力量快速施工，工作面随时保持大于4%坡度。路堑边坡不得受水浸泡、冲刷。

1.施工准备

①现场核对。工程开工前，根据现场调查资料对设计文件进行核对，内容主要包括地形地貌、挖方数量、取弃土场位置、土方利用等。

②分析土体的稳定性。土体的稳定与否直接关系到路堑边坡的稳定。因此，

施工前必须做好土体稳定性分析，如土体结构和构造、土的密实度、潮湿程度等。对土体进行分析后，根据既有施工经验复核设计边坡是否满足稳定性要求，最后确定施工方案。

③布置施工便道。根据现场地形确定机械进出便道路线并修筑。便道修筑应满足施工机械和运土车辆的转弯半径及会车、正常行驶要求。

2.测量放线

根据复测资料放出开挖边线桩，放线时定位准确，两侧各预留0.2～0.3m不开挖，待开挖后进行人工刷坡。

路堑边坡开挖边线放线必须在对原地面复测后进行，否则会出现开挖后路槽宽度不满足设计要求的情况。

3.施工排水系统

开挖前，首先按设计位置做好堑顶排水系统（如截水沟、天沟），待排水系统完善后再进行路堑开挖。截水沟与边沟应从下游向上游开挖。截水沟通过地面坑凹处时，应将凹处填平夯实。截水沟及边沟开挖后，应及时进行防渗处理，不得渗漏、积水和冲刷边坡及路基。

4.开挖

①可作为路基填料的土方，应分类开挖分类使用。

②根据土石方的调配方案和施工顺序，选择最佳挖方作业面，优先选用横向全宽挖掘法逐层顺坡自上而下开挖的办法施工，不得乱挖、超挖，严禁掏底开挖。

③以机械施工为主，运土距离较近时，采用推土机作业；运距较远时，采用推土机配合挖掘机、装载机挖土装车，自卸汽车运至路基填方路段或弃土点。

④当机械开挖至靠近边坡0.2～0.3m时，改为人工修坡。需设圬工防护工程的边坡，在防护工程开工前留置保护层，待防护圬工施工时刷坡。对于不设圬工防护的边坡，每隔10m边坡范围插杆挂线、人工刷坡。

⑤开挖过程中应采取措施保证边坡稳定。开挖至边坡线前，应预留一定宽度。预留宽度应保证刷坡过程中设计边坡线外的土层不受到扰动。

⑥路基开挖中，基于实际情况，如需修改设计边坡坡度、截水沟和边沟位置

及尺寸时，应及时按规定报批。边坡上稳定的孤石应保留。

⑦开挖至零填、路堑路床部分后，应尽快进行路床施工；如不能及时进行，宜在设计路床顶标高以上预留至少300mm厚保护层。

⑧应采取临时排水措施，确保施工作业面不积水。

⑨挖方路基路床顶面终止标高，应考虑因压实而产生的下沉量，其值通过试验确定。

⑩挖方路基施工遇到地下水时应按下列规定处理：采取排导措施，将水引入路基排水系统。不得随意堵塞泉眼。路床土含水量高或为含水层时，应采取设置渗沟、换填、改良土质、土工织物等处理措施。路床填料应具有良好的透水性能。

5.路槽整修

接近堑底时，按设计横断面放线，开挖修整压实，并挖好侧沟、疏通排水。边坡刷好后及时进行边坡防护和排水工程施工。

当开挖接近路基施工标高时，采用人工配合推土机施工。到达设计标高后及时对基底的土质情况进行检测，不符合规范要求的应换填。路堑施工要做到路基表面平整、密实，曲线圆顺、边线顺直，边坡坡面平顺稳定、无亏坡，边沟整齐、沟底无积水或阻水现象。

二、石质挖方路基施工技术

石方路堑是公路工程中一种常见的情况，其通常具有开挖工程量大、施工作业条件困难及周围环境复杂等特点，常常成为公路工程项目施工的关键性及控制性工程。因此，石方路堑施工应根据实际工程的地质条件及作业环境合理地选择施工方法。

（一）基本要求

根据岩石条件、开挖尺寸、工程量和施工技术要求，通过方案比较拟定合理的方式。其基本要求如下：①保证开挖质量和施工安全。②符合施工工期和开挖强度的要求。③有利于维护岩体完整和边坡稳定性。④可以充分发挥施工机械的生产能力。⑤辅助工程量少。

（二）爆破器材

爆破器材主要包括工业炸药和起爆器材两大类。

工业炸药又称为民用炸药，是由氧化剂、可燃剂和其他添加剂等组成，按照氧平衡的原理配制，并均匀混合制成的爆炸物。通常采用的工业炸药有硝化甘油炸药、铵梯炸药、铵油炸药、乳化炸药、水胶炸药及其他工业炸药。

起爆器材是能够受外界很小能量激发，即能按设定要求发火或爆炸的元件、装置或制品。它的作用是产生热冲能或爆炸冲能，同时伴有高温高速气体、灼热颗粒、金属飞片等，并能够传给火药或炸药，将其点燃或引爆，在特殊场合也可作为独立能源对外做功。起爆器材分为起爆材料和传爆材料两大类。火雷管（已禁用）、电雷管、磁电雷管、导爆管雷管、继爆管及其他雷管属于起爆材料；导火索、导爆索、导爆管等属于传爆材料。

电雷管是在火雷管中架设发电火装置而成。它是用电线传输电流，使装在雷管中的电阻发热而引起雷管爆炸。

（三）爆破方法及其分类

1.按药包形状分

按照药包形状，分为集中药包法、延长药包法、平面药包法、异性药包法。

①集中药包法：从理论上讲，这种药包的形状应该是球形体，起爆点从球体中心开始，爆轰波按辐射状以球面形式向外扩张，爆炸以均匀的分布状态作用到周围的介质上。长方体的最长边不超过最短边的2倍。

②延长药包法：炸药包做成长条形，既可以是圆柱状，也可以是方柱状，通常药包长度要大于药包直径17～18倍。

③平面药包法：直接将炸药敷设在介质表面，因此爆炸作用只是在介质接触药包及附近表面上，大多数能量散失在空气中，产生的爆轰波可看作平面波。

④异性药包法：将药包做成特定形状，以达到特定的爆破作用。

2.按装药方式与空间形状

按装药方式与装药空间地形状不同，可分为药室法、药壶法、炮孔法、裸露药包法。

①药室法：是指在山体内开挖坑道、药室，装入大量炸药的爆破方法，一次能爆破下的土石方数量不受限制，在每个药室里装入的炸药可多达千吨以上。

②药壶法：是指在深2.5～3m以上的炮眼底部用小量炸药经一次或多次烘膛，使眼底成葫芦形，将炸药集中装入药壶中进行爆破。

③炮孔法：根据钻孔孔径和深度的不同，把孔深大于5m、孔径大于75mm的炮孔称为深孔爆破，反之称为浅眼爆破。

④裸露药包法：无须钻孔，直接将炸药包贴放在被爆物体表面进行爆破的方法。它在清扫地基的破碎大孤石和对爆破下的大块石做二次爆破等方面具有独特作用，仍然是常用的有效方法。

3.按爆破效果

按爆破效果，可分为定向爆破、预裂爆破、光面爆破、微差控制爆破。

①定向爆破是一种加强抛掷爆破技术，利用炸药爆炸能量的作用，在一定条件下，可将一定数量的土岩经破碎后，按预定的方向抛掷到预定地点，形成具有一定质量和形状的建筑物或开挖成一定断面。

定向爆破主要是使抛掷爆破地最小抵抗线方向符合预定的抛掷方向，并且在最小抵抗线方向事先造成定向坑，利用空穴聚能效应集中抛掷，这是保证定向的主要手段。在大多数情况下，造成定向坑的方法都是利用辅助药包，让它在主药包起爆前先爆，形成一个起走向坑作用的爆破漏斗。如果地形有天然的凹面可以利用，也可不用辅助药包。

②预裂爆破是进行石方开挖时，在主爆区爆破之前沿设计轮廓线先爆出一条具有一定宽度的贯穿裂缝，以缓冲、反射开挖爆破的震动波，控制其对保留岩体的破坏影响，使之获得较平整的开挖轮廓。预裂爆破可以广泛地运用在垂直、倾斜、规则的曲面及扭曲面上。

③光面爆破也是控制开挖轮廓的爆破方法之一，它与预裂爆破的不同之处在于，光爆孔的爆破是在开挖主爆孔的药包爆破之后进行的。它可以使爆裂面光滑平顺，超欠挖均较少，能近似形成设计轮廓要求的爆破。光面爆破一般多用于地下工程开挖，露天开挖工程中用得比较少，只是在有特殊要求或者条件有利的地方使用。光面爆破的要领是孔径小、孔距密、装药少、同时爆。

④微差控制爆破是一种应用特制的毫秒延期雷管，以毫秒级时差顺序起爆各

个（组）药包的爆破技术。其原理是把普通齐发爆破的总炸药能量分割为多数较小的能量，采取合理的装药结构、最佳的微差间隔时间和起爆顺序，为每个药包创造多面临空条件，将齐发大量药包产生的地震波变成一长串小幅值的地震波，同时各药包产生的地震波相互干涉，从而降低地震效应，把爆破振动控制在给定的水平之下。爆破布孔和起爆顺序有成排顺序式、排内间隔式（又称V形式）、对角式、波浪式、径向式等，或由它组合变换成的其他形式，其中以对角式效果最好，成排顺序式最差。

微差控制爆破能有效地控制爆破冲击波、震动、噪声和飞石；操作简单、安全、迅速；可近火爆破而不造成伤害；破碎程度好，可提高爆破效率和技术经济效益。但该网路设计较为复杂；需特殊的毫秒延期雷管及导爆材料。微差控制爆破适用于开挖岩石地基、挖掘沟渠、拆除建筑物和基础，以及用于工程量与爆破面积较大，对截面形状、规格、减震、飞石、边坡坡面等有严格要求的控制爆破工程。

（四）爆破设计

1.爆破设计原则

①有利于降低成本消耗。
②有利于施工作业安全和确保周围被保护对象的安全。
③选择参数合理，确保工程质量，提高爆破效果。

2.爆破设计程序

①爆破设计工艺流程：爆破部位→基本情况→确定基本参数→计算孔网参数→绘制图表→形成设计文件。

②明确爆破部位：爆区所在工程名称、爆破部位、爆破方量、炸药用量、爆破时间等。

③掌握基本情况：熟悉施工图的技术要求、掌握爆区的地形地质条件、掌握爆区周围的环境情况，以及所有安全、质量保护对象的控制标准和控制措施。

④确定基本参数：确定梯段高度（H）、钻孔直径（D）、钻孔倾角（α）、爆破器材品种、炸药单耗（q）、单响起爆药量（Q_1）等。

⑤计算孔网参数：计算孔深（H）、孔距（a）、排距（b）、底盘抵抗线

（W）、装药直径（d）、单孔药量（Q_2）、堵塞长度（L_c）、装药结构、布孔形式、网络结构、延时顺序、段间时差（t）、起爆总持续时间（T）、起爆方式、安全距离（R）、爆破地震安全震动速度（V）等参数。

⑥绘制相关图表：爆区位置平面图、爆破参数有关示意图、爆破参数汇总表、爆破器材用量表等。

⑦爆破设计文件：将上述爆破设计内容汇集，加上目录、封面和报审单等，汇编成爆破设计文件。

3.爆破设计审批程序

爆破设计文件→项目爆破责任工程师审签→项目总工程师审定或审批→监理人审批。

监理人审批：规定监理人审批范围的爆破设计。

项目总工程师审定或审批：对报监理人审批的爆破设计进行审定，对规定由项目部审批的爆破设计进行审批。

（五）路基爆破施工工艺

1.测量放样及定开口线

根据设计资料复核路基中桩，根据实际地面标高确定开口线位置，用白灰撒开口线。经驻地监理工程师核查、审批后方可施工。

2.布设炮孔

炮孔标定必须按照设计好的爆破参数准确地在爆破体上进行标识，不能随意变动设计位置。布孔前应先清除爆破的体表面积土和破碎层，根据施工测量确定的边坡线，从边坡光面爆破孔开始标定，然后进行其他孔位布置。布孔完成后，应认真进行校核，实际的最小抵抗线应与设计的最小抵抗线基本相符。

3.钻制炮孔

在钻孔过程中，应严格控制钻孔的方向、角度和深度，特别是边坡光面爆破孔的倾斜度应严格符合设计要求。孔眼钻进时应注意地质的变化情况，并做好记录。遇到夹层或与表面石质有明显差异时，应及时同技术人员进行研究处理，调整孔位及孔网参数。钻孔完成后，及时清理孔口上的浮渣，清孔直接采用胶管向孔内吹气。吹净后，应检查炮孔有无堵孔、卡孔现象，以及炮孔的间距、眼深、倾斜度是否与设计相符。若和设计相差较多，应对参数适当调整；如果可能影响爆破效果或危及安全生产，应重新钻孔。先行钻好的炮孔用编织袋将孔口塞紧，防止杂物堵塞炮孔。

4.装药

装药前要仔细检查炮孔情况，清除孔内的积水、杂物。装药过程中应严格控制药量，把炸药按每孔的设计药量分好，边装药边测量，以确保线装药的密度符合要求。为确保能完全起爆，起爆体应置于炮孔底部并反向装药。

5.堵塞

堵塞物用黏土和细沙拌和，其粒度不大于 30mm，含水量为 15% ~ 20%（一般以手握紧能使之成型，松手后不散开，且手上不沾水迹为准）。药卷安放后立即堵塞，首先塞入纸团或塑料泡沫，以控制堵塞段长度（光爆孔口预留 1 ~ 1.5m，主爆孔口预留 2 ~ 2.5m），然后用木炮棍分层压紧捣实，每层以 10cm 左右为宜，堵塞中应注意保护好导爆索。

6.爆破覆盖

它是控制飞石的重要手段，施工中采用两层草袋覆盖，先在草袋内装入沙土，覆盖后将排间草袋用绳子连成一片。草袋覆盖时要注意保护好起爆网络。爆破石方表面是土或风化砂砾时，必须保留表土或风化砂砾 10 ~ 50cm，以减少草袋覆盖。

7.连接起爆网络

根据设计的起爆网络图进行起爆电雷管、火雷管起爆网络连接，连接好后，进行网络检查。检查完全无问题后进入起爆程序。

8.起爆

整个起爆过程中由专人统一指挥，起爆前对整个警戒区内进行全面安全检查。确保无安全隐患后，由指挥员发出三次预警，在第三次预警哨声发出时，爆破员立即进行起爆工作。应由专人清点爆破雷管数量，以便检查雷管是否全部起爆。

9.检查和解除警戒

起爆完成15min后，由专业技术人员进入爆破现场进行检查，主要检查雷管和炸药是否全部爆炸。如果出现哑炮、拒爆、盲爆等情况，要采取措施进行处理。在完全无安全隐患后，报告指挥人员发出指令解除警戒。

10.爆破石方清运

每次爆破完毕后，组织人员和机械进行爆破石方清运工作。挖掘机把石方清除后，测量标高，高出设计标高的要进行铲除，无法用挖掘机挖掉的大块石方必须进行布孔二次爆破，直到符合设计要求为止。低于标高的要进行回填碾压，碾压到施工规范的压实度，达到设计标高为止。边坡表面的破碎岩石要全部清除，按设计要求进行刷坡。

（六）质量控制措施

①收集现场的各种数据加以分析，对各种爆破方式进行比较，制订最优方案。

②对爆破所需的各种器材进行严格检查，必须有出厂合格证书，方可使用。

③所有的爆破施工技术人员和现场操作人员必须进行上岗培训并取得资格证书后，方可进行爆破作业。

④对起爆顺序和起爆方式进行多次分析和比较，以达到最佳效果。在现场施工时，起爆网络要严格按要求和规范进行连接，且在使用电雷管和导爆索之前要进行检测，无问题后才能使用。

⑤加强对装药过程的控制：严格按设计药量来控制，不能少装或多装。间隔段填筑物要均匀，按岩石粉自然密度填装，不能捣实，堵塞长度要按要求操作。

⑥在爆破前要检查起爆网络，无问题后方可施爆。

⑦做好防潮和防水措施。

第三节　路基坡面防护施工技术

一、喷播植草

喷播植草技术是一种全新概念的生态环保技术，它是以工程力学和生物理论为依据，既具有一定强度，起到边坡防护作用，替代传统的浆砌石护坡或喷射混凝土护坡，又能在边坡上营造适合植物生长的环境，达到绿化边坡的目的，超越传统浆砌石护坡或喷射混凝土护坡无法实现恢复生态环境、绿化边坡的功能。其可用于坡率不陡于1：1的土质边坡防护。当边坡较高时，植草可与土工网、土工网垫结合防护。

它是以水为载体的植被建植技术，首先将配置好的种子（如紫穗槐、扁穗冰草）、植物基材（如腐殖土、泥炭土、锯末）、复合肥、保水剂、生根粉、土壤稳定剂、根瘤菌剂等与水充分混合后，再用高压喷枪均匀地喷射到土壤表面。喷播后的混合物在土壤表面形成一层膜状结构，能有效地防止种子被冲刷，并保证在较短时间内植株迅速覆盖地面，以达到稳固边坡和绿化美化的目的。近年来，该技术已广泛应用于水利、公路、铁路等基础工程建设的边坡防护与绿化，也由于在实际施工中常采用液压喷射机械，因此习惯上也称之为液压喷播植草。

（一）喷播植草的优点

喷播植草技术的功效是人工所不能比拟的。相对传统的草坪建植技术而言，其先进性主要表现在以下两个方面：

1.效率高

省工省时，劳动强度低：喷播可将施肥、草种混合、草种覆盖、稳固表土等一系列工作，通过机械化作业一次性完成。

2.科技含量高

喷播将草种、肥料和包裹材料融为一体，体现了生物种植的科学性、先进性，是草坪种植技术的一次革命。液压喷播尤其对坡面植草适用效果好。

液压喷播植草因草种被纸浆纤维包裹，同时纸浆纤维蓄水蓄肥，不断供给草种发芽的水分；而黏合剂把包裹在纸浆中的草种紧紧黏附在土壤表面，形成稳定的坪床，避免降水时造成水土和种子的流失。为预防暴雨冲蚀，在喷播后需覆盖丙纶无纺布，雨滴不直接冲打溅击地表土壤及喷播材料，而强降雨形成的地表径流也从无纺布上流走，保证了喷播材料和坡面土壤的稳定性。

（二）施工技术要点及施工工艺

1.草种的选择及处理

喷播植草种的选择与当地气候、降雨量、土壤酸碱度、有机质含量等因素有关，宜选择适合当地生长、固土效果好、耐旱、抗寒、抗霜、抗土壤酸碱性强、耐贫瘠等生长快、生命力强、适合管理粗放、防护和绿化效果好的草籽，如高羊茅（抗寒、耐盐碱、须根入土深）、紫羊茂（耐旱）、白三叶（耐贫瘠、耐酸性）、扁穗冰草（耐干旱、寒冷、适合粗放管理）、无芒雀麦（耐碱能力强、抗寒、耐干旱）、中华结缕草（耐旱、耐贫瘠、耐盐碱）、狗牙根（根系发达、抗寒、耐干旱）及多年生黑麦草、紫花苜蓿、沙打旺等。以上草籽按填料的物理力学性质及土壤肥力和施工季节可分别选择三四种冷暖季相结合的草籽，并掺入与草籽生长相适宜、后期生长快、经催芽处理的灌木种子（如紫穗槐）等，以植草为先期防护，灌木待二三年长成后再发挥防护作用。

喷播植草应选择地温、气温、降雨、风向、风速等条件适宜草种生长的春、秋季施工，气温低于12℃时不宜进行喷播作业。草种应进行必要的预处理，灌木种也应进行催芽处理，以保证种子发芽快、成活率高。

2.清理坡面

施工前对坡面进行处理，使用机械结合人工整理绿化施工现场，清除边坡上的施工废弃物和大的石块、树根、塑料及其他有碍植物生长的杂物。适当平整坪床，使其平整度达到有利于灌溉、排水、形成美观整齐的程度。

现场种植土中如含有有害成分，则应采用客土或改良土壤的技术措施。场地有积水的地方应整平或挖排水沟将水引走。在坡面上进行喷播，喷播前最好能喷足底水，以保证植物生长。

3.挂网

如设计要求对坡面进行挂网处理，则应按照设计要求采用机编镀锌铁丝网从坡顶沿坡面顺势铺下，铁丝网应伸出坡顶50cm。若未修筑坡顶截水沟，最好置于坡顶浆砌石底下，在坡底也应有20cm铁丝网埋置于平台填土中。铺设时拉紧网，铺平顺后，根据需要采用不同厚度的混凝土垫块，以使铁丝网与坡面的距离保持3~5cm，网与网之间搭接宽度为15cm。

4.喷植混合料

液压喷播植草的主要机械设备为喷植机、高压泵体、抽水机、高压喷料枪及喷料软管、洒水车等。

准备工作就绪后，利用喷植机将混合均匀的有机基材喷于坡面，喷射应尽可能从正面进行，凹凸部分及死角部位要喷射充分。喷射平均厚度为8~10cm，其中铁丝网上要保证有3~5cm基材。根据边坡的岩性可调整喷射厚度，以保证有机基材提供草坪生长所需足的养分及水分。

喷播时先加水至罐的1/4处，开动水泵，使之旋转，再加水，然后依次加入种子、肥料、保水剂、纸纤维黏合剂等。搅拌5~10min使浆液充分混合后，方可喷播。按设计及规范要求选用基材（腐殖土、泥炭土、锯末），选配肥料、种子、覆盖料、土壤稳定剂、根瘤菌剂等与水充分搅拌混合均匀后喷射于坡面。

5.覆盖无纺布

在喷播表面覆盖一层无纺布，以避免或减少因强降水量造成对种子的冲刷，同时也减少边坡表面水分的蒸发，从而进一步改善种子的发芽、生长环境。

6.养护

草坪植物虽然适应性强，但仍然是"三分种，七分养"，因此应特别重视草坪养护。南方雨水较多，可用无纺布（16~18 g/m^2）覆盖以防止雨水冲刷，北方可用草帘覆盖。覆盖的目的有：一是防止雨水冲刷，二是防止水分蒸发过快，三是保温利于种子发芽。喷播后如未下雨则每天浇水以保持土壤湿润，2个月覆盖率可达90%，成坪后可逐渐减少浇水次数。在养护期间应随时观察草坪的水肥情况，水分主要是看根系土壤的湿润程度。在草坪成坪后由于其自身形成了一层草毯，对土壤中的水分散失有一定的保护性。

二、铺草皮

铺草皮是提前在路基工程范围外合适的场地进行草皮种植，待草皮生长达到一定要求后，将草皮切成整齐的块状或条状，然后运输至施工工点，铺设在边坡坡面的一种边坡防护方式。铺草皮适用于坡率不陡于1∶1的土质边坡或全风化、强风化的岩石边坡防护，且边坡高度不宜过高，一般不超过8m，其能够快速形成绿化景观效果。

铺草皮施工工艺主要为草皮种植、边坡修整、草皮铺设、施工期养护、管理期养护、竣工验收移交。

目前，在公路工程路基边坡防护方法中，仅在土路肩等个别部位少量使用，基本不采用此方法，本节不再做详细介绍。

三、种植灌木

灌木是指没有明显主干的木本植物，植株一般比较矮小，不会超过6m，从近地面的地方就开始丛生出横生的枝干，都是多年生，一般为阔叶植物，也有一些灌木是针叶植物，如刺柏。如果越冬时地面部分枯死，但根部仍然存活，第二年继续萌生新枝，则称为"半灌木"。

多数灌木小但生命力强，公路工程中常用来做边坡绿化，装点公路。

（一）施工总体要求

种植时相邻支柱规格搭配合理，高度、干径、树形相似，苗木直立不倾斜，并注意观赏面的合理朝向。有方向性树种与原移植地方向一致。株行距均匀、树形丰满的一面向外。按苗木的高度、树干大小均匀搭配。

（二）灌木种植施工工艺

1.土壤处理

种植前进行以控制土壤传播病菌、地下害虫及在土壤中的害虫为主的杀菌灭虫处理和除草处理。

土壤表层施肥以施基肥为主，可采用发酵干鸡粪粉末施入。土壤灭虫主要杀灭寄生在土壤内的地下害虫。

2.整地

按设计标高平整地形，整理出排水坡度。自然地形按自然起伏坡度整地，但应注意不得有积水处。灌木栽植前，须挖土整地，捣碎土块，捡净砖石、瓦块、玻璃碴、草根等杂物。挖土深度为30～40cm，并施加适量有机肥做基肥混合翻耕。

3.定点放线

栽植前要定点放线。定点放线要以设计提供的标准点为依据，应符合设计图纸要求，位置要准确，标记要明显。

4.苗木运输

带土球或湿润地区带宿土裸根苗木及上年花芽分化的开花灌木不宜做修剪，当有枯枝、病虫枝时应予以剪除。枝条茂密的大灌木可适量疏枝。对于嫁接灌木，应将接口以下的砧木萌生枝条剪除。对于分枝明显、新枝着生花芽的小灌木，应顺其树势适当进行强剪，促进新枝生长，更新老枝。攀缘类和蔓性苗木可剪除过长部分，攀缘上架苗木可剪除交错枝、横向生长枝。修剪直径2cm以上大枝及粗根时，截口必须削平并涂防腐剂。

装、运、卸和假植苗木的各环节均应保护好苗木，轻拿、轻放，必须保证根系和土球完好，严禁摔坨。

5.种植

种植的苗木品种、规格、位置、树种搭配应严格按设计施工。种植苗木本身应保持与地面垂直，不得倾斜。

大灌木采取200 ppm生根粉液喷根或灌根，常绿灌木树冠喷抗蒸腾剂，以提高苗木成活率。

6.浇水

新植树栽后24h内浇第一遍水，此次水量不宜过大、应浇透，以后转入后期养护。

种植的深浅应合适，一般与原土痕平或略高于地面5cm左右。种植的深浅应选好主要观赏面方向，并照顾朝阳面。一般树弯应尽量迎风，种植时要栽正扶植，树冠主尖与根在一条垂直线上。

四、喷混植生

喷混植生技术是以岩土工程学和植物学理论为依据，利用客土掺入一定量的混合材料，在坡面上先利用锚杆加固铁丝网，然后运用喷播机械将含有种植土、植物种子、保水剂等混合材料喷射到边坡表面上，形成10~20cm厚并有一定孔隙的土壤复合体。种子可以在复合体中生根、发芽、生长。而这样的复合体又具有一定强度，可以防止雨水冲刷与侵蚀。经过一段时间，植物生长起来后，通过植被的防护作用从而达到恢复边坡的植被、改善景观、保护环境的目的。它是集岩土工程学、植物学、土壤学、环境生态学等多门学科于一体的植被恢复技术。其核心技术在于混合材料的合理配置。它在边坡表面上营造一个固体、气体、液体三相分布合理，既能让植物生长发育，又可以防冲刷的多孔稳定结构。

（一）结构构造

喷混植生植被护坡体系主要由锚网结构、客土混合物及护坡植物3部分组成。各部分的主要作用如下：

1.锚网结构

由锚杆及铁丝网构成。锚杆一般采用φ16~24mm钢筋，长度为50~150cm不等。为了便于挂网，锚杆外露长度为10cm，其余均采用砂浆锚固在岩体内。锚杆的作用除锚固局部不稳定岩体外，还可以将铁丝网固定在坡面上，形成中空框架结构，便于容纳客土。铁丝网则通常采用10~14号焊接铁丝网，其主要作用就是将客土稳定地包裹在坡面上。

2.客土混合物

由有机质、植物纤维、种植土、保水剂、复合肥等及植物种子按一定的比例组成，它是植物生长的基础。

3.护坡植物

一般采用容易获得的草本及灌木作为先锋植物，先在坡面上营造一个适宜植物生长的环境，等待乡土植物入侵形成稳定的植物群落后，再通过植物茎叶的水文作用及根系的力学作用，实现对浅层岩土体加固的目的。

（二）施工工艺流程

1.边坡清理

按设计的坡率、坡高、平整度修整路基边坡坡面，人工清理坡面浮石、浮土等，并且做到处理后的坡面斜率一致、平整，无大的突出石块与其他杂物存在。对于光滑岩石，采取挖凿横向平行沟等措施进行加糙处理，以免基材下滑，使其有利于基材和岩石表面的自然结合。对于较大的凹坑，采用片石嵌补与坡面齐平。

2.锚杆施工

锚杆采用$\varphi 12$或$\varphi 14$钢筋制作，分为长锚杆和短锚杆，间隔布置。根据岩层的完整程度、坡度确定其打设深度。锚杆外露端设置90°弯钩，外露部分刷防锈漆防锈。

测量放样确定锚杆打设位置，用红油漆做出标志。根据打设深度选择风钻进行钻孔，用高压风将孔中的岩粉吹出，再将锚杆插入孔内，杆头伸出坡面3~6cm，弯钩朝向坡面上方，以便挂网，然后用水泥砂浆将锚杆孔内腔灌满填实。

3.铺设镀锌拧花网

铁丝网可采用12号、14号或16号镀锌铁丝网，网孔为8cm×8cm或8cm×12cm。将其从坡顶沿坡面顺势铺下，铺设时网应拉紧，铺平顺后将网挂在锚杆上，用连接件或铁丝锁紧，并根据需要采用不同厚度的混凝土垫块，使铁丝网与坡面保持3~6cm的距离。完成网与锚杆的连接工作后，要严格检查铁丝网与锚杆连接的牢固性，确保网与坡面形成稳固的整体。

4.喷射基材

喷射混合物由绿化基材、种植土壤、水泥、纤维及锯末与混合草种按一定的比例组成，经强制式搅拌机拌和而成，拌和时间不小于1min。该配合比应经过对现场的气候环境条件、边坡结构类型、土壤条件等调查，通过进行室内、现场试验来确定。

种植土壤，选择工程所在地原有地表土或附近农田，粉碎后过8mm筛，含水量不超过20%。纤维，就地取秸秆、树枝等粉碎成10~25mm长。绿化基材，要提供生长期所必需的平衡养分，有机质含量不小于200mg/kg，有效钾含量为200mg/kg，有效磷含量为200mg/kg。水泥，混合料掺入水泥，可以在喷布后形成一定强度，提高边坡的防冲刷能力。造浆时加入一定的锯末，可以在混合料内形成一定的蜂窝状结构，改善混合料的透气、保水性能。混合草种，草种首先选禾本科，其次选一定数量的豆科、藤木、灌木和矮生树。禾本科可以采用高羊茅、草地早熟禾、黑麦草等"先锋"草籽，灌木类可采用紫蕙槐等品种。具体项目应结合施工现场的环境进行选择确定。

准备工作就绪后，利用混凝土喷射机将混合物喷布于坡面。喷射时应从正面进行，凹凸部及死角要补喷。喷射种植混合物时，喷射厚度可根据边坡岩性进行调整，以保证有机基材能提供足够的养分及水分供草种生长。

5.铺设无纺布

喷播完成后，在其表面层覆盖无纺布，减少因强降水对种子造成的冲刷，同时也减少边坡表面水分蒸发，以便进一步改善种子的发芽、生长环境。

五、骨架植物防护

（一）骨架植物防护的定义及分类

骨架植物防护是指路基边坡采用混凝土或浆砌片石形成的框架式构筑物，并在框架内植草，以防止路基边坡溜坍的一种坡面防护形式。骨架植物防护是突出"植物+工程"一体化防护设计的典型模式，把路基边坡工程防护与生态防护结合起来，达到与环境因素高度的协调。

骨架植物防护实际上是将坡面分割成若干骨架支撑的小块土坡，采用分而治之的有效措施。骨架的作用在于支撑和分割坡面，消除坡面较大范围内相互渐变、牵引的影响，其具有规则的几何形状，造型美观。当骨架中的绿色植被形成后，绿白相间，拥有较好的防护绿化美化效果。

按结构形式，骨架植物防护可分为拱形骨架+植草灌（空心六棱块植草灌）防护、方格骨架+植草灌（空心六棱块植草灌）防护、菱形骨架+植草灌（空心六棱块植草灌）防护、空心六棱块+植草防护、人字形骨架+植草灌（空心六棱块植草灌）防护、拱形加人字形骨架+植草灌（空心六棱块植草灌）防护、锚杆混凝土框架+植草灌防护等。

按建筑材料，其可分为浆砌片石骨架植物防护、干砌片石骨架植物防护、现浇混凝土骨架植物防护、混凝土预制块式骨架植物防护等。

（二）骨架植物防护施工工艺流程

1.整修边坡

从路基填筑到设计高程后，按路基设计宽度及设计边坡坡度进行刷坡。路基边坡主要采用挖掘机进行刷坡，刷坡时预留20cm采用人工进行。边坡修整时用坡度尺拉线修整，修整后的边坡坡度不得大于设计值。

2.放线开挖沟槽及基础

施工放样前，要根据桥台位置、涵洞位置并考虑混凝土踏步位置整体布拱，在所有拱圈位置确定后才能根据里程位置精确放样。根据测放的里程桩现场排出骨架位置，撒白灰线标示。排出骨架位置后，要对相邻的里程桩再次进行闭合测量，确认无误后方可进行基槽开挖。

骨架沟槽开挖由于在坡面上作业，不宜采用机械，故全部采用人工开挖沟槽。人工开挖前根据测量放样确定位置，上下拉通拉线，同时严格控制开挖的宽度和深度，不得超挖和欠挖，应从上往下进行开挖，不得有松土留在沟槽中，并用人工拍打密实。一般根据施工能力及天气情况确定开挖长度，不得将开挖好的沟槽长时间晾置。

3.浇筑基础（护脚墙）

根据测量放样结果，采用机械结合人工挖出脚墙的位置。首选采用小型挖掘机进行开挖，基底预留20~30cm，其次采用人工进行开挖，将基底浮土全部清理干净，同时保证原土不受扰动。基底经验收合格后可浇筑脚墙，确保脚墙几何尺寸满足设计及规范要求。脚墙位置开挖后测量复核脚墙与底镶边连接处的位置，施工时严格按照设计的高程控制。浇筑前应对基底夯实，并对基坑内的杂物安排专人进行清理。

4.立模支护

按设计尺寸采用钢模组合，挡水槽处采用带 10cm × 10cm 凸起的定型模板。模板安装时采用双面胶带纸塞缝，确保接缝良好不漏浆。采用外吊内拉的支模方法进行模板支设，骨架模板在现场拼装完成后，人工进行安装。模板支设完成后挂线对模板进行精调，确保模板的支设尺寸符合要求。模板调整好后，对模板进行加固，顶面采用钢管加固，侧面采用砂袋封堵。模板支设好后要经技术员复核无误后才能进行下一道工序施工。混凝土浇筑前，人工清除基槽表面松散颗粒，洒水湿润。

5.浇筑骨架混凝土

混凝土浇筑前，人工清除基槽表面的松散颗粒。混凝土采用混凝土罐车运输，采用滑槽或插入式振捣器振捣。混凝土运至现场后先对混凝土的工作性能进行检查，满足要求后方可进行混凝土浇筑。对于拱形骨架混凝土施工，从坡脚处逐层向路基顶面施工，混凝土浇筑过程中对已成型的坡面采用靠尺进行原浆收面。混凝土强度达到2.5mPa后，方可拆除拱形骨架侧模，侧模拆除后应及时对侧面混凝土进行修整。

6.洒水养护

混凝土浇筑完成后，及时对拱形骨架混凝土进行土工布覆盖，洒水养护。养护期为14d。

7.设置沉降伸缩缝

现浇拱形骨架护坡时，必须每隔10~15m在拱顶处自底镶边至顶镶边贯通设置一条沉降缝（缝宽2cm），缝间采用沥青麻筋进行封闭。

8.骨架内植物栽植

拱形骨架混凝土养护完成后，对骨架内进行客土回填。回填过程中，对边坡夯拍密实后进行草籽撒播及植物栽植。

六、喷护与挂网喷护

喷护是岩石边坡常用的支护方式。它是使用混凝土喷射机按一定的混合程序，将掺有速凝剂的混凝土喷射至岩石边坡上，并迅速凝结成一层支护结构，从而对边坡起到支护的作用。通常因边坡的地质状况辅以钢筋网支护、锚杆支护，则称之为挂网喷护及锚网喷护。

喷护可以作为边坡防护工程的永久性和临时性支护，也可以与各种钢筋网、锚杆等构成复合式支护结构，通常称为挂网喷护和锚网联合喷护。在实际工程应用时，按照设计文件要求及工程实际地质情况，选用合适的喷护方式。①素喷混凝土：岩面平整，岩石新鲜或微风化，地质构造不发育，没有构造带和大的裂隙发育，节理不发育或稍发育，且呈闭合状态。②锚喷或网喷：岩面基本平整，岩石微风化至强风化，地质构造稍发育，有小的构造及裂隙发育，节理发育，且多呈张开状态。③锚网联合喷护：岩面不平整，岩石强风化至全风化，岩体较破碎，节理裂隙极发育。

（一）喷射混凝土工艺种类

喷射混凝土分为干喷、湿喷和潮喷。

干喷是将骨料、水泥和速凝剂按一定的比例干拌均匀，然后装入喷射机，用压缩空气使干集料在软管内呈悬浮状态送到喷枪，再在喷嘴处与高压水混合，以较高速度喷射到岩面上。干喷的主要缺点是粉尘大，喷射物回弹量大。

潮喷是将骨料预加少量水，使之呈潮湿状，再加水泥拌和，从而减少上料、拌和与喷射时的粉尘。但大量的水仍是在喷头处加入和喷出的，其喷射工艺流程和使用机械同干喷工艺。

湿喷是将骨料、水泥和水按设计比例拌和均匀，用湿式喷射机压送到喷头处，再在喷头上添加速凝剂后喷出。目前，施工现场较多使用的是湿喷工艺。

（二）喷护施工工艺流程

1.施工准备

将坡面上的危石、杂草、树木、松土、浮渣清理干净，并用高压水冲洗坡面，并使岩面保持一定湿度。

2.搭设脚手架平台

用钢管按锚孔横排位置，沿坡面坡度搭设双排脚手架工作平台，采用钢管支撑平台架体，脚手架的搭设质量应符合施工规范要求。工作平台低于横排锚孔0.6m，平台上铺设厚度为25mm×3000mm松木板，平台外边搭设1.1m高防护栏杆并设置挡脚板，挡脚板采用25mm×3000mm松木板固定在防护栏板上。

3.测量放样

边坡开挖完成后，按设计立面图要求，将锚杆孔位置准确测量放样在坡面上，水平、垂直方向的孔距误差不应大于100mm。竖肋的具体长度可根据实际边坡的高度确定，但锚杆的位置须按等分坡面的长度进行放样，其间距可适当调整。如遇刷方坡面不平顺或特殊困难场地时，需经设计监理单位认可。在确保坡体稳定和结构安全的前提下，适当放宽定位精度或调整锚孔定位。

4.钻孔设备

钻机宜选用40m³/min内燃压缩空气为动力的潜孔冲击钻机。

5.钻机就位

锚孔钻进施工时，必须准确安装固定钻机，并严格认真地进行机位调整，确保孔位及倾角符合要求。锚孔偏斜度不大于2%，钻孔方向与水平面和竖直面的夹角不得与设计角度偏差超过±（1°～2°）。

6.钻进方式

钻孔要求干钻，禁止采用水钻，以确保锚杆施工不至于恶化边坡岩体的工程地质条件和保证孔壁的黏结性能。钻孔速度根据使用钻机的性能和锚固地层严格控制，防止钻孔扭曲和变径，导致下锚困难或其他意外事故。

7.钻进过程

钻孔过程中，认真记录岩层的地层岩性和含水状态。钻孔孔深超出锚杆设计长度10cm。控制好钻孔的角度，设置钻杆定位支架，以减少钻孔角度的误差。遇有塌孔时，立即停止施钻，拔出钻具，进行水灰比纯水泥固壁注浆，注浆压力为0.4mPa。待注浆强度达到70%后，重新钻孔。如二次钻进施工时仍然出现塌孔，需采用跟管钻进技术进行施工。跟管重新钻孔时钻孔孔径比设计孔径稍大。

8.锚孔清理

钻进达到设计深度后，不能立即停钻，要求稳钻1~2min，防止孔底达不到设计的锚固直径。钻孔孔壁不得有黏土或粉砂滞留，必须清理干净。在钻孔完成后，使用高压空气（风压0.2~0.4mPa）将孔内岩粉或水体全部清除出孔外，以免降低水泥砂浆与孔壁岩土体的黏结强度，防止锚孔不能下到预定深度。若遇锚孔中有承压水流出，待水压、水量变小后方可下安锚杆与注浆，必要时在周围适当部位设置排水孔处理。

9.锚孔检验

锚孔钻孔结束后，经现场监理检验合格后，方可进行下一道工序。验孔时，采用设计孔径、钻头和标准钻杆进行孔径、孔深检查。验孔过程中钻头应平顺推进，不产生冲击或抖动。钻具验送长度满足设计锚孔深度，退钻要求顺畅，用高压风吹验没有明显飞溅尘渣及水体现象，同时要求复查锚孔的孔位、倾角和方位。全部锚孔施工分项工作合格后，即可认为锚孔钻造检验合格。

10.锚杆、锚钉体制作、安装

锚杆、锚钉全部在钢筋加工场集中加工好后，用自卸汽车运至施工现场。

安装前，要确保每根钢筋顺直，除锈、除油污，安装锚杆体前再次认真核对锚孔编号。确认无误后再用高压风吹孔，人工缓缓将锚杆体放入孔内。用钢尺量出孔外露出的钢杆长度，计算孔内锚杆长度（误差控制在±50mm范围内），确保锚固长度。

11.锚杆、锚钉注浆

锚杆时宜先安装锚杆再注浆，锚钉时宜先注浆再立即安插锚钉。

锚杆按边坡支护单元安装完成后开始注浆。为避免由于岩层破碎而锚杆孔之间相互窜浆影响锚杆的注浆质量，注浆时从最下一排锚杆孔开始注浆，逐排注到最上排。

注浆前用高压气清孔。注浆材料按照配合比配料，采用机械拌合，集中供浆。注浆浆液搅拌均匀，随搅随用，浆液在初凝前用完，严防石块、杂物混入浆液。可采用HS—4型双缸灰浆泵，按孔底注浆法注浆。注浆前孔口设置止浆塞，以保证孔内浆液饱满。注浆作业开始和中途停止较长时间，再作业时宜用水或稀水泥浆润滑注浆泵及注浆管线。锚杆安装、注浆完成24h后再进行锚杆孔补浆，将孔口空段补满并且用同种浆体将孔口封堵。

12.钢筋网制作、安装

可采用钢筋加工场集中制作钢筋网片，并现场安装或现场直接绑扎钢筋网片的方式施工，施工质量满足设计及规范要求即可。

13.喷射混凝土

喷射混凝土厚度控制可通过标桩法、针探法、钻孔法实现。

（1）标桩法

把比喷层厚度大一倍的钢筋按预定间距用速凝砂浆固定在坡面上，在喷护完成后，可以通过测量预设钢筋的剩余长度计算喷层厚度。当坡面安装锚杆时，其可以用锚杆外露部分代替预设钢筋。

（2）针探法

在施工中可以用探针直接插入未凝固的混凝土中测得喷层厚度。这种方法便于施工人员随时掌握喷层厚度。

（3）钻孔法

用手风钻在已完全凝固的混凝土表面钻孔，从钻孔内侧直接测量喷层厚度。这种方法便于监理部门随时检测。

喷射混凝土施工要点如下：①采用湿式喷射机喷射混凝土，移动式电动空压机供风。施工前先对机械进行技术检查，对水、风、电路进行检查，合格后方可运转。②喷射混凝土分段、分片由下而上进行。作业开始时，先送风，后开机，再给料；结束时，待料喷完后，再关机。向喷射机供料时要连续均匀，机器正常运转时，料斗内保持足够的存料。喷层厚度均匀，符合要求。③喷射时使喷嘴与受喷面间保持适当距离，喷射角度尽可能接近90°，以获得最大压实度和最小回弹量。喷嘴与受喷面间距控制在1.5～2m。④养护喷射混凝土终凝2h后及时进行养护，养护时间不小于14d。温度低于+5℃时，禁止洒水养护。

七、干砌片石护坡

干砌片石厚度不宜小于250mm，当边坡为粉质土、松散的砂类土等易被冲刷的土时，砌片石下应设厚度不小于100mm的碎石或砂砾垫层。干砌片石护坡基础应选用较大石块砌筑，基础埋深至侧沟底。当基础与侧沟相连时，采用M5水泥砂浆砌筑。

干砌片石护披施工时，应自下而上进行立砌，彼此镶紧，接缝要错开，缝隙间用小石块填满塞紧。

八、浆砌片石护坡

浆砌片石护坡适用于易风化的岩石边坡和易受冲刷的土质边坡，常用于路堤边坡，宜待路堤完成沉降后再施工。

浆砌片石护坡一般采用等截面，其厚度视边坡高度及坡度而定，一般为0.3～0.4m。边坡过高时应分级设平台，每级高度不宜超过20m。平台宽度视上级护坡基础的稳固要求而定，一般不超过1m。砌石由下而上，应错缝嵌紧，表面平整，周界用砂浆密封，以防渗水。

第四章

路面工程施工

第一节 沥青路面施工技术

一、热拌沥青混合料路面

（一）类型

热拌沥青混合料（HMA）适用于各种等级公路的沥青面层。其种类按集料公称最大粒径、矿料级配、空隙率划分；集料规格以方孔筛为准。各类沥青混合料的适用范围应遵循以下规定：第一，密级配沥青混凝土混合料（AC），适用于各级公路沥青面层的任何层次。第二，沥青玛蹄脂碎石混合料（SMA），适用于铺筑新建公路的表面层、中面层或旧路面加铺磨耗层。第三，设计空隙率为8%～15%的半开级配的沥青碎石混合料（AM），仅适用于三级或三级以下公路、乡村公路，且沥青混合料拌和设备缺乏添加矿粉装置和人工炒拌的情况。第四，设计空隙率为3%～8%粗粒式及特粗式的密级配沥青稳定碎石混合料（ATB），适用于基层。第五，设计空隙率大于15%的粗粒式及特粗式排水式沥青稳定碎石混合料（ATPB），适用于基层。第六，设计空隙率大于15%的细粒式排水式沥青稳定碎石混合料（OGFC），适用于高速行车、多雨潮湿、不易被尘土污染、非冰冻地区铺筑排水式沥青路面磨耗层。

（二）沥青混合料选择

①密级配和间断级配的沥青混凝土适用于各等级公路的各个层次。当采用间断级配沥青混合料时，混合料应不致在施工过程中发生明显离析。

②为提高沥青混合料的使用性能，或普通沥青混合料不能适用于使用需要时，宜铺筑改性沥青混合料路面。SMA宜同时采用改性沥青。

③开级配排水式沥青混合料磨耗层，必须采用具有高黏结性能的特殊改性沥青铺筑，其下的层次应采用空隙率小、密水性好的结构层，并设置封层，工程上必须通过试验取得成功的经验，并经过论证后使用。

④开级配排水式沥青混合料基层（ATPB）的下卧层应具有排水和抗冲刷能

力，工程上必须通过试验取得成功的经验，并经过论证后使用。

⑤特粗式沥青混合料适用于基层，粗粒式沥青混合料适用于下面层或基层，中粒式沥青混合料适用于中面层和表面层，细粒式沥青混合料适用于表面层和薄层罩面，砂粒式沥青混合料适用于非机动车道或行人道路。对高速公路及一级公路，除沥青稳定碎石基层外，通常宜选用公称最大粒径为13.2~26.5mm的沥青混合料。

二、热拌沥青混凝土施工

热拌沥青混合料路面采用厂拌法施工，集料和沥青均在拌和机内进行加热与拌和，并在热的状态下摊铺碾压成型。其施工按下列顺序进行。

（一）施工准备

施工前的准备工作主要包括原材料的质量检查、施工机械的选型和配套、拌和厂选址与备料、试验路铺筑等工作。

第一，原材料的质量检查。沥青、矿料的质量应符合前述有关的技术要求。

第二，施工机械的选型和配套。根据工程量大小、工期、施工现场条件、工程质量要求，按施工机械应互相匹配的原则，确定合理的机械类型、数量及组合方式，使沥青路面的施工连续、均衡，施工质量高，经济效益好。施工前应检修各种施工机械，以便在施工时能正常运行。

第三，拌和厂选址与备料。由于拌和机工作时会产生较大的粉尘、噪声等污染，再加上拌和厂内的各种油料及沥青为可燃物，因此拌和厂的设置应符合国家有关环境保护、消防安全等规定，一般应设置在空旷、干燥、运输条件良好的地方。拌和厂应配备实验室及足够的试验仪器和设备，并有可靠的电力供应。拌和厂内的沥青应分品种、分标号密闭储存。各种矿料应分别堆放、不得混杂，矿粉等填料不得受潮。各种集料的储存量应为日平均用量的5倍左右，沥青与矿粉的储存量应为日平均用量的2倍。

第四，试验路铺设。高速公路和一级公路沥青路面，在大面积施工前应铺筑试验路；其他等级公路在缺乏施工经验或初次使用重要设备时，也应铺筑试验路段。试验路段长度根据试验目的确定，通常为100~200m以上。热拌沥青混合料路面的试验路铺筑分试拌、试铺及总结三个部分。

①通过试拌确定拌和机的上料速度、拌和数量、拌和时间及拌和温度等；验证沥青混合料目标生产配合比，提出生产用的矿料配合比及沥青用量。

②通过试铺确定透层沥青的标号和用量、喷洒方式、喷洒温度，确定热拌沥青混合料的摊铺温度、摊铺速度、摊铺宽度、自动找平方式等操作工艺，确定碾压顺序、碾压温度、碾压速度及遍数等压实工艺，确定松铺系数和接缝处理方法等；建立用钻孔法及核子密度仪法测定密实度的对比关系，确定粗粒式沥青混凝土或沥青碎石路面的压实密度，为大面积路面施工提供标准方法和质量检查标准。

③确定施工产量及作业段长度，制订施工进度计划，全面检查材料质量及施工质量，落实施工组织及管理体系、人员、通信联络方式和指挥方式等。

试验路铺筑结束后，施工单位应就各项试验内容提出试验总结报告，取得主管部门的批准后方可用以指导大面积沥青路面的施工。

（二）沥青混合料拌和

热拌沥青混合料必须在沥青拌和厂（场、站）采用专用拌和机拌和。

1.拌和设备

拌和机拌和沥青混合料时，首先将矿料粗配、烘干、加热、筛分、精确计量，其次加入矿粉和热沥青，最后强制拌和成沥青混合料。若拌和设备在拌和过程中骨料烘干与加热为连续进行，而加入矿粉和沥青后的拌和为间歇（周期）式进行，则这种拌和设备为间歇式拌和机。若矿料烘干、加热与沥青混合料拌和均为连续进行，则为连续式拌和机。

间歇式拌和机拌和质量较好，而连续式拌和机拌和速度较高。当路面材料为多来源、多处供应或质量不稳定时，其不得用连续式拌和机拌和。高速公路和一级公路的沥青混凝土，宜采用间歇式拌和机拌和。自动控制、自动记录的间歇式拌和机在拌和过程中，应逐盘打印沥青及各种矿料的用量和拌和温度。

2.拌和要求

拌和时应根据生产配合比进行配料，严格控制各种材料的用量和拌和温度，确保沥青混合料的拌和质量。沥青与矿料的加热温度，应调节到能使混合料出厂温度的要求，超过规定加热温度的沥青混合料已部分老化，应禁止使用。沥青混合料的拌和时间以混合料拌和均匀、所有矿料颗粒全部被均匀裹覆沥青为度，一般应通过试拌确定。间歇式拌和机每锅拌和时间宜为30~50s（其中干拌时间不得少于5s）；连续式拌和机的拌和时间由上料速度和温度动态调节。

拌和机拌和的沥青混合料应色泽均匀一致、无花白料、无结团成块或无严重粗细料离析现象，不符合要求的混合料应废弃并对拌和工艺进行调整。拌和的沥青混合料不立即使用时，可存入成品储料仓，存放时间以混合料温度符合摊铺要求为准。

3.拌和质量检查

沥青混合料拌和质量检查的内容包括拌和温度的测试和抽样进行马歇尔试验，并做好检查记录。控制拌和温度是确保沥青混合料拌和质量的关键，通常在混合料装车时用有度盘和铠装枢轴的温度计或红外测温仪测试。抽取拌和的沥青混合料进行马歇尔试验，测试稳定度、流值、空隙率。用沥青抽提试验确定沥青用量，并检查抽提后矿料的级配组成，以各项测试数据作为判定拌和质量的依据。

（三）沥青混合料运输

热拌沥青混合料宜采用吨位较大的自卸汽车运输，汽车车厢应清扫干净并在内壁涂一薄层油水混合液。从拌和机向运料车上放料时，应每放一料斗混合料挪动一下车位，以减少集料离析现象。运料车应用篷布覆盖以保温、防雨、防污染，夏季运输时间短于0.5h时可不覆盖。混合料运料车的运输能力应比拌和机拌和或摊铺机摊铺能力略有富余。在施工过程中，摊铺机前方应有运料车在等候卸料。运料车在摊铺机前10~30cm处停住，不得撞击摊铺机；卸料时运料车挂空挡，靠摊铺机推动前进，以利于摊铺平整。运到摊铺现场的沥青混合料应符合摊铺温度要求，已结成团块、遭雨淋湿的混合料不得使用。

（四）沥青混合料摊铺

将混合料摊铺在下承层上是热拌沥青混合料路面施工的关键工序之一，内容包括以下几个方面。

1.摊铺前的准备工作

摊铺前的准备工作包括下承层准备、施工测量及摊铺机检查等。摊铺沥青混合料前应按要求在下承层上浇洒透层、黏层或铺筑下封层。热拌沥青混合料面层下的基层，应具有设计规定的强度和适宜的刚度，有良好的水温稳定性，干缩和温缩变形应较小，表面平整、密实，高程及路拱横坡符合设计要求且与沥青面层结合良好。沥青面层施工前应对其下承层做必要的检测，若下承层受到损坏或出现软弹、松散或表面浮尘时，应进行维修。下承层表面受到泥土污染时应清理干净。

摊铺沥青混合料前，应提前进行标高及平面控制等施工测量工作。标高测量的目的是确定下承层表面高程与设计高程相差的确切数值，以便挂线时纠正为设计值，以保证施工层的厚度。为便于控制摊铺宽度和方向，应进行平面测量。在每个工作日的开工准备阶段，应对摊铺机的刮板输送器、闸门、螺旋布料器、振动梁、熨平板、厚度调节器等工作装置和调节机构进行检查，在确认各种装置及机构处于正常工作状态后才能开始施工，若存在缺陷和故障，应及时排除。

2.调整、确定摊铺机的参数

摊铺前应先调整摊铺机的机构参数和运行参数。其中，机构参数包括熨平板的宽度、摊铺厚度、熨平板的拱度、初始工作迎角、布料螺旋与熨平板前缘的距离、振捣梁行程等。

摊铺机的摊铺带宽度应尽可能达到摊铺机的最大摊铺宽度，这样可减少摊铺次数和纵向接缝，提高摊铺质量和摊铺效益。确定摊铺宽度时，最小摊铺宽度不应小于摊铺机的标准摊铺宽度，并使上下摊铺层的纵向接缝错位30cm以上。摊铺厚度用两块5~10cm宽的长方木为基准来确定，方木长度与熨平板纵向尺寸相当，厚度为摊铺厚度。定位时将熨平板抬起，方木置于熨平板两端的下面，然后放下熨平板，此时，熨平板自由落在方木上，转动厚度调节螺杆，使之处于微量间隙的中立值。摊铺机熨平板的拱度和工作初始迎角根据各机型的操作方法调节，通常要经过试铺来确定。

大多数摊铺机的布料螺旋与熨平板前缘的距离是可变的，通常根据摊铺厚度、沥青混合料组成、下承层的强度与刚度等条件确定。摊铺正常温度下，厚度为10cm的粗粒式或中粒式沥青混合料时，此距离调节到中间值。若摊铺厚度大，沥青混合料的矿料粒径大、温度偏低时，布料螺旋与熨平板前缘的距离应调大；反之，此距离应调小。

通常条件下，振捣梁的行程控制为4～12mm。当摊铺层较薄、矿料粒径较小时，应采用较小的振捣行程；反之，应采用较大的行程。摊铺机的运行参数为摊铺机作业速度，合理确定作业速度是提高摊铺机生产效率和摊铺质量的有效途径。若摊铺速度过快，将造成摊铺层松散、混合料供应困难，停机待料时，会在摊铺层表面形成台阶，影响混合料平整度和压实性；若摊铺时慢时快，时开时停，会降低混合料平整度和密实度。因此，应在综合考虑沥青混合料拌和设备的生产能力、车辆运输能力及其他施工条件的基础上，以稳定的供料能力保证摊铺机以某一速度连续作业。合理的摊铺速度根据混合料供应能力、摊铺宽度、摊铺厚度确定。

3.摊铺作业

摊铺机的各种参数确定后，即可进行沥青混合料路面的摊铺作业。摊铺作业的第一步是对熨平板加热，以免摊铺层被熨平板上黏附的粒料拉裂而形成沟槽和裂纹，同时对摊铺层起到熨烫的作用，使其表面平整无痕。加热温度应适当，过高的加热温度将导致熨平板变形、加速磨耗，还会使混合料表面泛出沥青胶浆或形成拉沟。

摊铺高速公路和一级公路沥青路面时，所采用的摊铺机应具有自动或半自动调整摊铺厚度及自动找平的装置，有容量足够的受料斗和足够的功率推动运料车，有可加热的振动熨平板，摊铺宽度可调节。通常采用两台以上摊铺机组成梯队进行联合作业，相邻两幅摊铺带重叠5～10cm，相邻两台摊铺机相距10～30m，以免前面已摊铺的混合料冷却而形成冷接缝。摊铺机在受料开始前应在料斗内涂刷防止黏结的柴油，避免沥青混合料冷却后黏附在料斗上。摊铺机必须缓慢、均匀、连续不间断地进行摊铺，摊铺过程中不得随便变换速度或中途停顿。摊铺机螺旋布料器应不停顿地转动，两侧应保证有不低于布料器2/3高度的混合料，并保证在摊铺的宽度范围内不出现离析。

摊铺机自动找平时，中、下面层宜采用一侧钢丝绳引导的方式控制高程，上面层宜采用摊铺前后保持相同高差的雪橇式摊铺厚度控制方式。经摊铺机初步压实的摊铺层平整度、横坡等应符合设计要求。沥青混合料的松铺系数根据混合料类型、施工机械等，通过试铺试压或根据以往经验确定。在沥青混合料摊铺过程中，若出现横断面不符合设计要求、构造物接头部位缺料、摊铺带边缘局部缺料、表面明显不平整、局部混合料明显离析及摊铺机后有明显拖痕时，可用人工局部找补或更换混合料，但不应由人工反复修整。

控制沥青混合料的摊铺温度是确保摊铺质量的关键之一，摊铺时应根据沥青品种、标号、稠度、气温、摊铺厚度选用。高速公路和一级公路的施工气温低于10℃、其他等级公路施工气温低于5℃时，不宜摊铺热拌沥青混合料，必须摊铺时，应提高沥青混合料拌和温度。运料车必须覆盖以保温，尽可能采用高密度摊铺机摊铺，并在熨平板加热摊铺后紧接着碾压，缩短碾压长度。

（五）沥青混合料的压实

碾压是热拌沥青混合料路面施工的最后一道工序，若前述各工序的施工质量符合要求但碾压质量达不到要求，则将前功尽弃，达不到路面施工的目的。压实的目的是提高沥青混合料的密实度，从而提高沥青路面的强度、高温抗车辙能力及抗疲劳特性等路用性能，是形成高质量沥青混凝土路面的又一关键工序。碾压工作包括碾压机械的选型与组合、碾压温度、碾压速度的控制、碾压遍数、碾压方式及压实质量检查等。

1.碾压机械的选型与组合

沥青路面压实机械分静载光轮压路机、轮胎压路机和振动压路机等类型。静载光轮压路机分双轮式和三轮式，常用的有6～8t双轮钢筒压路机、8～12t或12～15t三轮钢筒压路机等，国外也使用三轴三轮的静载压路机。静载光轮压路机的工作质量较小，常用于预压、消除碾压轮迹。轮胎压路机安装的光面橡胶碾压轮具有改变压力的性能，通常为5～11个，工作质量5～25t，主要用于接缝和坡道的预压、消除裂纹、压实薄沥青层。用于沥青路面碾压的振动压路机多为自行式，前面为钢质振动轮，后面有两个橡胶驱动轮，工作质量随振动频率和振幅的增大而增大，可作为主要的压实机械。应根据工程量的大小、摊铺设备的摊铺效率、混合料特性、碾压厚度、现场施工条件等选择合适的压路机；压路机应尽可能跟随摊铺机的要求，通过试铺试压确定压路机的数量。为了达到最佳压实效果，通常采用静载光轮压路机与轮胎压路机、静载光轮压路机与振动压路机组合的方式进行碾压。

2.碾压作业

沥青混合料路面的压实分初压、复压、终压三个阶段进行。初压的目的是整平、稳定混合料，为复压创造条件。初压是压实沥青混合料的基础，一般采用轻型钢筒压路机或关闭振动装置的振动压路机碾压两遍，其线压力不宜小于 $35N/cm^2$。应在沥青混合料摊铺后温度较高时进行初压，压实温度应根据沥青稠度、压路机类型、气温、摊铺层厚度、混合料类型，经试铺试压确定，并应符合碾压温度要求。碾压时必须将驱动轮朝向摊铺机，以免使温度较高的摊铺层产生推移和裂缝。压路机应从路面两侧向中间碾压，相邻碾压轮迹重叠 1/3 ～ 1/2 轮宽，最后碾压中心部分，压完全幅为一遍。初压后应检查平整度、路拱，并对出现缺陷的部位做适当修整。

复压的目的是使混合料密实、稳定、成型，是使混合料的密实度达到要求的关键。初压后紧接着进行复压，一般采用重型压路机，碾压温度应符合规定，碾压遍数经试压确定，且不少于 4 ～ 6 遍，达到要求的压实度为止。用于复压的轮胎式压路机的压实质量应不小于 15t，用于碾压较厚的沥青混合料时，总质量应不小于 22t，轮胎充气压力不小于 0.5MPa，相邻轮带重叠 1/3 ～ 1/2 轮宽。采用三轮钢筒压路机时，总质量不应低于 15t。当采用振动压路机时，应根据其混合料种类、温度和厚度选择振动压路机的类型，振动频率取 35 ～ 50Hz，振幅取 0.3 ～ 0.8mm，碾压层较厚时选用较大的振幅和频率，碾压时相邻轮带重叠20cm宽。

终压的目的是消除碾压轮产生的轮迹，最后形成平整的路面。终压应紧接在复压后用6～8t的振动压路机（关闭振动装置）进行，碾压不少于两遍，直至无轮迹为止，终压温度应符合要求。

碾压过程中有沥青混合料黏附于碾压轮时，可间歇向碾压轮洒少量水或加洗衣粉水，严禁洒柴油。压路机不得在新摊铺的混合料上转向、调头、左右移动位置或突然刹车。对压路机无法压实的桥面、挡土墙等构造物的接头处、拐弯死角、加宽部分等局部路面，应采用振动夯板夯实。雨水井、检查井等设施的边缘应用人工夯锤、热熔铁补充压实。压路机的碾压路线及碾压方向不应突然改变，以防止混合料产生推移。压路机启动、停止必须缓慢进行。压实后的沥青路面在冷却前，任何机械不得在其上停放或行驶，并防止矿料、油料等杂物的污染。沥青路面冷却后方可开放交通。

（六）接缝处理

施工过程中应尽量避免出现接缝，不可避免时做成垂直接缝，并通过碾压尽量消除接缝痕迹，提高接缝处沥青路面的传荷能力。对接缝进行处理时，压实的顺序为先压横缝、后压纵缝。横向接缝可用小型压路机横向碾压，碾压时使压路机轮宽的10～20cm置于新铺的沥青混合料上，然后边碾压边移动，直至整个碾压轮进入新铺的混合料层上。

对于热料与冷料相接的纵缝，压路机可置于热沥青混合料上振动压实，将热混合料挤压入相邻的冷结合边内，从而产生较高的密实度。在碾压开始时，将碾压轮宽的10～20cm置于热料层上，压路机其余部分置于冷却层上进行碾压，效果也较好。对于热料层相邻的纵缝，应先压实距接缝约20cm以外的地方，最后压实中间剩下的一条窄混合料层，这样可获得良好的结合。

第二节　水泥混凝土路面施工技术

一、水泥混凝土路面的构造和特点

（一）水泥混凝土路面的构造

1.路基

水泥混凝土弹性模量较大，面板具有较高的刚度和荷载扩散能力，通过面板传到路基顶面的荷载压应力值很小，因此，水泥混凝土路面并不要求强度大或承载力高的路基。然而，如果路基的稳定性不足，产生不均匀沉陷，就会使面板在受荷时底部产生过大的弯拉应力，导致混凝土路面破坏。

路基支承不均匀主要是由于填料的土质不均匀、湿度不均匀、膨胀土冻胀、湿软地基未达充分固结、排水设施不良、压实不足或不当，以及新老路基交接处、填挖交界处处理不当等多种原因造成的。为了保证路基支承的均匀性，处理措施如下：

①选择合适的填料。宜选用低膨胀性土或对冰冻不敏感的土作填料；将膨胀性高或对冰冻敏感的土放在路堤的下层，而在上层用好填料填筑；不同来源和性质的填料进行适当地拌和等。

②控制压实度和压实时的含水量。在气候为润湿、中湿或过湿的地区压实塑性土，压实时的含水量宜略高于最佳含水量。

③加强路基排水设施。尽可能提高路基设计标高或加深边沟底部深度，以增加路面同地下水位之间的距离。设置路基排水设施，以拦截透水层流向路基的渗透水或降低地下水位。

④对路基上层土进行处理。路基上层土，特别是对于湿软土层，应采用低剂量石灰或水泥等结合料做稳定处理。

2.基层和垫层

水泥混凝土面层下设置基层和垫层，主要有以下几方面的作用：

①防积泥。混凝土面层若直接放在路基上，会由于路基土塑性累计变形量大、细料含量多和抗冲刷能力低而极易产生唧泥现象。铺设基（垫）层后，可减轻以至于消除积泥的产生。但未经处置的砂砾基层，其细料含量和塑性指数不能太高，否则仍会产生淤泥。

②防冰冻。在季节性冰冻地区，用对冰冻不敏感的粒状多孔材料来铺筑基（垫）层，可以减少路基的冰冻深度，从而减轻冰冻的危害作用。

③防水。在湿软土基上，铺筑开级配粒料基（垫）层，可以排除从路表面渗入面层板下的水分，以及隔断地下水毛细上升。

④减小路基顶面的压应力，并缓和路基不均匀变形对面层的影响。

⑤为面层施工提供方便。同时，还能提高路面结构的承载能力，延长路面的使用寿命。

3.排水和路肩

①面层—基（垫）层—路肩排水系统。由于雨水的影响，会对路面结构层产生不利的影响，而积滞在路槽内加剧了路面的破坏。为了迅速排除渗入路槽内的

水分，可以采用开级配粒料作基层（或垫层），汇集通过面层接（裂）缝和外侧边缘渗下的水分，通过空隙和横坡横向排至基层（或垫层）的外侧，并由纵向集水管汇集后横向排出路基。开级配粒料可以不用结合料处置，而用水泥或沥青结合料处置。

当采用密级配粒料修建不透水基层或垫层时，通过接缝或裂缝下渗的水，会沿面层和不透水基层或垫层的界面流向路肩。为迅速排除这部分下渗水，可在路肩下设置排水层，以排引出路基。水量大时，可增设纵向排水管。采用不透水基层或垫层时的面层—基（垫）层—路肩排水系统的布置方案。

②路肩。路肩给路面结构提供侧向支承，供车辆紧急或临时停靠，在车行道进行修补时可作为临时车道使用，因此路肩应具有一定的承受车辆荷载的能力。

在混凝土路面板同路肩的交界面处，路表水易渗入，侵蚀板边缘下的基层、垫层和路基，造成板边缘底部的脱空，导致唧泥和断板等损坏发生。对此可采用加宽车道宽度（0.7m以上）的措施，以避免车辆沿板边缘行驶，从而减小板边应力。

路肩的层次结构和材料选择，除了考虑承载能力外，还应结合路面排水系统的布置和要求，使渗入路面的水分能由排水通道迅速排离出路面结构，为铺筑出符合质量标准的水泥混凝土路面提供基本保证。

（二）水泥混凝土路面的特点

1.水泥混凝土路面的优点

与其他类型路面相比，混凝土路面具有以下优点：

①强度高。混凝土路面具有较高的抗压强度、抗弯拉强度以及抗磨耗能力。

②稳定性好。混凝土路面的水稳性、热稳性均较好，特别是它的强度能随着时间的延长而逐渐提高，不存在沥青路面的老化现象。

③耐久性好。由于混凝土路面的强度和稳定性好，因此它经久耐用，一般能使用20～40年，而且它能通行包括履带式车辆等在内的各种运输工具。

④养护费用少、经济效益高。与沥青混凝土路面相比，水泥混凝土路面的养护工作量和养护费用均较少。它的建筑投资虽然较大，但由于使用年限长，故所分摊于每年的工程费用较少。因此，从长远角度来看，选用混凝土路面，其经济

效益是比较显著的。

⑤有利于夜间行车。混凝土路面色泽鲜明，能见度好，对夜间行车有利。

2.水泥混凝土路面的缺点

混凝土路面存在的缺点，主要有以下四个方面：

①对水泥和水的需求量大。这对水泥供应不足和缺水地区造成较大困难。

②有接缝。一般来说，混凝土路面有许多接缝，这些接缝不但增加施工和养护的复杂性，而且容易引起行车跳动，影响行车的舒适性。接缝是路面的薄弱点，若处理不当，将导致路面板边和板角处破坏。

③开放交通较迟。一般来说，混凝土路面完工后，要经过15～20d的湿润条件养生，才能开放交通。若需提早开放交通，则需采取特殊措施。

④修复困难。混凝土路面损坏后，开挖很困难，修补工程量大，费用高，且影响交通。

二、材料要求和配合比设计

（一）材料要求

水泥混凝土路面的组成材料主要有水泥、粗集料、细集料和水，以及为改善工艺性能和力学性能而加入的外加剂和矿物掺和料。

1.水泥

水泥是混凝土路面中的胶结材料，其质量直接决定着混凝土路面的抗折强度、抗冲击振动性能、抗疲劳强度、体积稳定性和耐久性等物理力学性能，应当采用强度高、收缩性小、耐磨性强、抗冻性好的水泥。

特种和重交通水泥混凝土路面宜采用旋转窑生产的道路硅酸盐水泥，或者普通硅酸盐水泥；中、轻交通的路面可采用矿渣硅酸盐水泥，冬季施工或有快通要求的路段可采用快硬、早强的R型水泥。一般情况宜采用普通型水泥。

水泥进场时，每批量应附有齐全的化学成分、物理力学指标合格的检验证明，水泥的化学成分、物理性能等路用品质必须合格。选用水泥时，应通过混凝土配合比试验，根据其配制弯拉强度、耐久性和工作性，优选适宜的水泥品种、标号及厂家。不同标号、品种、出厂日期的水泥，不得混合堆放，严禁混合使用。水泥的存放期不得超过3个月。

采用机械化铺筑时，最好选用散装水泥，因为小包装水泥用量过大时拆包不及。小型机具及三据轴机组铺筑时可采用袋装水泥。

为降低水泥的水化反应速度，防止因温差开裂，散装水泥的夏季出厂温度，南方不宜高于65℃，北方不宜高于55℃。混凝土搅拌时的水泥温度，南方不宜高于60℃，北方不宜高于50℃，且不宜低于10℃。

水泥的抗压强度、抗折强度、安定性和凝结时间必须经检验合格。

2.粗集料

集料通常占混凝土体积的70%～80%，因此选料非常重要。粗集料是指粒径大于5mm的碎石、碎卵石和卵石，其质地应坚硬、耐久、洁净，并有良好的级配，应符合一定的技术要求。高速公路、一级公路、二级公路及有抗冻（盐）要求的三、四级公路混凝土路面使用的粗集料级别应不低于Ⅱ级，无抗冻（盐）要求的三、四级公路混凝土路面，碾压混凝土及贫混凝土基层可使用Ⅰ级粗集料。有抗（盐）冻要求时，Ⅰ级集料吸水率应不大于1.0%，Ⅱ级集料吸水率应不大于2.0%。

粗集料的级配优劣直接影响混凝土的抗压强度、和易性、耐久性等性能。选配路面和桥面混凝土的粗集料，应按最大公称粒径的不同采用2～4个粒级的集料进行掺配。卵石最大公称粒径不宜大于19.0mm；碎卵石最大公称粒径不宜大于26.5mm；碎石最大公称粒径不应大于31.5mm。

3.细集料

细集料是指粒径小于5mm的天然砂、机制砂或混合砂。细集料应质地洁净且有害杂质含量少、坚硬耐磨、表面粗糙而有棱角，并符合规定的级配，其级配要求和技术要求均应符合规定。混凝土强度等级大于C60的高强混凝土宜用Ⅰ级高强砂；强度等级为C30～C60的中强混凝土宜用Ⅱ级中强砂；强度等级小于C30的普通混凝土宜用Ⅲ级低强砂。

较好的级配应当是孔隙率小、总表面小（以减少湿润骨料表面的需水量）、有适宜含量的细颗粒（以满足和易性要求）。砂的粗细程度用细度模数来表示，细度模数仅反映全部颗粒的平均粗细程度，而不能反映颗粒的级配情况，所以选择细集料时，要同时考虑细度模数和级配两项指标，才能真正反映其全部性质。

路面和桥面用天然砂宜为中砂，也可使用细度模数为2.0～3.0的砂。同一配合比用砂的细度模数变化范围不应超过0.3，否则应分别堆放，并调整配合比中的砂率后使用。

4.水

用于清洗集料、搅拌和养生混凝土用的水，不应含有影响混凝土正常凝结和硬化的油、酸、碱、盐类及有机物等有害杂质，以饮用水为宜。非饮用水经检验后满足下列要求的也可以使用：硫酸盐含量小于0.0027mg/mm³；含盐量不超过0.005mg/mm³；pH不小于4。

5.外加剂

为了改善水泥混凝土的技术性能，可以在制备混凝土过程中加入适宜的外加剂。修建路面时，常用的外加剂有以下四类：

①改善混凝土拌和物流动性能的外加剂，如减水剂、引气剂、泵送剂等。

②调节凝结时间和硬化性能的外加剂，如缓凝剂、速凝剂、早强剂。

③改善混凝土耐久性的外加剂，如引气剂、防水剂、阻锈剂。

④改善混凝土其他性能的外加剂，如膨胀剂、防冻剂、碱集料反应抑制剂等。

使用外加剂时，要与所用的水泥进行适应性检验，应使用与水泥相适应的外加剂品种。路面混凝土掺用的外加剂产品质量应达到一等品的要求。

6.矿物掺合料

路面混凝土中可用的掺合料主要有粉煤灰、硅灰和磨细矿渣。混凝土路面在掺用粉煤灰时，应掺用质量指标符合规定的电收尘Ⅰ、Ⅱ级干排或磨细粉煤灰，不得使用Ⅲ级粉煤灰。进货时应有等级检验报告，宜采用散装灰。硅灰和磨细矿渣在使用前应经过试配检验，以确保路面和桥面混凝土抗弯拉强度、抗磨性、抗冻性等技术指标合格。

（二）配合比设计

普通混凝土路面的配合比设计在兼顾经济性的同时应满足弯拉强度、工作性和耐久性这三项技术要求。

混合料配合比设计应根据工程的设计要求、当地材料品质、施工方法、操作水平及工地环境等方面，通过选择、计算和试验来确定水泥、水、砂、碎石（砾石）、外加剂等几种材料相互之间的比例关系。在确定混合料中水、水泥、细集料、粗集料四种基本成分的用量时，关键是选择好水灰比、用水量和砂率这三个参数。

混凝土配合比的试配、调整和确定的具体步骤：

1.初步配合比的计算

①按设计要求强度等级计算混凝土的配制强度；
②按配制强度计算相应的水灰比，并校核是否满足最大水灰比规定；
③选定砂率；
④选定混凝土单位用水量；
⑤计算单位水泥用量，并校核是否满足最小水泥用量规定；
⑥计算粗集料和细集料的用量；
⑦最后得出混凝土的初步配合比。

2.试拌调整，提出基准配合比

先按初步配合比进行混凝土拌和物的试拌，检查拌和物的和易性。不能满足所选坍落度的要求时，应在保持水灰比不变的条件下，相应调整单位用水量或砂率，反复试验，直到符合要求为止。由此提出供混凝土强度试验用的基准配合比。

3.强度测定，确定试验配合比

按基准配合比拌制试件，测定其实际密度，并进行强度检验。通过上述步骤得到和易性强度均满足要求的配合比后，还应按混凝土的实测密度再进行必要的校正，而后得到校正后的混凝土设计配合比。

4.施工配合比

室内配合比确定后，在实际路面铺筑前，还应进行大型搅拌楼配合比试验检验，检验通过后，其配合比方可用于摊铺。另外，根据施工的具体情况，还应对施工配合比进行微调与控制，其内容包括微调外加剂掺量和微调加水量。

三、水泥混凝土路面施工

（一）轨道摊铺机铺筑施工

在高等级公路上修建水泥混凝土路面，路面技术标准要求高，工程数量大，要保证施工进度和工程质量，宜采用机械化施工。近年来，随着我国水泥混凝土路面的迅速发展，除了小型混凝土路面施工机具得到逐步配套和完善外，高等级公路主要依靠引进的混凝土摊铺机修建。轨道式摊铺机施工就是机械化施工中最普通的一种方法。

轨道式摊铺机施工是由支撑在平底型轨道上的摊铺机将混凝土拌和物摊铺在基层上。摊铺机的轨道与模板是连在一起的，安装时同步进行。轨道式摊铺机施工混凝土路面包括施工准备、拌和与运输混凝土、摊铺与振捣、表面整修及养护等工作。它不仅工作可靠，结构简单，操作方便，而且具有平整度好、路拱横坡偏差小、熨平板偏差小和厚度标准一致等优点。

1.施工准备

混凝土路面施工前的准备工作包括材料准备及质量检验、混合料配合比检验与调整、基层的检验与整修、施工放样及机械准备等。

根据混凝土路面施工进度计划，施工前应分批备好所需的各种材料，并在使用前进行核对、调整。各种材料应符合规定的质量要求，新出厂的水泥应至少存放一周后方可使用。路面在浇筑前必须对混凝土拌和物的工作性能进行检验并做必要的调整。

混凝土路面施工前，应对混凝土路面板下的基层进行强度、密实度及几何尺寸等方面的质量检验，基层质量检查项目及其标准应符合基层施工规范要求。基层宽度应比混凝土路面板宽30~35cm或与路基同宽。

施工放样是用轨道式摊铺机施工混凝土路面的重要准备工作。根据设计图纸恢复路中心线和混凝土路面边线，在中心线上每隔20m设一中桩，同时布设曲线主点桩及纵坡变坡点、路面板胀缝等施工控制点，并在路边设置相应的边桩，重要的中心桩要进行拴桩。每隔100m左右应设置一临时水准点，以便复核路面标高。由于混凝土路面一旦浇筑成功就很难拆除，因此测量放样必须经常复核，在浇捣过程中也要进行复核，做到勤测、勤核、勤纠偏，确保混凝土路面的平面位置和高程符合设计要求。

2.拌和与运输混凝土

确保混凝土拌和质量的关键是选用质量符合规定的原材料、拌和机技术性能满足要求、拌和时配合比计量准确。采用轨道式摊铺机施工时，拌和设备应附有可自动准确计量的供料系统；无此条件时，可采用集料箱加地磅的方法进行计量。各种组成材料的计量精度应不超过下列范围：水和水泥±1%；粗细集料±3%；外加剂±2%。拌和过程中加入外加剂时，外加剂应单独计量。用国产强制式搅拌机拌和坍落度为1～5cm的混凝土拌和物，最佳拌和时间应控制为：立轴式强制拌和机为90～180 s；双卧轴强制式拌和机为60～90 s，最短拌和时间不低于低限，最长拌和时间不超过高限的3倍。

通常采用自卸汽车运输混凝土拌和物，拌和物坍落度大于5cm时应采用搅拌车运输。从开始拌和到浇筑的时间应满足下列要求：用自卸汽车运输时，不得超过1h；用搅拌车运输时，不得超过1.5h。若运输时间超过上述时间限制或在夏季浇筑时，拌和过程中应加入适量的缓凝剂。若运输时间过长，混凝土拌和物的水分蒸发和离析现象就会增加，因此应尽量缩短混凝土拌和物的运输时间，并采取措施防止水分损失和混合料离析。拌和物运到摊铺现场后倾卸于摊铺机的卸料机内。摊铺机卸料机械有侧向和纵向两种。侧向卸料机在路面摊铺范围外操作，自卸汽车不进入路面摊铺范围内卸料，因为没有供卸料机和汽车行驶的通道；纵向卸料机在摊铺范围内操作，自卸汽车后退供料，施工时不能像侧向卸料机那样在基层上预先安设传力杆。

3.摊铺与振捣

（1）轨模安装

轨道式摊铺机的整套机械在轨模上前后移动，并以轨模为基准控制路面的高程。摊铺机的轨道与模板同时进行安装，轨道固定在模板上，然后统一调整定位。形成的轨模既是路面边模又是摊铺机的行走轨道。模板应能承受机组的质量，横向要有足够的刚度，轨模数量应根据施工进度配备并能满足周转要求，连续施工时至少需配备三个全工作量的轨模。

轨模安装时必须精确控制高程，做到轨模平直、接头平顺，否则将影响路面的外观质量和摊铺机的行驶性能。

（2）摊铺

轨道式摊铺机有刮板式、箱式和螺旋式三种类型，摊铺时将卸在基层上或摊铺箱内的混凝土拌和物按摊铺厚度均匀地铺满轨模范围内。

刮板式摊铺机本身能在轨道上前后自由移动，刮板旋转时将卸在基层上的混凝土拌和物向任意方向摊铺。这种摊铺机质量轻、容易操作、易于掌握、使用较普遍，但摊铺能力较小。

箱式摊铺机摊铺时，先将混凝土拌和物通过卸料机一次性卸在钢制料箱内，摊铺机向前行驶时料箱内的混合料摊铺于基层上，通过料箱横向移动按松铺厚度准确、均匀地刮平拌和物。因为混凝土一次性全部放在箱内，所以质量大，但能摊铺均匀而且很准确。其摊铺能力大，故障较少。

螺旋式摊铺机由可以正向和反向旋转的螺旋布料器将拌和物摊平，螺旋布料器的刮板能准确地调整高度。螺旋式摊铺机的摊铺质量优于前述两种摊铺机，摊铺能力较大。

摊铺过程中应严格控制混凝上拌和物的松铺厚度，确保混凝土路面的厚度和高程符合设计要求。

（3）振实

摊铺机摊铺时，振捣机跟在摊铺机后对拌和物做进一步的整平和捣实。在振捣梁前方设置一道长度与铺筑宽度相同的复平梁，用于纠正摊铺机初平的缺陷，并使松铺的拌和物在全宽范围内达到正确的高度。复平梁的工作质量对振捣密实度和路面平整度影响很大。复平梁后面是一道弧面振动梁，以表面平板式振动将振动力传到全宽范周内。

轨道摊铺机配备振捣棒组，振捣方式有斜插连续拖行及间歇垂直插入两种。当面板厚度超过 150mm、坍落度小于 30mm 时，必须插入振捣；连续拖行振捣时，宜将作业速度控制在 0.5 ~ 1.0m/min，并随着坍落度的大小而增减。间歇振捣时，当一处混凝土振捣密实后，将振捣棒组缓慢拔出，再移动到下一处振实。

轨道摊铺机配备振动板或振动梁对混凝土表面进行振捣和修整时，振动梁的振捣频率宜控制在50～100Hz，偏心轴转速调节到2500～3500r/min。经振捣棒组振实的混凝土宜使用振动板振动提浆，并密实饰面，其提浆厚度宜控制在（4±1）mm。

4.表面整修

振捣密实的混凝土表面应进行整平、精光及纹理制作等工序的作业，使竣工后的混凝土路面具有良好的路用性能。

（1）表面整平

振捣密实的混凝土表面用能纵向移动或斜向移动的表面整修机整平。当纵向表面整修机工作时，整平梁在混凝土表面纵向往返移动，通过机身的移动将混凝土表面整平。对于斜向表面，整修机通过一对与机械行走轴线成10°左右的整平梁做相对运动来完成整平作业，其中一根整平梁为振动梁。机械整平的速度取决于混凝土的易整修性和机械特性。机械行走的轨模顶面应保持平顺，以便整修机械能顺畅通行。整平时应使整平机械前保持高度为10～15cm的拥料，并使拥料向较高的一侧移动，以保证路面板的平整，防止出现麻面及空洞等缺陷。

（2）精光及纹理制作

精光是对混凝土路面进行最后的精平，使混凝土表面更加致密、平整和美观，此工序是提高混凝土路面外观质量的关键工序之一。混凝土路面整修机配置有完善的精光机械，只要在施工过程中加强质量检查和校核，便可保证精光质量。

在混凝土表面制作纹理是提高路面抗滑性能的有效措施之一。制作纹理时用纹理制作机在路面上拉毛、压槽或刻纹，纹理深度控制在1～2mm范围内。在不影响平整度的前提下提高混凝土路面的构造深度，可提高表面的抗滑性能。纹理应与路面前进方向垂直，相邻板的纹理应相互沟通以利排水。纹理制作从混凝土表面无波纹水迹开始，过早或过晚均会影响纹理质量。

5.养生

混凝土表面整修完毕后，应立即进行养生，使混凝土在开放交通时具有规定的强度，尤其在气温较高时，必须保持已浇筑的混凝土表面湿润，以免混凝土表面干裂。

在养生初期，可用活动三角形罩栅遮盖混凝土，以减少水分蒸发，避免阳光暴晒，防止风吹、雨淋等。混凝土泌水消失后，在表面均匀喷洒薄膜养护剂。混凝土路面采用喷洒养生剂养生时，喷洒应均匀、成膜厚度应足以形成完全密闭水分的薄膜，喷洒后的表面不得有颜色差异。喷洒时间宜在表面混凝土泌水完毕后进行。喷洒高度宜控制在0.5～1m。使用一级品养生剂时，最小喷洒剂量不得少于0.30kg/m²；合格品的最小喷洒剂量不得少于0.35kg/m²。不得使用易被雨水冲刷掉的和对混凝土强度、表面耐磨性有影响的养生剂。当喷洒一种养生剂达不到90%有效保水率要求时，可采用两种养生剂各喷洒一层或喷一层养生剂再加覆盖的方法。

养生时间应根据混凝土弯拉强度的增长情况而定，不宜小于设计弯拉强度的80%，应特别注重前7d的保湿（温）养生。一般来说，养生天数宜为14～21d，高温天不宜少于14d，低温天不宜少于21d。掺粉煤灰的混凝土路面最短养生时间不宜少于28d，低温天应适当延长。

在养生期间禁止车辆通行以保护混凝土路面。

模板在浇筑混凝土60h以后拆除。气温不低于10℃时，可缩短到20h后拆除；当温度低于10℃时，可延长到36h后拆除。拆模板时不应损坏混凝土板和模板。

6.接缝施工

（1）纵缝施工

当一次铺筑宽度小于路面和路肩总宽度时，应设纵向施工缝，位置应避开轮迹，并重合或靠近车道线，构造可采用平缝加拉杆型。当所摊铺的面板厚度大于或等于260mm时，也可采用插拉杆的企口型纵向施工缝。采用滑模施工时，纵向施工缝的拉杆可用摊铺机的侧向拉杆装置插入。采用固定模板施工方式时，应在振实过程中，从侧模预留孔中手工插入拉杆。当一次摊铺宽度大于4.5m时，应采用假缝拉杆型纵缝，即锯切纵向缩缝，纵缝位置应按车道宽度设置，并在摊铺过程中用专用的拉杆插入装置插入拉杆。插入的侧向拉杆应牢固，不得松动、碰撞或拔出。若发现拉杆松脱或漏插，应在横向相邻路面摊铺前，钻孔重新植入。

（2）横向缩缝施工

普通混凝土路面横向缩缝宜等间距布置，不宜采用斜缝。不得不调整板长时，最大板长不宜大于6.0m，最小板长不宜小于板宽。

在中、轻交通的混凝土路面上，横向缩缝可采用不设传力杆假缝型。

在特重和重交通公路、收费广场、邻近胀缝或路面自由端的3条缩缝应采用假缝加传力杆型。缩缝传力杆的施工方法可采用前置钢筋支架法或传力杆插入装置（DBI）法。钢筋支架应具有足够的刚度，传力杆应准确定位，摊铺之前应在基层表面放样，并用钢钎锚固，宜使用手持振捣棒振实传力杆高度以下的混凝土，然后机械摊铺。传力杆无防黏涂层一侧应焊接，有涂料一侧应绑扎。用DBI法置入传力杆时，应在路侧缩缝切割位置作标记，保证切缝位于传力杆中部。

（3）胀缝施工

胀缝应与混凝土路面中心线垂直，缝壁垂直于板面，宽度均匀一致，缝中不得有黏浆或坚硬杂物，相邻板的胀缝应设在同一横断面上。胀缝传力杆的准确定位是胀缝施工成败的关键，传力杆固定端可设在缝的一侧成交错布置。施工过程中固定传力杆位置的支架应准确、可靠地固定在基层上，使固定后的传力杆平行于板面和路中线，误差不大于5mm。铺筑混凝土拌和物时，严禁造成传力杆位移，否则，将导致混凝土路面接缝区的破坏。在传力杆滑动端安装长度为10cm的套筒，套筒内底与传力杆的间隙为1~1.5cm，空隙内用沥青麻絮填塞，滑动端涂饰沥青。

机械化施工混凝土路面时，胀缝可在连续铺筑混凝土拌和物的过程中完成，也可在施工结束时完成。施工时用方木、钢挡板及钢钎固定胀缝板，钢钎间距为1m。在摊铺机前方，先在路面胀缝的传力杆范围内铺筑混凝土拌和物，用两个插入式振捣器在胀缝两侧0.5~1.0m的范围内对称均匀地捣实。摊铺机摊铺至胀缝两侧各0.5m范围内时，将振动梁提起，拔去钢钎，拆除方木和挡板。留下的空隙用混凝土拌和物填充并用插入式振捣器捣实，人工进行粗平，并通过摊铺机的振荡修平梁进行最终修平。待接缝板以上的混凝土硬化后用锯缝机按接缝板的位置和宽度锯两条缝，凿除接缝板之上的混凝土和临时插入物，然后用填缝料填满。这种施工方法可确保接缝施工质量，胀缝的外观也较好。

施工完成时安装、固定传力杆和接缝板。先浇筑传力杆以下的混凝土拌和物，用插入式振捣器振捣密实，并注意校正传力杆的位置，然后再摊铺传力杆以上的混凝土拌和物。摊铺机摊铺胀缝另一侧的混凝土时，先拆除端头钢挡板及钢钎，再按要求铺筑混凝土拌和物。填缝时必须将接缝板以上的临时插入物清除。

胀缝两侧相邻板的高差应符合如下要求：高速公路和一级公路应不大于3mm，其他等级公路不大于5mm。

（4）施工缝设置

施工中断形成的横向施工缝应尽可能设置在胀缝或缩缝处，多车道路面的施工缝应避免设在同一横断面上。施工缝设在缩缝处应增设一半锚固、另一半涂刷沥青的传力杆，传力杆必须垂直于缝壁，平行于板面。

（5）切缝法施工

贫混凝土基层、各种混凝土面层、加铺层、桥面和搭板的纵、横向缩缝均应采用切缝法施工。切缝作业应符合下列规定：

①横向缩缝的切缝方式有全部硬切缝、软硬结合切缝和全部软切缝三种。切缝方式的选用，应由施工期间该地区路面摊铺完毕到切缝时的昼夜温差确定。

②高速公路和一级公路及路基高度大于等于10m的高边坡、软基及填挖交界路段、桥头搭板，应在上半部涂满沥青，然后硬切缝并填缝。二级及以下公路一般路段的纵向施工缝在上半部涂满沥青后，可不切缝。

③对已插入拉杆的纵向假缩缝，切缝深度应为1/4～1/3板厚，最浅切缝深度不应小于70mm，纵、横缩缝宜同时切缝。

④缩缝切缝宽度宜控制在4～6mm，切缝时锯片晃度不应大于2mm。可先用薄锯片锯切到要求深度，再使用6～8mm厚锯片或叠合锯片扩宽填缝槽，填缝槽深度宜为25～30mm，宽度宜为7～10mm。

⑤在变宽度路面上，宜先切缝划分板宽。匝道上的纵缝宜避开轮迹位置，横缝应垂直于每块面板的中心线。变宽度路面缩缝，允许切割成小转角的折线，相邻板的横向缩缝切口必须对齐，允许偏差不得大于5mm。

（6）灌缝

混凝土板养生期满后，应及时灌缝。灌缝要求先采用切缝机清除接缝中夹杂的砂石、凝结的泥浆等，再使用压力大于或等于0.5MPa的压力水和压缩空气彻底清除接缝中的尘土及其他污染物，确保缝壁及内部清洁、干燥。缝壁检验以擦不出灰尘为灌缝标准。使用常温聚氨酯和硅树脂等填缝料时，应按规定比例将两组分材料按1h灌缝量混拌均匀后使用。使用加热填缝料时应将填缝料加热至规定温度。加热过程中应将填缝料熔化，搅拌均匀，并保温使用。灌缝的形状系数宜控制在2左右，灌缝深度宜为15~20mm，最浅不得小于15mm。先挤压嵌入直径9~12mm多孔泡沫塑料背衬条，再灌缝。热天时，灌缝顶面应与板面齐平；冷天时，应填为凹液面，中心低于板面1~2mm。填缝必须饱满、均匀、厚度一致并且连续贯通，填缝料不得缺失、开裂和渗水。常温施工式填缝料的养生期，低温天宜为24h，高温天宜为12h；加热施工式填缝料的养生期，低温天宜为2h，高温天宜为6h。在灌缝料养生期间应封闭交通。

路面胀缝和桥台隔离缝等应在填缝前凿去接缝板顶部嵌入的木条，涂黏结剂后，嵌入胀缝专用多孔橡胶条或灌进适宜的填缝料。当胀缝的宽度不一致或有啃边、掉角等现象时，其必须灌缝。

（二）滑模机械铺筑施工

滑模式摊铺机安装在履带式底盘上，在板边外侧移动，支撑侧边的滑动模壳沿机器长度安装在机器内。机器的方向和水平由固定在路面两侧桩上拉紧的导向钢丝来控制，摊铺厚度通过摊铺机上下移动来调整。滑模式摊铺机施工混凝土路面不需要规模，不受模板限制，可以实现连续铺筑，一次通过即可完成摊铺、振捣、整平等多道工序，它与沥青混凝土摊铺机的功能调控和操作类似。滑模式摊铺机铺筑混凝土路面具有密实度好（可达96%）、铺筑均匀、表面平整度好、摊铺厚度大、路面质量好等优点。但是，由于滑模的移动，混凝土在硬化期间没有侧模的保护，有坍落的危险，且操作技术难度大。

铺筑混凝土时，首先由螺旋式布料器将堆积在基层上的混凝土拌和物横向铺开，用刮平器进行初步刮平；其次用振捣器进行捣实，再用刮平板进行振捣后的整平，形成密实且平整的表面；再次使用搓动式振捣板对拌和物进行振实和整平；最后用光面带进行光面。整面作业与轨道式摊铺机施工基本相同，但滑模摊铺机的整面装置均由电子液压系统控制，精度较高。

滑模式摊铺机比轨道式摊铺机更高度集成化，整机性能好，操纵方便，生产效率高，但对原材料混凝土拌和物的要求更严格，设备费用较高。

1.施工准备

滑模式摊铺机施工水泥混凝土路面的准备工作包括以下内容：

①基层质量检查与验收。

对基层的检验项目及质量验收标准与轨道式摊铺机施工相同。一般情况下，滑模式摊铺机施工的长度不少于4km，基层应留有供摊铺机施工行走的位置，因此，基层应比混凝土面层宽50～80cm。

②测量放样，设置基准线。

滑模式摊铺机的摊铺高度和厚度可实现自动控制。滑模摊铺机具备两侧4个水平传感器和一侧2个方向传感器，沿基准线滑行，摊铺出路面所要求的方向、平面、高程、横坡、板厚、弯道等。方向传感器接触方向基准线，方向基准线的位置沿路面的前进方向安装。水平传感器接触水平基准线，水平基准线的空间位置根据路线高程的相对位置来安装。测量时沿线应每200m增设一水准点，并在控制测量精度、平差后使用。摊铺机摊铺的方向和高程准确与否，取决于基准线的准确程度，因此基准线经准确定位后固定在打入基层的钢钎上。

基准线的设置形式按照施工需要可采用单向坡双线式、单向坡单线式和双向坡双线式三种。单向坡双线式基准线的两根基准线间的横坡应与路面一致。单向坡单线式基准线必须在另一侧具备适宜的基准，路面横向连接摊铺，其横坡应与已铺路面一致。双向坡双线式的两根基准线直线段应平行，且间距相等，并对应路面高程，路拱靠滑模摊铺机调整自动铺成。

③确定混凝土配合比与外加剂。

滑模式摊铺机对混凝土拌和物的品质要求十分严格，集料最大粒径应为30～40mm，拌和物摊铺时的坍落度应控制在4～6cm。为了增加混凝土拌和物的施工和易性，以达到所需要的坍落度，常需要使用外加剂。所掺外加剂品种、数量应先通过试验确定。

④根据路面设计宽度调整滑动模板摊铺宽度，放置纵缝拉杆。

2.施工工艺

（1）混凝土搅拌

滑模式摊铺机施工水泥混凝土路面所使用的混凝土必须通过专门的搅拌站或搅拌楼拌和。混凝土拌和计量应准确，偏差应符合规范要求。

施工开始及搅拌过程中，应按规范规定检验项目和频率、坍落度、坍落度损失、含水量、泌水率、混凝土凝结时间、砂石料含水量及混凝土重度等。按标准方法预留规定数量的弯拉强度试件。

（2）混凝土运输

运送混凝土的车辆，在装料时，应防止混凝土离析，每装一盘应挪动一下车位，其卸料落差高度不得大于2m。驾驶员必须了解拌和物的运输、摊铺完毕的允许最长时间，超过摊铺允许最长时间的混凝土不得用于路面摊铺。混凝土一旦在车内停留时间超过初凝时间，应采取紧急措施处置，防止混凝土硬化在车厢内或车罐内。混凝土运输过程中要防止漏浆、漏料和污染路面。在烈日、大风、雨天和冬季施工时，应遮盖自卸车上的混凝土。运输车辆在每次装混凝土前，均应将车厢清洗干净并洒水润湿。

（3）布料

滑模摊铺机前的正常料位高度应在螺旋布料器叶片最高点以下，亦不得缺料。卸料、布料应与摊铺速度相协调。当坍落度为 10 ~ 50mm 时，布料松铺系数宜控制在 1.08 ~ 1.15。布料机与滑模摊铺机之间的施工距离宜控制在 5 ~ 10m。摊铺钢筋混凝土路面、桥面或搭板时，严禁任何机械开上钢筋网。

（4）滑模摊铺机的施工参数设定及校准

对滑模摊铺机所有机构工作部件应进行正确施工位置的初步设定，并将这些正确的施工参数通过试铺调整固定下来，正式摊铺时根据情况变化进行微调。

①振捣棒下缘位置应在挤压板最低点以上，振捣棒的横向间距不宜大于450mm，且均匀排列；两侧最边缘振捣棒与摊铺边缘距离不宜大于250mm。

②挤压底板前倾角宜设置为3°左右。提浆夯板位置宜在挤压底板前缘以下 5 ~ 10mm。

③两边缘超铺高程根据拌和物稠度宜在3 ~ 8mm调整。搓平梁的前缘宜调整到与挤压板后缘高程相同；搓平梁的后缘比挤压底板后缘低1 ~ 2mm，并与路面高程相同。

④滑模摊铺机首次摊铺路面应挂线，对其铺筑位置、几何参数和机架水平度进行调整和校准，正确无误后，方可开始摊铺。

⑤在开始摊铺的5m内，应在铺筑行进中对摊铺出的路面标高、边缘厚度、中线、横坡度等参数进行复核测量。

（5）铺筑作业技术要领

①滑模摊铺机应缓慢、匀速、连续不间断地作业。严禁料多追赶，然后随意

停机等待，间歇摊铺。摊铺速度应根据拌和物稠度、供料多少和设备性能控制在0.5～3.0m/min，一般宜控制在1m/min左右。拌和物稠度发生变化时，应首先调振捣频率，然后改变摊铺速度。

②应随时调整松方高度板控制进料位置，开始时宜略设高些，以保证进料。正常摊铺时应保持振捣仓内料位高于振捣棒100mm左右，料位高低上下波动宜控制在±30mm之内。

③正常摊铺时，振捣频率可在6000～11000r/min调整，宜控制在9000r/min左右。应防止混凝土过振、欠振或漏振。应根据混凝土的稠度大小，随时调整摊铺的振捣频率或速度。摊铺机起步时，应先开启振捣棒振捣2～3min，再缓慢平稳推进。摊铺机脱离混凝土后，应立即关闭振捣棒组。

④滑模摊铺机满负荷时可铺筑的路面最大纵坡为上坡5%、下坡6%。上坡时，挤压底板前仰角宜适当调小，并适当调小抹平板压力；下坡时，前仰角宜适当调大，并适当调大抹平板压力。当板底不小于3/4长度接触路表面时，抹平板压力适宜。

⑤滑模摊铺机施工的最小弯道半径应不小于50m；最大超高横坡宜不大于7%。

⑥单车道摊铺时，应视路面设计要求配置一侧或双侧打纵缝拉杆的机械装置。2个以上车道摊铺时，除侧向打拉杆的装置外，还应在假纵缝位置配置拉杆自动插入装置。

⑦软拉抗滑构造时表面砂浆层厚度宜控制在4mm左右，硬刻槽路面的砂浆表层厚度宜控制在2～3mm。

⑧养护5～7d后，方允许摊铺相邻车道。

（6）问题处置

①摊铺中应经常检查振捣棒的工作情况和位置。路面出现麻面或拉裂现象时，必须停机检查或更换振捣棒。摊铺后，路面上出现发亮的砂浆条带时，必须调高振捣棒位置，使其底缘在挤压底板的后缘高度以上。

②摊铺宽度大于7.5m时，若左右两侧拌和物稠度不一致时，摊铺速度应按偏干一侧设置，并应将偏稀一侧的振捣棒频率迅速调小。

③应通过调整拌和物稠度、停机待料时间、挤压底板前仰角、起步及摊铺速度等措施控制和消除横向拉裂现象。

④摊铺中的滑模摊铺机停机等料最长时间超过当时气温下混凝土初凝时间的4/5时，应将滑模摊铺机迅速开出摊铺工作面，并做施工缝。

3.滑模摊铺机路面修整

滑模摊铺过程中应采用自动抹平板装置进行抹面。对少量局部麻面和明显缺料部位，应在挤压板后或搓平梁前补充适量拌和物，由搓平梁或抹平板机械修整。在下列情况下，滑模摊铺的混凝土面板可用人工进行局部修整：

①用人工操作抹面抄平器，精整摊铺后表面的小缺陷，但不得在整个表面加薄层修补路面标高。

②对纵缝边缘出现的倒边、塌边、漏肩现象，应顶侧模或在上部支方铝管进行边缘补料修整。

③对起步和纵向施工接头处，应采用水准仪抄平并采用大于3m的靠尺边测边修整。

滑模摊铺结束后，必须及时清洗滑模摊铺机，进行当日保养等，并宜在第二天硬切横向施工缝，也可在当天软作施工横缝。应丢弃端部的混凝土和摊铺机振动仓内遗留下的纯砂浆，两侧模板应向内收进20～40mm，收口长度宜比滑模摊铺机侧模板略长。施工缝部位应设置传力杆，并应满足路面平整度、高程、横坡和板长要求。

（三）三辊轴机组铺筑施工

1.卸料、布料

设专人指挥车辆均匀卸料。布料应与摊铺速度相适应，不适应时应配备适当的布料机械。坍落度为10～40mm的拌和物，松铺系数为1.12～1.25。坍落度大时取低值，坍落度小时取高值。超高路段横坡高侧取高值，横坡底侧取低值。

2.密排振实

混凝土拌和物布料长度大于10m时，可开始振捣作业。密排振捣棒组间歇插入振实时，每次移动距离不宜超过振捣棒有效作用半径的1.5倍，并不得大于500mm，振捣时间宜为15～30s。排式振捣机连续拖行振实时，作业速度宜控制在 4m/min 以内。排式振捣机应匀速缓慢、连续不断地振捣行进，其作业速度以拌和物表面不露粗集料、液化表面不再冒气泡并泛出水泥浆为准。

3.拉杆安装

面板振实后，应随即安装纵缝拉杆。单车道摊铺的混凝土路面，在侧模预留孔中应按设计要求插入拉杆；一次摊铺双车道路面时，除应在侧模孔中插入拉杆外，还应在中间纵缝部位使用拉杆插入机在1/2板厚处插入拉杆，插入机每次移动的距离应与拉杆间距相同。

4.三辊轴整平机作业

①三辊轴整平机按作业单元分段整平，作业单元长度宜为20～30m，振捣机振实与三辊轴整平两道工序之间的时间间隔不宜超过15min。

②三辊轴滚压振实料位高差宜高于模板顶面5～20mm，过高时应铲除，过低时应及时补料。

③三辊轴整平机在一个作业单元长度内，应采用前进振动、后退静滚方式作业，宜分别进行2～3遍。最佳滚压遍数应经过试铺确定。

④在三辊轴整平机作业时，应有专人处理轴前料位的高低情况，过高时，应辅以人工铲除，轴下有间隙时，应使用混凝土找补。

⑤滚压完成后，将振动辊轴抬离模板，用整平轴前后静滚整平，直到平整度符合要求、表面砂浆厚度均匀为止。

⑥表面砂浆厚度宜控制在（4±1）mm，三辊轴整平机前方表面过厚、过稀的砂浆必须刮除丢弃。

5.精平饰面

辊轴整平机前方表面过厚、过稀的砂浆必须刮除丢弃，应采用3～5m刮尺在纵、横两个方向进行精平饰面，每个方向不少于两遍，也可采用旋转抹面机密实精平饰面两遍。刮尺、刮板、抹面机、抹刀饰面的最迟时间不得迟于规定的铺筑完毕允许最长时间。

使用三辊轴机组摊铺时，饰面相当重要，若无饰面工具，可用刮尺和刮板人工纵、横向认真反复刮平。直接使用三辊轴整平机滚过的表面，实践证明平整度是达不到3m尺不大于3mm要求的，因此，必须配备饰面工具认真操作、精心施工。

第五章

桥梁工程施工

第一节　桥梁基础施工技术

一、桥梁基础概述

（一）基础的作用与要求

基础（Foundation）指桥梁结构物直接与地基接触的部分，是桥梁下部结构的重要组成部分。承受基础传来荷载的那一部分地层（岩层或土层）则称为地基（Subsoil）。地基与基础受到各种荷载后，其本身将产生应力和变形。为了保证桥梁的正常使用和安全，地基和基础必须具备足够的强度和稳定性，变形也应在容许范围之内。

根据地基土的土层变化情况、上部结构的要求和荷载特点，桥梁基础可采用各种类型。基础类型的选定主要取决于地质土层的工程性质与水文地质条件、荷载特性、桥梁结构及使用要求，以及材料的供应和施工技术等因素。

选择的原则是力争做到使用上安全可靠、施工上简便可行、经济上节约合理。因此，必要时应作不同方案的比较，从中得出较为适宜与合理的设计和施工方案。

众多工程实例表明，桥梁基础的设计与施工质量的好坏，关系整座桥梁质量的根本问题。基础工程是隐蔽工程，如有缺陷，较难发现，也较难弥补或修复，而这些缺陷往往直接影响整座桥梁的使用甚至安危。基础工程施工的进度经常控制着全桥施工进度。下部工程的造价，尤其是在复杂地质条件下或深水基础上，通常占全桥相当大的比重。因此，从事这项工作必须做到精心设计、精心施工，确保万无一失。

桥梁结构是一个整体，上下部结构和地基是共同工作、相互影响的。地基的任何变形必然引起上下部结构的相应位移，上下部结构的受力行为也必然关系到地基的强度和稳定条件。因此，桥梁基础的设计、施工都应紧密结合桥梁结构的特点和要求，全面分析、综合考虑。

（二）桥梁基础的特点

桥梁基础起着支承桥跨结构、保持体系稳定的作用，它把上部结构、墩台自重及车辆荷载传递给地基，是桥梁结构物的一个重要组成部分。地基是基础下面的地层。作为整个桥梁的载体，地基承受着基础传来的荷载。

为了保证结构物的安全和正常使用，要求地基必须有足够的强度和稳定性，同时，变形也应在容许范围之内。对于浅基础而言，从地基的层次和位置看，它有持力层和下卧层之分。持力层是与浅基础底面相接触的那部分地层，直接承受基底压应力作用，持力层以下的地层称为下卧层。要保证建筑物的质量，必须保证有可靠的地基与基础，否则，整个建筑物就可能遭到损坏或影响正常使用。

从实践来看，建筑工程质量事故往往是由地基与基础的失稳、破坏造成的，究其原因也是多方面的。第一，从客观上看，地基和基础属于隐蔽工程，施工条件差，一旦出现问题，很难发现，也很难处理、修复；第二，地基与基础在地下或水下，往往导致主观上的轻视；第三，地基和基础所占造价比重较大。因此，要求充分重视地基和基础的设计、施工质量，严格执行现行部颁公路桥涵设计、施工相关技术规范、标准。

（三）桥梁基础的分类

地基可分为天然地基和人工地基。直接在其上修筑基础的地层称为天然地基；当天然地层土质过于软弱或有不良工程地质问题时，则需要经过人工加固或处理后才能修筑基础，这种地基称为人工地基。

在一般情况下，应尽量采用天然地基。基础的类型可按基础的刚度、埋置深度、构造形式及施工方法来分类。分类目的在于了解各种类型基础的特点，以便在设计时根据具体情况合理选用。

1.按基础的刚度划分

按基础刚度分类，根据基础受力后的变形情况，可分为刚性和柔性基础。

受力后，不发生挠曲变形的基础称为刚性基础，一般可用抗弯拉强度较差的圬工材料（如浆砌块石、片石混凝土等）做成。这种基础不需要钢材，造价较低，但黏土体积较大，且支承面积受一定的限制。

受力后，容许发生较大挠曲变形的基础称为柔性基础或弹性基础，其通常须用钢筋混凝土做成。因为钢筋可以承受较大的弯拉应力和剪应力，所以当地基承载力较小时，采用这种基础可以有较大的支承面积。在桥梁工程中，一般情况下，多数采用刚性基础。

2.按基础埋置深度划分

按基础埋置深度不同，可分为浅基础（5m以内）和深基础两种。

当浅层地基承载力较大时，可采用埋深较小的浅基础。浅基础施工方便，通常用明挖法从地面开挖基坑后，直接在基坑底面砌筑、浇筑基础，是桥梁基础首选方案。

如果浅层土质不良，需将基础埋置于较深的良好土层中，这种基础称为深基础。深基础设计和施工较复杂，但具有良好的适应性和抗震性。因此，目前在高等级公路中普遍应用，常见的形式有桩基础、沉井等基础形式。

3.按构造形式划分

对于桥梁基础来说，可归纳为实体式和桩柱式两类。

当整个基础都由圬工材料筑成时称为实体式基础。其特点是基础整体性好，自重较大，对地基承载力要求也较高。实体式基础由多根基桩或小型管桩组成，并用承台连接成整体的基础，称为桩柱式基础。这种基础较实体式基础圬工体积小、自重较轻，对地基强度的要求相对较低，桩柱本身一般用钢筋混凝土制成。

4.按施工方法划分

按施工方法不同，可分为明挖法、沉井、沉箱、沉桩、沉管灌注桩、就地钻（挖）孔灌注桩等。明挖法最为简单，但只适用于浅基础，其他方法均适用于深基础。

5.按基础的材料划分

目前，我国公路构造物基础大多数采用混凝土或钢筋混凝土结构，少部分采用钢结构。在石料丰富的地区，按照因地制宜、就地取材的原则，也常用砌石基础。只有在特殊情况下（如抢修、林区便桥），才采用临时的木结构。

二、桥梁浅基础施工

（一）桥梁浅基础的构造形式

1.刚性扩大基础

由于地基强度一般较墩台强度低，因而需要将基础平面尺寸扩大，以适应地基强度的要求。同时，相对于地基而言，基础类似于一个强大的刚体，故常被称为刚性扩大基础。

作为刚性基础，其每边的最大尺寸应该受到其自身材料刚性角的限制。当基础较厚时，可以利用刚性角将基础做成阶梯状，这样既可以减少基础的圬工量，又可以发挥基础的承载作用。

刚性角是材料的一种性质，由于刚性角的存在，设计基础时应当根据刚性角的限定范围将基础按照阶梯形状逐步放大，以便让放大的尺寸尽可能与刚性角保持一致，基础的高度与底边宽度不得随意设定。在充分考虑材料刚性角的前提下进行基础施工，既可以较好地扩散基底应力，又可以节省基础建造材料。

2.单独基础和联合基础

单独基础是立柱式桥墩中常用的基础形式之一，它的纵、横剖面均可砌筑成台阶式。但当两个立柱式桥墩相距较近，每个单独基础为了适应地基强度的要求而必须扩大基础平面尺寸时，有可能导致相邻的单独基础在平面上相接甚至重叠，此时可将基础扩大部分连在一起，形成联合基础。

3.条形基础

条形基础是指基础长度远大于宽度和高度的基础形式，分为墙下钢筋混凝土条形基础和柱下钢筋混凝土条形基础。柱下条形基础又可分为单向条形基础和十字交叉条形基础。

条形基础必须有足够的刚度将柱子的荷载较均匀地分布到扩展的条形基础底面积上，并且调整可能产生的不均匀沉降。当单向条形基础底面积不足以承受上部结构荷载时，可在纵横两个方向将柱基础连成十字交叉条形基础，以增强桥梁的整体性能，减小基础的不均匀沉降。

条形基础可分为梁板式条形基础和板式条形基础两类。梁板式条形基础适用于钢筋混凝土框架结构、框架—剪力墙结构、框支结构和钢结构。板式条形基础适用于钢筋混凝土剪力墙结构和砌体结构。

（二）桥梁浅基础基坑开挖

1.基坑定位放样

在桥梁施工过程中，首先要建立施工控制网，其次进行桥梁轴线标定和墩台中心定位，最后进行墩台施工放样，定出基础和基坑的各部分尺寸。桥梁的施工控制网除了用来测定桥梁长度外，还要用于各个位置控制，保证上部结构的正确连接。

施工控制网常用三角控制网，其布设应根据总平面图设计和施工地区的地形条件来确定，并作为整个工程设计施工的一部分。布网时要考虑施工程序、方法以及施工场地的布置情况，可以用桥址地形图拟订布网方案。

桥梁轴线的位置是在桥梁勘测设计中根据路线的总走向、地形、地质、河床情况等选定的，在施工时现场必须恢复桥梁轴线位置，并进行墩台中心定位。中小桥梁一般采用直接丈量法标定桥轴线长度，并定出墩台的中心位置，有条件的可以用测距仪或全站仪直接确定。

施工放样贯穿于整个施工过程，是质量保证的一个方面。施工放样的目的是将设计图上的结构物位置、形状、大小和高低在实地上标定出来，以作为施工的依据。

桥梁施工放样的主要内容是墩台纵横向轴线的确定；基坑开挖及墩台扩大基础的放样；桩基础的桩位放样；承台及墩身结构尺寸、位置放样；墩帽和支座垫石的结构尺寸、位置放样；各种桥型的上部结构中线及细部尺寸放样；桥面系结构的位置、尺寸放样；各阶段的高程放样。

基础放样是根据实地标定的墩台中心位置为依据来进行的，在无水地点可直接将经纬仪安置在中心位置，用木桩准确固定基础纵横轴线和基础边缘。因为定位桩随着基坑开挖必将被挖去，所以必须在基坑开挖范围以外设置定位桩的保护桩，以备施工中随时检查基坑位置或基础位置是否正确，基坑外围通常用龙门板固定或在地上用石灰线标出。对于建筑物标高的控制，常将拟建建筑物区域附近设置的水准点引测到施工现场附近不受施工影响的地方，设置临时水准点。

2.陆上基坑开挖

（1）浅基坑无水开挖

浅基坑无水开挖是指在陆地深水位地层中的开挖工作。由于这种类型的基坑很浅，而水位又很深，因此，整个开挖过程是在无水或者渗水很少的情况下进行的。基坑壁的稳定性不会受到水的影响，开挖工作可以比较简单地进行。坑壁形态可根据土质情况灵活选择，可选择竖直状、斜坡状、阶梯状。

（2）深基坑无水开挖

深基坑无水开挖是指开挖较深的基坑，但地下水依旧位于基坑地面以下，坑内有较少的渗水，一般情况下只需在坑底设置几个集水坑进行抽水即可。少量的渗水不会影响基坑壁的稳定性。

若条件允许，可以采用坑壁放坡或修筑台阶的方式进行开挖；若条件不允许全方位大尺度扩口，则应当采取适当的护壁措施进行开挖，以防止坑壁发生坍塌。通常采用的护壁措施有插打钢板桩围堰、钢轨、木桩，也可以采用挂网喷射混凝土、地下连续墙、钻孔搅拌桩连续墙等防护措施。

（3）浅基坑渗水开挖

如果桥梁施工位置的地下水位很浅，会出现严重渗水甚至涌水的情况。在这样的状态下，如果不消除水的影响，那么后续的工作就无法正常开展。

目前使用较多的排水方法主要有三种：降水井抽水排水法、钢板桩围堰封闭排水法、地下连续墙封闭排水法。其中，降水井抽水排水法适用于陆地高水位环境；钢板桩围堰封闭排水法既适用于水中基坑开挖，又适用于陆地高水位环境；地下连续墙封闭排水法适用于陆地高水位环境。在水中环境和陆地高水位环境中采用集水坑抽水排水的方法是难以奏效的。

（4）深基坑渗水开挖

在水中开挖深基坑是浅基础施工中难度最大的。根据长期的工程实践经验，利用钢板桩围堰封闭开挖空间，使之与外围水源隔绝，在无渗水、无坑壁坍塌的环境中进行水中深基坑的开挖是一个值得推荐的方法。

3.水中基坑开挖

桥梁墩台基础大多数位于地表水位以下，有时水流还比较大，施工时一般都希望在无水或静止水的条件下进行。桥梁水中最常用的基础施工方法是围堰法。

围堰的作用主要是防水和围水，有时还起到支撑施工平台和基坑坑壁的作用。围堰的结构形式和材料要根据水深、流速、地质情况、基础形式以及通航要求等条件进行选择。任何形式和材料的围堰，均须满足下列要求。

第一，围堰顶高宜高出施工期间最高水位70cm，最低不应小于50cm，用于防御地下水的围堰宜高出水位或地面20～40cm。

第二，围堰外形应适应水流排泄，大小不应过多压缩流水断面，以免壅水过高危害围堰安全，影响通航、导流等。围堰内的平面尺寸应满足基础施工的要求，并留有适当的工作面积。

第三，围土堰的填筑应分层进行，以减少渗漏，并应满足堰身强度和稳定性的要求，基坑开挖后，围堰不致发生破裂、滑动或倾覆。围堰要求防水严密，应尽量采取措施防止或减少渗漏，减轻排水工作。围堰施工一般安排在枯水期进行。

4.地基处理

（1）多年冻土地基的处理

基础不应置于季节冻融土层上，并不得直接与冻土接触；基础的基底修筑于多年冻土层（永冻土）上时，基底之上应设置隔温层或保温层材料，且铺筑宽度应在基础外缘加宽1m。

按保持冻结原则设计的明挖基础，其多年平均地温等于或高于3℃时，应于冬季施工；多年平均地温低于-3℃时，可在避开高温季节的其他季节施工。

施工前要做好充分准备，组织快速施工。做好的基础应立即回填封闭，不宜间歇。必须间歇时，应以草袋、棉絮等加以覆盖，防止热量侵入。施工过程中，严禁地表水流入基坑。明水应在距坑顶10m之外修排水沟。水沟之水，应远离坑顶排放并及时排除融化水。施工时，必须搭设遮阳棚和防雨篷，并及时排除季节冻层内的地下水和冻土本身的融化水。

（2）岩层基底的处理

风化的岩层应挖至满足地基承载力要求或其他方面的要求为止；在未风化的岩层上修建基础前，应先将淤泥、苔藓、松动的石块清除干净，并洗净岩石；对于坚硬的倾斜岩层应将岩层面凿平；若倾斜度较大，无法凿平时，则应凿成多级台阶，台阶的宽度宜不小于0.3m。

（3）溶洞地基的处理

影响基底稳定的溶洞，不得堵塞溶洞水路；干溶洞可用沙砾石、碎石、干砌或浆砌片石及灰土等回填密实；基底干溶洞较大，回填处理有困难时，可采用桩基处理，桩基应进行设计，并经有关单位批准。

（4）泉眼地基的处理

可将有螺口的钢管紧紧打入泉眼，盖上螺帽并拧紧，阻止泉水流出，或向泉眼内压注速凝的水泥砂浆，再打入木塞堵眼。堵眼有困难时，可采用管子塞入泉眼，将水引流至集水坑排出或在基底下设盲沟引流至集水坑排出，待基础坞工完成后，向盲沟压注水泥浆堵塞。利用引流排水时，应注意防止沙土流失，引起基底沉陷。

5.基坑施工过程中注意要点

在基坑顶缘四周适当距离处设置截水沟，防止水沟渗水，避免地表水冲刷坑壁，影响坑壁稳定性。坑壁边缘应留有护道，静荷载距坑边缘不小于0.5m，动荷载距坑边缘不小于1.0m，垂直坑壁边缘的护道应适当增宽，水文地质条件欠佳时应有加固措施。

应经常注意观察坑边缘顶面土有无裂缝，坑壁有无松散塌落现象发生。基坑施工不可延续时间过长，自开挖至基础完成，应抓紧时间连续施工。

若用机械开挖基坑，挖至坑底时，应保留不小于30cm厚度的底层，在基础浇筑坞工前用人工挖至基底标高；基坑应尽量在少雨季节施工；基坑宜用原土及时回填，对桥台及有河床铺砌的桥墩基坑，则应分层夯实。

三、桩基础施工

（一）沉入桩基础施工

地基浅层土质较差，持力土层埋藏较深，需要采用深基础才能满足结构物对地基强度变形和稳定的要求时，可用桩基础。桩基础是常用的桥梁基础类型之一。应用锤击沉桩、振动沉桩、射水沉桩、静力压桩等施工方法称为沉入桩。

基桩按材料分类有木桩、钢筋混凝土桩、预应力混凝土桩与钢桩，桥梁基础应用较多的是中间两种。

1.沉入桩基础施工准备工作

沉桩前应掌握工程地质钻探资料、水文资料和打桩资料。沉桩前必须处理地上（下）障碍物，平整场地，且应满足沉桩所需的地面承载力；应根据现场环境状况采取降噪声措施；城区、居民区等人员密集的场所不应进行沉桩施工。

2.锤击沉桩法

锤击沉桩法一般适用于中密沙类土、黏性土。由于锤击沉桩依靠桩锤的冲击能量将桩打入土中，对沉桩设备要求较高，因此，一般桩径不能太大（不大于0.6m），入土深度在40m左右。沉桩设备是桩基施工成败的关键，应根据土质、工程量、桩的种类、规格、尺寸、施工期限、现场水电供应等条件选择。

（1）沉桩设备

锤击沉桩的主要设备有桩锤、桩架、桩帽及送桩等。

桩锤：桩锤可以分为坠锤、单动气锤、双动气锤、柴油锤和液压锤等。

桩架：桩架是沉桩的主要设备。它的主要作用是装吊锤、吊桩、插桩、吊插射水管。桩架主要由吊杆、导向架、起吊装置、撑架和底盘组成。

桩架主要用木料和钢材做成，分为轨道式桩架、液压步履式桩架、悬臂履带式桩架和三点支承式桩架，工程中常用的是钢制轨道式桩架。

桩帽：打桩时，要在锤和桩之间设置桩帽。它既要起缓冲保护桩顶的作用，又要保持沉做率。

因此，在桩帽上方（锤与桩帽接触一方）应填充硬质缓冲材料，如橡木、树脂、硬桦木、合成橡胶等；在桩帽下方应垫以软质缓冲材料，如麻饼、草垫、废轮胎等。

送桩：桩顶设计的标高在导杆以下时，需用送桩。送桩主要用硬木、钢或钢筋混凝土等制成。

（2）施工技术要求

第一，水泥混凝土桩要达到100%设计强度并具有28d龄期。

第二，重锤低击混凝土管桩桩帽上宜开逸气孔。

第三，打桩顺序一般是由一端向另一端打；密集群桩由中心向四边打；先打深桩，再打浅桩；先打坡顶，再打坡脚；先打靠近建筑的桩，再往外打；遇到多方向桩，应设法减少变更桩机斜度或方向的作业次数，避免桩顶干扰。

第四，在桩的打入过程中，应始终保持锤、桩帽和桩身在同一轴线上。

第五，沉桩时，以控制桩尖设计标高为主。桩尖标高等于设计标高，而贯入度较大时应继续锤击，使贯入度接近控制贯入度。当贯入度达到控制贯入度，而桩尖标高未达到设计标高时，应继续锤击100mm左右（或锤击30～50击）。若无异常变化，即可停锤。

第六，无论桩多长，打桩和接桩均须连续作业（一鼓作气），中间不应有较长时间的停歇。

第七，在一个墩、台桩基中，同一水平面内的桩接头数不得超过桩基总数的1/4，但采用法兰盘按等强度设计的接头可不受此限制（抗水平剪力的需要）。

第八，沉桩过程中，若遇到贯入度剧变，桩身突然发生倾斜、位移或有严重回弹，桩顶或桩身出现严重裂缝、破碎等情况，应暂停沉桩，分析原因，并采取有效措施。

第九，在硬塑黏土或松散的沙土地层下沉群桩时，若在桩的影响区内有建筑物，应防止地面隆起或下沉对建筑物造成的破坏（黏土隆起，沙土下陷）。

3.振动沉桩法

振动沉桩法是用振动打桩机（振动桩锤）将桩打入土中的施工方法。其原理是振动打桩机使桩产生上下方向的振动，在清除桩与周围土层间摩擦力的同时，松动桩尖地基，从而使桩贯入或拔出。振动沉桩法一般适用于沙土、硬塑及软塑的黏性土和中密及较软的碎石土。振动沉桩施工要点及注意事项如下：

（1）振动时间的控制

每次振动时间应根据土质情况及振动机能力大小，通过实地试验决定，一般不宜超过10～15min。一般振动下沉速度由慢变快时，可以继续振动。由快变慢，如果下沉速度小于5min/cm或桩头冒水时，即应停振。当振幅过大（一般不应超过14～16mm）而桩不下沉时，则表示桩尖端土层坚实或桩的接头已振松，应停振继续射水，或另作处理。

（2）振动沉桩停振控制标准

应以通过试桩验证的桩尖标高控制为主，以最终贯入度（cm/min）或可靠的振动承载力公式计算的承载力作为校核。如果桩尖已达标高而最终贯入度或计算承载力相差较大时，应查明原因，报有关单位研究后另行确定。

（3）管桩改用开口桩靴振动吸泥下沉

若桩基土层中含有大量卵石、碎石或破裂岩层，采用高压射水振动沉桩难以下沉时，可将锥形桩尖改为开口桩靴，并在桩内用吸泥机配合吸泥，此法非常有效。

（4）振动沉桩机、机座、桩帽应连接牢固

沉桩机和桩中心轴应尽量保持在同一直线上。开始沉桩时宜用自重下沉或射水下沉，待桩身有足够稳定性后，再采用振动下沉。

4.射水沉桩法

射水沉桩施工方法的选择应视土质情况而定，在沙夹卵石层或坚硬土层中，一般以射水为主，锤击或振动为辅；在亚黏土或黏土中，为避免承载力下降，一般以锤击或振动为主，以射水为辅，并应适当控制射水时间和水量；下沉空心桩一般用单管内射水。当下沉较深或土层较密时，可用锤击或振动配合射水；下沉实心桩将射水管对称地装在桩的两侧，并沿着桩身上下自由移动，以便在任何高度上都能射水冲土。不论采取何种射水沉桩施工方法，在沉入最后阶段至设计标高1～1.5m时，都应停止射水，单用锤击或振动沉入至设计深度。

射水沉桩的主要设备包括水泵、水源、输水管路和射水管等。射水沉桩的施工要点是吊插基桩时要注意及时引送输水胶管，防止拉断与脱落；基桩插正立稳后，压上桩帽桩锤，开始用较小水压，使桩靠自重下沉。初期应控制桩身不使下沉过快，以免阻塞射水管嘴，并注意随时控制和校正桩的方向；下沉渐趋缓慢时，可开锤轻击，下沉至一定深度（8～10m）已能保持桩身稳定后，可逐步加大水压和锤的冲击动能；沉桩至距设计标高一定距离（2.0m以上）时停止射水，拔出射水管，进行锤击或振动使桩下沉至设计要求标高。若采用中心射水法沉桩，要在桩垫和桩帽上留有排水通道，防止射水从桩尖孔返入桩内，产生水压，造成桩身胀裂。管桩下沉到位后，若设计要求以混凝土填芯，应先用吸泥法等清除沉渣以后，再用水下混凝土填芯。

5.静力压桩法

静力压桩法适用于高压缩性黏土或沙性较轻的软黏土地基。

（1）静力压桩的特点

静力压桩施工时无冲击力，噪声和振动较小；桩顶不易损坏，可预估和验证桩的承载力；较难压入30m以上的长桩时，可通过接桩，分节压入；机械设备的拼装和移动耗时较多。

（2）静力压桩施工要求

选用压桩设备的设计承载力宜大于压桩阻力的40%；压桩前应检查各种设备，使压桩工作不至于间断；用两台卷扬机同时启动，放下压梁时，必须使其同步运行；压桩尽量避免中途停歇；当桩基标高接近设计标高时，应严格控制进程；遇到特殊情况，应暂停施压。

（二）钻孔灌注桩施工

钻孔灌注桩桩长可以根据持力土层的起伏面变化，按使用期间可能出现的最不利内力组合配置钢筋。由于钢筋用量较少，便于施工，且承载能力强，因此应用较为普遍。钻孔灌注桩施工的主要工序有埋设护筒、泥浆制备、钻孔、清孔、钢筋骨架的制作运输及吊装和灌注水下混凝土等。

1.埋设护筒

护筒能稳定孔壁、防止坍孔，还有隔离地表水、保护孔口地面、固定桩孔位置和起到钻头导向作用等。护筒要求坚固耐用，不漏水，其内径应比钻孔直径大（旋转钻约大20cm，潜水钻、冲击或冲抓锥约大40cm），每节长度2～3m。

一般常用钢护筒，其在陆上与深水中均能使用，钻孔完成后可取出重复使用。在深水中埋设护筒时，应先打入导向架，再用锤击或振动加压沉入护筒。护筒入土深度视土质与流速而定。护筒平面位置的偏差不得大于5cm，倾斜度不得大于1%。

2.泥浆制备

钻孔泥浆由水、黏土（膨润土）和添加剂组成，具有浮悬钻渣、冷却钻头、润滑钻具，增大静水压力，并在孔壁形成泥皮，隔断孔内外渗流，防止坍孔的作用。通常采用塑性指数大于25、粒径小于0.005mm、颗粒含量大于50%的黏土，通过泥浆搅拌机或人工调和储存在泥浆池内，再用泥浆泵输入钻孔内。

3.钻孔

（1）正循环回转钻机钻孔

开始钻孔时，应稍提钻杆，在护筒内打浆，开动泥浆泵进行循环，待泥浆均匀后开始钻进；在黏土中宜选用尖底钻头，用中等转速、大泵量、稀泥浆的方法钻进，在沙土或软土层中宜选用平底钻头，用控制进入深度、轻压、低档慢速、大泵量、稠泥浆的方法钻进；在钻孔过程中，钻机的主吊钩应始终吊住钻具，使钻机的全部重量不全由孔底承受，这样既可避免钻杆折断，又可保证钻孔质量。

（2）反循环回转钻机钻孔

反循环程序是泥浆由孔外流入孔内，用真空泵或其他方法（如空气吸泥机等），将钻渣通过钻杆中心从钻杆顶部吸出，或将吸浆泵随钻锥一同钻进，从孔底将钻渣吸出孔外。在钻孔过程中，必须连续不断地补充水量或泥浆，保证护筒内水位稳定，维持应有的高度。

（3）冲击锥钻进成孔

利用钻锥不断地提锥、落锥，反复冲击孔底土层，把土层中的泥沙、石块挤向四壁或打成碎渣，钻渣悬浮于泥浆中，利用掏渣筒取出，重复上述过程，冲击钻进成孔。要求钻头应有足够的重量、适当的冲程和冲击频率，以使它有足够的能量将岩石打碎。

（4）冲抓锥钻进成孔

用兼有冲击和抓土作用的抓土瓣通过钻架，由带离合器的卷扬机操纵，靠冲锥自重冲下，使抓土瓣锥尖张开插入土层，然后由带离合器的卷扬机锥头收拢抓土瓣将土抓出，弃土后继续冲抓成孔。钻锥常采用六瓣和四瓣冲抓锥冲抓成孔。适用于黏性土、沙性土及夹有碎卵石的沙砾土层，成孔深度宜小于30m。

4.清孔

钻孔深度达到设计标高后，应对孔深、孔径进行检查，符合要求后方可清孔。清孔方法应根据设计要求、钻孔方法、机具设备条件和地层情况决定。在吊入钢筋骨架后，灌注水下混凝土之前，应再次检查孔内泥浆性能指标和孔底沉淀厚度，若超过规定，应进行第二次清孔，待符合要求后方可灌注水下混凝土。

5.钢筋骨架的制作、运输及吊装

钢筋骨架采用在场内支座，长桩骨架宜分段制作，分段长度应根据吊装条件确定，且应确保不变形，接头应错开。应在骨架外侧设置控制保护层厚度的垫块，其间距竖向为2m，横向圆周不得少于4处。骨架顶端应设置吊环，骨架入孔一般用吊机，无吊机时，可采用钻机钻架、灌注塔架。起吊应按骨架长度的编号入孔。钢筋骨架的制作和吊放的允许偏差：主筋间距±10mm、箍筋间距±20mm、骨架外径±10mm、骨架倾斜度±0.5%、骨架保护层厚度±20mm、骨架中心平面位置20mm、骨架顶端高程±20mm，骨架底面高程±50mm。

6.灌注水下混凝土

灌注水下混凝土时，配备的搅拌机等设备，应能使桩孔在规定时间内灌注完毕。灌注时间不得长于首批混凝土初凝时间。若估计灌注时间长于首批混凝土初凝时间，则应掺入缓凝剂。水下混凝土一般用钢导管灌注，导管内径为200~350mm，视桩径大小而定。导管使用前应进行水密承压和接头抗拉试验，严禁用压气试压。混凝土拌和物运至灌注地点时，应检查其均匀性和坍落度等。如不符合要求，应进行第二次拌和；若仍不符合要求，则不得使用。首批灌注混凝土的数量应满足导管首次埋置深度和填充导管底部的需要。首批混凝土拌和物下落后，混凝土应连续灌注。在灌注过程中，导管的埋置深度宜控制在2~6m，在灌注过程中，应经常测探井孔内混凝土面的位置，及时调整导管埋深。为防止钢筋骨架上浮，当灌注的混凝土顶面距钢筋骨架底部1m左右时，应降低混凝土的灌注速度。混凝土拌和物上升到骨架底口4m以上时，提升导管，使其底口高于骨架底部2m以上，即可恢复正常灌注速度。在灌注过程中，特别是潮汐地区和有承压水地区，应注意保持孔内水头；在灌注过程中，应将孔内溢出的水或泥浆引流至适当地点处理，不得随意排放，污染环境及河流；灌注中发生故障时，应查明原因，确定合理处理方案，及时处理。

（三）挖孔灌注桩施工

1.开挖桩孔

一般采用人工开挖，开挖之前应清除现场四周及山坡上的悬石、浮土等，排除一切不安全的因素，做好孔口四周临时围护和排水设备。孔口应采取措施防止土石掉入孔内并安排好排土提升设备（卷扬机或木绞车等），布置好弃土通道，必要时孔口应搭雨棚。挖孔过程中要随时检查桩孔尺寸和平面位置，防止误差。注意施工安全，下孔人员必须配备安全帽和安全绳，提取土渣的机具必须经常检查。孔深超过10m时，应经常检查孔内二氧化碳含量，若超过0.3%应增加通风措施。孔内如果用爆破施工，采用浅眼爆破法，严格控制炸药用量并在炮眼附近加强支护，以防止振坍孔壁。孔深大于5m时，应采用电雷管引爆，爆破后应先通风排烟15min并经检查孔内无毒后，施工人员方可下孔继续开挖。

2.护壁和支撑

在挖孔桩开挖过程中，开挖和护壁两个工序必须连续作业，以确保孔壁不坍塌。应根据水质、水文条件、材料来源等情况因地制宜地选择支撑及护壁方法。桩孔较深、土质较差、出水量较大或遇流沙等情况时，宜采用就地灌注混凝土护壁，每下挖1~2m灌注一次，随挖随支。护壁厚度一般采用0.15~0.20m，混凝土为C15~C20，必要时可配置少量的钢筋，也可采用下沉预制钢筋混凝土圆管护壁。例如，土质较松散而渗水量不大时，可考虑用木料作框架式支撑或在框架后面铺架木板作支撑。木框架或木框架与木板间应用扒钉钉牢，木板后面也应与土面塞紧。例如，土质情况尚好，渗水不大时也可用荆条、竹笆作护壁，随挖随护壁，以保证挖土安全进行。

3.排水孔

内如渗水量不大，可采用人工排水（手摇木绞车或小卷扬机配合提升）；渗水量较大时，可用高扬程抽水机或将抽水机吊入孔内抽水。若同一墩台有几个桩孔同时施工，可以安排一孔超前开挖，使地下水集中在一孔排除。

4.吊装钢筋骨架及灌注桩身混凝土

挖孔达到设计深度后，应进行孔底处理。必须做到孔底表面无松渣、泥、沉淀土，保证桩身混凝土与孔壁及孔底密贴，受力均匀。若地质复杂，应钎探了解孔底以下地质情况是否能满足设计要求，否则应与监理、设计单位研究处理。吊装钢筋骨架及灌注水下混凝土的有关方法及注意事项与钻孔灌注桩基本相同。

第二节　桥梁墩台施工技术

一、桥墩

（一）桥墩的分类

按构造特征桥墩分为重力式（实心）桥墩、薄壁空心桥墩、多柱式柔性桥墩、V形桥墩等。

按变形能力桥墩分为刚性桥墩、柔性桥墩。

按截面形状桥墩分为矩形墩、圆形墩、圆端形墩、尖端形墩、组合截面墩。

（二）重力式桥墩

重力式桥墩依靠自身的重量和桥面传来的永久荷载抵抗水平荷载，通常截面尺寸较大。重力式桥墩在水平荷载作用下，桥墩内将产生弯矩，最大弯矩在墩底截面。

在此弯矩作用下，横截面内将产生弯曲正应力，一部分截面受拉、一部分截面受压；桥墩在自重和桥跨传来的竖向永久荷载作用下，横截面内产生压应力；此压应力完全抵消弯曲拉应力，因而最终横截面上没有拉应力。

重力式桥墩多采用简单的流线型截面形状，如圆端墩、尖端墩、圆角形墩等，以便桥下水流顺畅绕过桥墩，减少阻水及墩旁冲刷。因重力式桥墩横截面内没有拉应力所以一般采用抗拉强度很低的砖石材料或混凝土材料即可。

（三）空心桥墩

1.部分镂空实体桥墩

部分镂空实体桥墩仍保持了重力式桥墩的基本特点，如较大的轮廓、较大的圬工量、较少的钢筋量等。镂空的目的是在截面强度和刚度足以承担外荷载的条件下减少圬工量，使桥墩结构更经济。

但镂空部位受到一定的条件限制，如在墩帽下一定高度范围内，为保证上部结构的荷载能安全有效地传递给墩身镂空部分的墩壁，应设置一定的实体过渡段。在镂空部分与实体部分连接处，应设置倒角或配置构造钢筋，以避免在墩身的传力路径中产生局部应力集中。对于易遭漂浮物撞击或易磨损、需防冰害的墩身部分，一般不宜镂空。

2.薄壁空心桥墩

针对重力式桥墩建筑材料用量多，力学性能利用低的情况，薄壁空心桥墩应运而生。一般高度的空心墩比实体墩省工20%～30%，钢筋混凝土空心墩则可省工50%左右。

当墩高小于50m时，混凝土空心墩的壁厚一般要求不小于30cm。有资料表明，跨度在12～26m的多跨连续梁桥，桥墩壁厚可做成40～80cm，造价比一般桥墩节约20%以上。例如南京长江大桥，墩位水深40m有余，江面通航万吨轮船，墩身高超过了上海24层的国际饭店，墩底面积相当于一个篮球场，这样一个庞然大物就是空心的。

空心桥墩的截面形式有圆形、圆端形、长方形等。沿墩高一般采用可滑模施工的变截面，即斜坡式立面布置，墩顶和墩底部分，可设实心段，以便设置支座与传递荷载。

（四）柔性桥墩

柔性桥墩是指在墩帽上设置活动支座，桥梁热胀冷缩时产生的水平推力以及刹车制动力，通过桥梁对桥墩的水平力，都因活动支座而使桥墩免于承受这些压力。

柔性桥墩墩身比刚性桥墩细，其对水平力是柔的而不是刚的。柔性桥墩造型纤细，为了承受竖向荷载，墩身要加入一些粗钢筋和采用高强度材料。柔性桥墩也可以做成空心、薄壁的。高达146m的空心薄壁预应力钢筋混凝土柔性桥墩，壁厚仅35～55cm，比实体墩节省材料70%，它就是奥地利的欧罗巴公路大桥二号桥墩，建于山谷之中，采用了矩形截面形式。

（五）V形桥墩

V形桥墩的出现不仅扩展了桥墩的类型，还给桥梁结构的造型增添了新的形态。V形桥墩在改变桥墩受力特征的同时，也改变了桥墩以往那种拙朴的外形，使得桥梁结构的整体造型更显轻巧、美观。V形桥墩包括纵向和横向两个方向，扩展的V形桥墩还包括Y形、X形、倒梯形等。V形桥墩可以缩短梁的跨径，从而可以采用更为简单的梁截面，进而可降低梁的高度和造价，增强桥梁的跨越能力，还可以改善桥梁结构的造型。V形桥墩与主梁的连接可以是固接，也可以是弦接。前者连接后部分称为V形桥墩斜撑刚架，后者连接后部分称为V形桥墩连续梁。V形桥墩斜撑刚架两斜撑的夹角根据桥下通航净空及斜撑与主梁的内力关系来确定。

二、桥台

（一）重力式桥台

重力式桥台主要靠自重来平衡台后的土压力，桥台本身多数由石砌、片石混凝土或混凝土等圬工材料建造，并用就地浇筑的方法施工。重力式桥台依据桥梁跨径、桥台高度及地形条件的不同有多种形式。常用的类型有U形桥台、埋置式桥台、八字式桥台和一字式桥台。

（二）轻型桥台

轻型桥台一般由钢筋混凝土材料建造，其特点是用这种结构的抗弯能力来减少圬工体积而使桥台轻型化。常用的轻型桥台有薄壁轻型桥台和支撑梁轻型桥台。轻型桥台适用于小跨径桥梁，桥跨孔数与轻型桥墩配合使用时不宜超过3个，单孔跨径不宜大于13m，多孔全长不宜大于20m。

（三）框架式桥台

框架式桥台是一种在横桥呈框架式结构的桩基础轻型桥台，它所承受的土压较小，适用于地基承载力较低、台身较高、跨径较大的梁桥。其构造形式有柱式、肋墙式、半重力式和双排架式、板凳式等。

（四）组合式桥台

为使桥台轻型化，桥台本身主要承受桥跨结构传来的竖向力和水平力，而台后的土压力由其他结构来承受，形成组合式的桥台。常见的有锚定板式、过梁式、框架式以及桥台与挡土墙的组合等形式。

三、桥梁墩台施工

（一）钢筋混凝土墩台施工

1.墩台模板

（1）模板设计原则

宜优先使用胶合板和钢模板；在计算荷载作用下，对模板结构按受力程序分别验算其强度、刚度及稳定性；模板板面之间应平整，接缝严密，不漏浆，保证结构物外露面美观，线条流畅，可设倒角；结构简单，制作、拆装方便。模板可采用钢材、胶合板、塑料和其他符合设计要求的材料制成；浇筑混凝土之前，木板应涂刷脱模剂，外露面混凝土模板的脱模剂应采用同一类品种，不得使用废机油等油料，且不得污染钢筋及混凝土的施工缝处。重复使用的模板应经常检查、维修。

（2）模板的类型和构造

混凝土及钢筋混凝土墩台的模板主要有拼装式模板、整体吊装模板、组合式定型钢模板、滑动钢模板。

拼装式模板：拼装式模板系用各种尺寸的标准模板，利用销钉连接，并与拉杆、加劲构件等组成墩台所需形状的模板。将墩台表面划分为若干小块，尽量使每部分板扇尺寸相同，以便于周转使用。板扇高度通常与墩台分节灌注高度相同，一般可为3~6m，宽度可为1~2m，具体视墩台尺寸和起吊条件而定。拼装式模板由于在厂内加工制造，因此板面平整、尺寸准确、体积小、质量轻，拆装容易、快速，运输方便，故应用广泛。

整体吊装模板：根据墩台高度分层支模和浇筑混凝土，每层的高度应视墩台尺寸、模板数量和浇筑混凝土的能力而定，一般为2~4m；用吊机吊起大块板扇，按分层高度安装好第一层模板，其组装方法同低墩台组装模板；模板安装完成后在浇筑第一层混凝土时，应在墩台身内预埋支承螺栓，用以支承第二层模板和安装脚手架。

组合式定型钢模板：组合式定型钢模板系以各种长度、宽度及转角标准构件，用定型的连接件将钢模拼成结构用模板。组合式定型钢模板有体积小、质量轻、运输方便、装拆简单、接缝紧密等优点，适用于在地面拼装，整体吊装的结构上。

滑动钢模板：滑动钢模板适用于各种类型的桥墩。各种模板在工程上的应用，可根据墩台高度、墩台形式、机具设备、施工期限等条件，因地制宜，合理选用。验算模板的刚度时，其变形值不得超过下列数值：结构表面外露的模板，挠度为模板构件跨度的1/400；结构表面隐蔽的模板，挠度为模板构件跨度的1/250；钢模板的面板变形为1.5mm，钢模板的钢棱、柱箍变形为3.0mm。

模板安装前应对模板尺寸进行检查；安装时要坚实牢固，以免振捣混凝土时引起跑模漏浆；安装位置要符合结构设计要求。

2.混凝土的浇筑

桥梁墩台具有垂直高度较大、平面尺寸相对较小的特点，其混凝土浇筑方法有别于梁或承台等构件的混凝土浇筑方法。墩台混凝土运输方式不仅有水平运输，还有难度较大的垂直运输。

通常采用的混凝土运输方法：利用卷扬机和升降电梯平台运送混凝土手推车；利用塔式起重机吊斗输送混凝土；利用混凝土输送泵将混凝土送至高空建筑点等。

混凝土在运输过程中应有足够的初凝时间，以保证混凝土的浇筑质量。混凝土的拌和、运输及浇筑速度应大于墩台混凝土浇筑体积与配制混凝土的初凝时间之比。

对于泵送混凝土，应防止堵管现象的发生。在进行大体积墩台混凝土浇筑时应分层分块浇筑。同时，应控制混凝土的水化热。一般情况下，其应符合相关桥涵施工质量标准的要求。当平截面面积过大，次层混凝土不能在前层混凝土初凝或被重塑前浇筑完成时，其可进行分块浇筑。分块浇筑时应符合下列规定。

分块时宜合理布置，各分块平截面面积应小于50m²；每块的高度不宜超过2m；块与块之间的水平接缝面应与基础平截面的短边平行，且与截面边界垂直；上、下邻层混凝土间的竖向接缝应错开位置做接口，并按施工缝处理。

大体积混凝土应参照下述方法控制混凝土的水化热温度：用改善骨料级配，降低水灰比，掺加混合料、外加剂、片石等方法来减少水泥用量；采用水化热低的大坝水泥、矿渣水泥、粉煤灰水泥或低强度等级水泥；减小浇筑层厚度，以加快混凝土的散热速度；混凝土用料应避免日光暴晒，以降低初始温度；在混凝土内埋设冷却管通水冷却。

（二）砌筑墩台施工

1.施工准备

（1）对石料、砂浆与脚手架的要求

对石料与砂浆的要求：石砌墩台系用片石、块石及粗料石以水泥砂浆砌筑的，石料与砂浆的规格要符合有关规定。

浆砌片石一般适用于高度小于6m的墩台身、基础、镶面及各式墩台身填腹；浆砌块石一般用于高度大于6m的墩台身、镶面或应力要求大于浆砌片石砌体强度的墩台；浆砌粗料石则用于磨耗及冲击严重的分水体及破冰体的镶面工程以及有整齐美观要求的桥墩台身等。

将石料吊运并安砌到正确位置是砌石工程中比较困难的工序。

当重量小或距地面不高时，其可用简单的马凳跳板直接运送；当重量较大或距地面较高时，可采用固定式动臂吊机或桅杆式吊机或井式吊机将材料运到墩台上，然后分运到安砌地点。

对手脚架的要求：用于砌石的脚手架应环绕墩台搭设，用以堆放材料并支承施工人员砌镶面定位行列及勾缝。脚手架一般常用固定式轻型脚手架（适用于6m以下的墩台）、简易活动脚手架（适用于25m以下的墩台）以及悬吊式脚手架（适用于较高的墩台）。

（2）注意事项

第一，砌块在使用前必须浇水湿润，表面如有泥土、水锈，应清洗干净。砌筑基础的第一层砌块时，若基底为岩层或混凝土基础，应先将基底表面清洗、湿润，再坐浆砌筑；若基底为土质，可直接坐浆砌筑。

第二，砌体应分层砌筑，砌体较长时可分段分层砌筑，但两相邻工作段的砌筑差一般不宜超过1.2m；分段位置宜尽量设在沉降缝或伸缩缝处，各段水平砌缝应一致。

第三，为使外表美观，石砌墩台常选择较整齐的石料砌筑外层。里层则可使用一般石料，但应注意里外交错地连接成一体，不可砌成外面一环后，里面杂乱填芯。

第四，砌筑上层块时，应避免振动下层砌块。砌筑工作中断后再恢复砌筑时，已砌筑的砌层表面应加以清扫和湿润。

第五，墩台侧面为斜面时，为砌筑方便，当用料石或预制块砌筑时，可用收台方式形成墩台身的斜面。此时，台阶内凹顶点的连接线应与墩台设计线相一致。

第六，在砌筑中应经常检查平面外形尺寸及侧面坡度是否符合设计要求。检查平面尺寸时，应先用经纬仪恢复墩台中心线位置，再按中心线量出外轮廓尺寸。至少每2m高度应复测一次。若有偏差但不超过允许值时，在下一段砌筑时逐渐纠正。若超出允许偏差时，应返工重砌。

第七，砌筑完后所有砌石（块）均应勾缝，勾缝必须平顺，无脱落现象。

2.砌筑方法

同一层石料及水平灰缝的厚度要均匀一致，每层按水平砌筑，丁顺相间，砌石灰缝应互相平行。砌石顺序为先角石，再镶面，后填腹。

填腹石的分层高度应与镶面相同；圆端、尖端及转角形砌体的砌石顺序应自顶点开始，按丁顺排列安砌镶面石。

3.墩、台帽施工

（1）放样

墩、台混凝土浇筑或砌石砌至离墩、台帽下缘300～500mm高度时，即需测出墩、台帽纵横中心轴线，并开始竖立墩、台帽模板，安装锚栓孔或安装预埋支座垫板，绑扎钢筋等；桥台台帽放样时，应注意不要以基础中心线作为台帽背墙线；模板立好后，在浇筑混凝土前应再次复核，以确保墩、台帽中心、支座垫石等位置、方向和高程不出差错。

（2）墩、台帽模板安装

墩、台帽系支承上部结构的重要部分，其位置、尺寸和高程的准确度要求较严，墩、台身混凝土浇筑至墩、台帽下300～500mm处就应停止浇筑，以上部分待墩、台帽模板立好后一次浇筑，以保证墩、台帽底有足够厚度的紧密混凝土。

（3）钢筋和支座垫板的安设

墩、台帽钢筋绑扎应遵照《公路桥涵施工技术规范》JTG/T F50—2011有关钢筋工程的规定。墩、台帽上支座垫板的安设一般采用预埋支座垫板和预留锚栓孔的方法。前者需在绑扎墩、台帽和支座垫石钢筋时，将焊有锚固钢筋的钢垫板安设在支座的准确位置上，即将锚固钢筋和墩、台帽骨架钢筋焊接固定。同时，用木架将钢垫板固定在墩、台帽模板上。此法在施工时垫板位置不易准确，应经常校正。后者需在安装墩、台帽模板时，安装好预留孔模板，在绑扎钢筋时注意将锚栓孔位置留出，安装支座施工方便，支座垫板位置准确。

（三）装配式墩台施工

装配式墩台可用于预应力混凝土、钢筋混凝土薄壁空心墩或轻型桥墩，采用拼装法施工。拼装式桥墩主要由实体部分墩身、拼装部分墩身和基础组成。实体墩身与基础采用就地现浇施工，在浇注实体墩身与基础时应考虑其与拼装部分的连接、抵御洪水和漂流物的冲击、锚固预应力筋、调节拼装墩身高度等问题。

拼装部分墩身由基本构件、隔板、顶板和顶帽等部分组成，在工厂制作，再运到桥位处拼装成桥墩。装配部分墩身的分块根据桥墩的结构形式、吊装、起重和运输能力决定。拼装要根据施工现场的具体情况拟定施工细则，认真组织施工。

1.拼装接头

（1）承插式接头

承插式接头连接是将预制构件插入相应的承台预留孔内，插入长度一般为1.2～1.5倍的构件宽度，底部铺设2cm厚的砂浆，四周以半干硬性混凝土填充。这种方法常用于立柱与基础的接头连接。

（2）钢筋锚固接头

钢筋锚固接头连接是使构件上的预留钢筋形成钢筋骨架，插入另一构件的预留槽内，或将钢筋互相焊接后再浇筑混凝土。这种方法多用于立柱与墩帽处的连接。

（3）焊接接头

焊接接头连接是将预埋在构件中的钢板与另一构件的预埋钢板用电焊连接，

外部再用混凝土封闭。这种方法易于调整误差,多用于水平连接杆与立柱间的连接。

（4）扣环式接头

扣环式接头连接即相互连接的构件按预定位置预埋环式钢筋。安装时,柱脚首先安置在承台的柱心上,上、下环式钢筋互相错接,其次扣环间插入U形钢筋焊接,最后立模浇筑外侧接头混凝土。

（5）法兰盘接头

采用法兰盘接头时,在连接构件两端安装法兰盘,连接时要求法兰盘预埋件的位置必须与构件垂直,接头处可以不采用混凝土封闭。

2.砌块式墩台施工

砌块式墩台安装前的准备工作与石砌墩台相同,只是预制砌块的形式因墩台形状不同而有很多变化。基坑坑底整平后,经检验合格后铺设砂、砾石或碎石垫层并夯实整平,铺好坐浆后安装墩台。其施工方法和注意事项主要包括以下几点:预制砌块时,吊环宜设于凹窝内,使其不突出顶面,以免妨碍拼装,同时,也省去切除吊环工序;吊运安装机具可采用各种自行式吊车、龙门架、简易缆索吊机设备或各种扒杆;砌块安装时应对准位置安放平稳,若位置不准确时,应吊起重放,不得用撬棍拔移;安砌时,平缝用较干砂浆。砌缝宽度应不大于1cm,为防止水平缝砂浆全被上层砌块挤出,可在水平缝中垫以铁片,其厚度需小于铺筑的砂浆。竖向砌缝中砂浆应插捣密实,砌筑上篇路桥工程施工技术外露面时应预留2cm的空缝备作勾缝之用,隐蔽面砌缝可随砌随刮平。竖向砌缝错缝应不小于20cm;每安装高1m左右的砌块应进行找平,控制灰缝厚度和标高。

3.柱式墩施工

装配式柱式墩系将桥墩分解成若干轻型部件,在工厂或工地集中预制,再运送到现场装配桥梁。其形式有双柱式、排架式、板凳式和刚架式等。装配式柱式墩台应注意以下几个问题。

第一,墩台柱构件与基础顶面预留环形基座应编号,并检查各个墩、台高度是否符合设计要求;杯口四周与柱边的空隙不得小于2cm。

第二,墩台柱吊入基坑内就位时,应在纵横方向测量,使柱身垂直度或倾斜度以及平面位置均符合设计要求；对重大、细长的墩柱，需用风缆或撑木固定，方可摘除吊钩。

第三，在墩台柱顶安装盖梁前，应先检查盖梁口预留槽眼位置是否符合设计要求，否则应先修凿。柱身与盖梁（顶帽）安装完毕并检查符合要求后，可在基坑空隙与盖梁槽眼处灌注稀砂浆，待其硬化后，撤除楔子、支撑或风缆，再在楔子孔中灌填砂浆。

第四，在基础或承台上安装预制混凝土管节、环圈做墩台的外模时，为使混凝土基础与墩台连接牢固，应由基础或承台中伸出钢筋插入管节、环圈中间的现浇混凝土内，插入钢筋的数量和锚固长度应按设计规定或通过计算决定。

4.后张法预应力钢筋混凝土装配式墩台施工

后张法预应力钢筋混凝土装配式墩台采用的预应力钢材主要有高强度低松弛率钢丝和冷拉Ⅳ级粗筋两种。

高强度低松弛率钢丝的强度高、张拉力大，因此所需预应力束的数量较少，施工时穿束较容易。在预应力钢束连接处，受预应力钢束连接器的影响，需要局部加厚构件的混凝土壁。对于冷拉Ⅳ级粗钢筋，要求混凝土预制构件中的预留孔道精度高，以利于冷拉Ⅳ级粗钢筋的连接。

后张法预应力钢筋混凝土装配式墩台的预应力张拉方式有两种，即在墩帽顶上张拉预应力钢束和在墩台底的实体部位张拉预应力钢束。一般在墩帽顶上张拉预应力钢束。

（1）在墩帽顶上张拉预应力钢束

在墩帽顶上张拉预应力钢束的主要特点是张拉作业为高空作业，虽然张拉操作方便，但安全性较差；预应力钢束锚固端可以直接埋入承台，而不需要设置过渡段；在墩台底截面受力最大的位置可以发挥预应力钢束抗弯能力强的特点。

（2）在墩台底的实体部位张拉预应力钢束

在墩台底的实体部位张拉预应力钢束的主要特点是张拉作业为地面作业，施工安全且方便；在墩台底要设置过渡段，既要满足预应力钢束张拉千斤顶的安放要求，又要布置较多的受力钢筋，以满足截面在运营阶段的受力要求；过渡段构件中预应力钢束的张拉位置与竖向受力钢筋间的相互关系较为复杂。

应特别注意的是，压浆时最好由下而上压注，构件装配的水平拼装缝采用35号水泥砂浆，砂浆厚度为15mm。一方面，可起到调节水平的作用，另一方面，可避免因渗水而影响预制构件的连接质量。

第三节　混凝土简支梁施工技术

一、简支梁桥的分类

从梁的截面形式来区分，混凝土简支梁桥可以分为三种类型：板桥、肋板式梁桥和箱形梁桥。

（一）板桥

板桥的承重结构是矩形截面的钢筋混凝土或预应力混凝土板，其主要特点是构造简单、施工方便、建筑高度较小。板桥通常有三种结构形式，即整体式板桥、装配式板桥、组合式板桥。这三种结构形式的板式梁因结构上的差异而导致使用中受力与变形方面的不同，从而导致承载能力的不同，因而适用的场合和跨径也不同。

1.整体式板桥

整体式板桥是小跨径桥梁中常用的形式，因其具有结构整体性强、刚度大，成桥后桥面状况好等优势而得到广泛应用。

但整体式板桥的施工存在如下不便之处：需要现场浇筑，机械化程度低，施工速度慢，支架和模板使用量大，在架空太高或深水环境中难以施工等。

整体式板桥梁的截面形式主要有实心式、空心式、矮肋式。其通常在桥位处现场浇筑，当具有充分的吊装条件时，也可以先在桥下预制整体式板梁，然后吊装就位。整体式板桥在车辆等荷载的作用下，其变形和内力分布均表现为空间板结构的空间受力状态。受力时，发现其不但绕受力方向产生双向弯矩，而且由于弯曲曲率逐点不同，还将导致围绕法线的扭矩产生。因此，整体式板桥的承载能力优于装配式板桥。

2.装配式板桥

装配式板桥一般由数块一定宽度的实心或空心预制板组成。各板利用板间企口缝填充混凝土相连接。在荷载作用下，每块板相当于单向受力的梁式窄板，除在主跨径方向承受弯曲，中心基还承受通过板间接缝（铰缝）传递剪力而引起的扭转。因此，每块预制板除承受本板内的荷载外，还承受相邻板块作用而引起的竖向剪力和其他内力作用。由于其他内力与竖向剪力相比，对确定板的内力影响很小，所以设计中多采用铰接板（梁）法确定其板中内力。板中主要受力钢筋的数量由计算得到的内力确定。此外，在板中布置适量的构造钢筋以承受计算时忽略的某些内力。装配式板桥的截面形式有实心板、空心板两种。

3.组合式板桥

组合式板桥通常采用"装配＋整体现浇"的方式成型，因而也称为叠合桥。施工中，通常首先在桥下将组合式板梁的底层分片预制成构件，其次在墩顶进行装配，最后以装配构件为底模，整体浇筑梁体部，从而完成组合式板桥的施工。

组合式板桥在荷载作用下的变形和受力与整体式板桥类似，属于双向受力弹性薄板。其刚度介于整体式板桥和装配式板桥之间。从组合式板梁的施工过程和成桥后的受力特点中可以看出，组合式板梁在施工过程中可以充分利用装配式板梁成桥的优点，先将部分梁体在桥下预制成构件，然后将预制构件安装于墩顶，作为上部梁体浇筑时的底模，从而大大减少了施工时所需的支撑和模板数量。组合式板梁在成桥之后又具有整体式板梁的承载能力，因此，在小跨度简支梁桥的建设中得到了广泛应用。

（二）肋板式梁桥

肋板式梁桥在横截面内形成明显肋形结构的梁桥称为肋板式梁桥，或简称肋梁桥。在此种桥上，梁肋（或称腹板）与顶部的钢筋混凝土桥面板结合在一起作为承重结构。由于肋与肋之间处于受拉区域的混凝土得到很大程度的挖空，显著减小了结构自重。特别对于仅承受正弯矩作用的简支梁来说，既充分利用了扩展的混凝土桥面板的抗压能力，又有效地发挥了集中布置在梁肋下部的受力钢筋的抗拉作用，从而使结构构造与受力性能达到理想的配合。与板桥相比，对于梁肋较高的肋梁桥来说，由于混凝土抗压和钢筋受拉所形成的力偶臂较大，因而肋梁桥也具有更大的抵抗荷载弯矩的能力。目前，中等跨径（20～25m以上）的简支梁桥通常多采用肋板式梁桥。

肋板式梁桥的横截面又分为∏形和T形两种基本形式。

1.∏形截面

∏形截面的特点是截面形状稳定，横向抗弯刚度大，梁的堆放、装卸和安装都方便，各∏形梁之间用穿过腹板的螺栓连接，但这种构件的制造较复杂。梁肋被分成两片薄的腹板，通常用钢筋网来配筋，难以做成刚度较大的钢筋骨架。设计经验证明，在跨度较大时∏形梁桥的混凝土和钢筋用量都比下述的T形梁桥大，而且构件也重。故∏形梁桥一般只用于6～12m的小跨径桥梁，应用有限。

2.T形截面

由若干个T形截面梁组成的桥，统称为T（形）梁桥。在设计整体式T梁桥时，鉴于梁肋尺寸不受起重安装机具的限制，故可以根据钢筋混凝土体积最小的经济原则来确定截面尺寸。对于桥面不宽的双车道公路桥梁，只要建筑高度不受限制，往往以建造双主梁桥较为合理，主梁的间距可按桥梁全宽的0.55～0.60布置。有时为减小桥面板的跨径，还可在两主梁之间增设内小纵梁。

（三）箱形梁桥

箱形梁桥是指桥横截面形式为箱形的桥。由于箱形截面具有闭合性，当荷载作用于梁上任何位置时，箱形梁桥结构的所有组成部分（包括顶板、腹板、底板和翼板）将同时参与受力，使其具有较大的抗扭刚度和抗弯刚度，因而其可制作成薄壁结构，从而节省大量建造材料。同时，因为箱形梁桥顶、底板具有较大的面积，能有效地抵抗正、负弯矩的作用，所以满足较大跨度简支桥梁建设的需要。

此外，对于曲线半径较大的弯桥和变宽度的桥梁，采用小箱梁布置有较好的适应性。在设计中，通常根据现场条件，经技术、经济等多种因素的方案比选来确定最适宜的梁型。一般来说，整体现浇的梁桥具有整体性好、刚度大、易于做成复杂形状（如曲线桥、斜交桥、宽度变化的异形桥）等优点，但其施工速度慢，工业化程度较低，又要耗费大量支架模板材料。

二、混凝土简支梁桥施工

（一）支架与模板

1.支架

（1）支架的类型和结构

就地浇筑简支梁桥的上部结构时，应在桥孔位置搭设支架，以支承模板和钢筋混凝土以及其他施工荷载。支架的类型主要有以下几个：

①满布式木支架

满布式木支架常用于陆地、不通航的河道、桥墩不高或桥位处水位不深的桥梁。其形式可采用排架式、人字撑式或八字撑式。排架式是最简单的满布式支架，主要由排架和纵梁等部件组成，纵梁为抗弯构件，跨径一般不大于4m。人字撑式和八字撑式支架构造较复杂，纵梁需加设可变形的人字撑或八字撑。因此，在浇筑混凝土时应适当安排浇筑程序，均匀、对称地进行浇筑，以防发生较大变形。此类支架的跨径可达8m左右。满布式木支架的排架可设置在枕木或桩基上，基础需坚实可靠，以保证排架的沉陷值不超过规定要求。当排架较高时，为保证支架的横向稳定，除在排架上设置撑木外，还需在排架两端外侧设置斜撑木或斜立柱。满布式支架的卸落设备一般采用木楔、木马或沙筒等，可设置在纵梁支点处或桩顶帽木上面。

②钢木混合支架

钢木混合支架为加大支架跨径、减少排架数量，支架的纵梁可采用工字钢，其跨径可达10m。但在这种情况下，支架多采用木框架结构，以提高支架的承载力及稳定性，其各项参考数值可查看《五金手册》。

③万能杆件拼装支架

用万能杆件可拼装成各种跨度和高度的支架，其跨度需与杆件本身长度成整数倍。用万能杆件拼装的架的高度，可达2m、4m或6m以上。当高度为2m时，腹杆拼为三角形；高度为4m时，腹杆拼为菱形；高度超过6m时，则拼成多斜杆的形式。用万能杆件拼装墩架时，柱与柱之间的距离应与桥架之间的距离相同，杆高除柱头及柱脚外应为2m的倍数。用万能杆件拼装的支架，在荷载作用下的变形较大，而且难以预计其数值。因此，必要时应考虑预压重。预压质量相当于浇筑的混凝土及其模板和支架上机具、人员的质量。

④装配式公路钢桥桁架节拼装支架

用装配式公路钢桥桁架节可拼装成桁架梁和支架，为加大桁架梁孔径和利用墩台做支承，也可拼成八字斜撑以支撑桁架梁。桁架梁与桁架梁之间应用抗风拉杆和木斜撑等进行横向联结，以保证桥架梁的稳定。用装配式公路钢桥桁架节拼装的支架，在荷载作用下的变形很大，因此应进行预压。

⑤轻型钢支架

桥下地面较平坦，有一定承载力的梁桥，为节省木料，宜采用轻型钢支架。轻型钢支架的梁和柱，以工字钢、槽钢或钢管为主要材料，斜撑、联结系等可采用角钢；构件应制成统一规格和标准；排架应预先拼装成片或组，并以混凝土、钢筋混凝土枕木或木板作为支承基底。为防止冲刷，支承基底须埋入地面以下适当深度。为适应桥下高度，排架下应垫以一定厚度的枕木或木楔等。为便于支架和模板的拆卸，纵梁支点处应设置木楔。

⑥墩台自承式支架

在墩台上留下承台式预埋件，上面安装横梁及架设适宜长度的工字钢或槽钢，即构成模板的支架。这种支架适用于跨径不大的梁桥，但支立时仍须考虑梁的预拱度、支架梁的伸缩以及支架和模板的卸落等所需条件。

⑦模板车式支架

这种支架适用于跨径不大、桥墩为立桩式的多跨梁桥的施工。在墩柱施工完毕后即可立即铺设轨道，拖进孔间，进行模板的安装，这种方法可简化安装工序、节省安装时间。当上部构造混凝土浇筑完毕，且强度达到要求后，模板车即可整体向前移动，但移动时须将斜撑取下，将插入式钢梁节段推入中间钢梁节段内，并将千斤顶放松。

（2）支架的制作要求

支架宜采用标准化、系列化、通用化的钢构件制作拼装；制作木支架时，两相邻立柱的连接接头宜分设在不同的水平面上，并应减少长杆件接头。主要压力杆的接长连接宜使用对接法，采用木夹板或铁夹板夹紧；次要构件的连接可采用搭接法。

（3）支架的安装要求

支架应按施工图设计的要求进行安装。立柱应垂直，节点连接应可靠。支架在纵桥向和横桥向均应加强水平、斜向连接，增强整体稳定性。高支架应设置足够的斜向连接、扣件或缆风绳，横向稳定应有保证措施。

应通过预压的方式，消除支架地基的不均匀沉降和支架的非弹性变形，并获取弹性变形参数，或检验支架的安全性。预压荷载宜为支架需承受全部荷载的1.05 ~ 1.10倍，预压荷载的分布应模拟需承受的结构荷载及施工荷载。

支架在安装完成后，应对其平面位置、顶部高程、节点连接及纵横向稳定性进行全面检查。检查符合要求后，方可进行下一道工序。

（4）设置支架的预拱度和卸落装置

设置的预拱度值应包括结构本身需要的预拱度和施工需要的预拱度两部分。

施工预拱度应考虑下列因素：模板、支架承受施工荷载引起的弹性变形；受载后由于杆件接头的挤压和卸落装置压缩而产生的非弹性变形；支架地基在受载后的沉降变形。

专用支架应按其产品的要求进行模板的卸落；自行设计的普通支架应在适当部位设置相应的木楔、木马、沙筒或千斤顶等卸落装置，并应根据结构形式、承受的荷载大小确定卸落量。支架制作、安装质量应分别符合模板、支架的制作、安装质量标准。

2.模板

（1）模板的类型与结构

就地浇筑的桥梁模板主要有木模和钢模。模板形式的选择主要取决于同类桥跨结构的数量和模板材料的供应。

当建造单跨或跨度不等的多跨桥梁结构时，一般采用木模；而对于多跨相同跨径的桥梁，可采用大型模板块件组装或采用钢模。模板制造宜选用机械化的方法，以保证模板形状的正确和尺寸的精度。模板制作尺寸偏差、表面平整度和安装偏差均应符合有关规定，尤其要保证模板具有足够的强度、刚度和稳定性。

木模包括用胶合板制成的大型整体定型的块件模板，以及局部构造较复杂部位采用的模板。大型整体定型的块件模板可按结构要求预先制作，然后在支架上用连接件迅速拼装。钢模大多做成块件，由钢板和加劲骨架焊接而成，钢板厚度通常为4 ~ 8mm。骨架由水平肋和竖向肋组成，肋由钢板或角钢做成。大型钢模块件用螺栓或销钉连接。对于多次周转使用的钢模，在使用前应用化学方法或机械方法清扫，在浇筑混凝土前，应在模板内壁涂脱模剂，以利脱模。

（2）模板的制作与使用要求

模板虽然是施工中的临时性结构，但对于梁体的制作却十分重要。模板不仅控制梁体尺寸的精度，直接影响施工进度和混凝土的灌筑质量，而且关系到施工安全。因此，模板应符合下列要求。

具有足够的强度、刚度和稳定性，能安全可靠地承担施工中可能出现的各种荷载。保证结构的设计形状、尺寸及各部分相互之间位置的准确性。模板的接缝必须密合，确保混凝土浇筑过程中不漏浆。构造简单、拆装方便、便于周转使用，应尽量做成装配式组件或块件。

3.预拱度的设置与计算

（1）预拱度的设置

在简支梁就地浇筑施工过程中，模板和支架因承受巨大的混凝土荷载作用而产生弹性和非弹性变形。如果不加以控制，势必导致现浇梁成型后跨中起拱。为避免这种情况的发生，保证桥梁竣工后线形准确，在进行模板与支架安装时须设置一定的预拱度。设置预拱度时应考虑下列因素。

卸架后上部构造自重及1/2活荷载产生的竖向挠度 δ_1；支架在荷载作用下的弹性压缩量 δ_2；支架在荷载作用下的非弹性变形量 δ_3；支架基础在荷载作用下的非弹性沉陷量 δ_4。

根据梁的挠度和支架变形所计算出来的变形值之和，为支架体系预拱度的最大值。预拱度设置的位置在梁的跨径中点，其余各点的预拱度以中间点为最高值，以梁的两端为0，呈直线或二次抛物线形式分布。

（2）预拱度的计算

如上所述，上部构造和支架的各项变形值之和即为应设置的预拱度。各项变形值可按下列方法计算。

针对恒荷载和静活荷载设置预拱度，其值等于恒荷载加1/2静活荷载所产生的竖向挠度，当恒荷载和静活荷载产生的挠度不超过跨径的1/1600时，可不设置相应的预拱度。

满布式支架的弹性变形量。当支架杆件的长度为 L，压力分布为 P 时，其弹性变形量 $\delta_2 = PL/E$。当支架为桁架等形式时，应按具体情况计算其弹性变形量。

支架在每个接缝处的非弹，佳变形量。在一般情况下，横纹木料与顺纹木料的非弹，变形量均为3mm，木料与金属或木料与圬工接缝处的非弹，性变形量为顺纹与横纹料接处的非弹性变形量为2.5mm。

卸落设备的压缩量。沙筒内沙砾压缩量和金属筒变形的弹性压缩量应根据压力大小，沙子细度模量及筒径、筒高确定。

一般情况下，20t压力沙筒的压缩量为4mm，10t压力沙筒的压缩量为6mm；沙子未预先压紧时的压缩量为10mm。

（二）钢筋的制作与安装

1.准备工作

（1）钢筋的检查与保管

①钢筋的外观检查和力学性能检查

进场钢筋应具有出厂质量证明书和试验报告单。进场时除应检查外观和标志外，还应按不同的钢种、等级、牌号、规格及生产厂家分批抽取试样进行力学性能检验，检验试验方法应符合现行国家标准的规定。钢筋经进场检验合格后方可使用。

②钢筋的保管

钢筋进场后应妥善保管，具体应做到以下几点：钢筋堆放选择在地势较高处，上用料棚遮盖，下设垫块，不能直接置于地面；钢筋应按不同钢种、等级、牌号、规格及生产厂家等分类挂牌堆放，并标明数量；钢筋在运输过程中应避免锈蚀、污染或被压弯。

（2）钢筋的调直

直径10mm以下的细钢筋多卷成盘形，粗钢筋常弯成"发卡"形，以便运输和储存。因此，运到工地的钢筋应先调直。

采用冷拉方法调直钢筋时，HPB235级钢筋的冷拉率不宜大于2%；HRB335级、HRB400级钢筋的冷拉率不宜大于1%。钢筋的形状、尺寸应按照设计的规定进行加工，加工后的钢筋，其表面不应有削弱钢筋截面的痕迹。

（3）钢筋的除锈

钢筋表面应洁净、无损伤，使用前应将其表面的油渍、漆皮、鳞锈等清除干净，保证钢筋与混凝土间的黏结力得以充分发挥。可用钢丝刷或喷枪喷沙进行除锈去污，也可将钢筋在沙堆中来回抽拉以除锈去污。带有颗粒状或片状老锈的钢筋不得使用；当除锈后钢筋表面有严重的麻坑、斑点，已伤蚀截面时，应降级使用或剔除不用。

　　2.钢筋的连接

　　（1）焊接

　　钢筋的焊接接头宜采用闪光对焊，或采用电弧焊、电渣压力焊或气压焊，但电渣压力焊仅可用于竖向钢筋的连接，不得用作水平钢筋和斜筋的连接钢筋焊接接头形式。焊接的方法和材料应符合现行行业标准《钢筋焊接及验收规程》JGJ 18—2012的规定。

　　每批钢筋焊接前，应先选定焊接工艺和焊接参数，按实际条件进行试焊，并检验接头外观质量及规定的力学性能，施焊质量经检验合格后方可正式施焊。焊接时，对施焊场地应有适当的防风、防雨、防雪、防严寒的设施。

　　电弧焊宜采用双面焊缝，仅在双面焊无法施焊时，方可采用单面焊缝。

　　采用搭接电弧焊时，两钢筋搭接端部应预先折向一侧，两接合钢筋的轴线应保持一致；采用绑条电弧焊时，绑条应采用与主筋相同的钢筋，其总截面面积不应小于被焊接钢筋的截面面积。电弧焊接头的焊缝长度，双面焊缝不应小于5d（d为钢筋直径），单面焊缝不应小于10d。电弧焊接与钢筋弯曲处的距离不应小于10d，且不宜位于构件的最大弯矩处。

　　（2）机械连接

　　①锥螺纹连接

　　钢筋锥螺纹连接是利用锥形螺纹套筒将两根钢筋端头对接在一起，利用螺纹的机械咬合力传递拉力或压力。锥螺纹连接套是在工厂专用机床上加工制成的，钢筋套丝的加工是在钢筋套丝机上进行的。

　　②直螺纹连接

　　直螺纹连接是将钢筋待连接的端头滚扎成规整的直螺纹，再用相配套的直螺纹套筒，将两钢筋相对拧紧，实现连接。该技术的优点在于无虚拟螺纹，力学性能好，连接安全可靠，接头强度能达到与钢筋母材等强。

③套筒挤压连接

钢筋套筒挤压连接是一项新型钢筋连接工艺，它改变了电弧焊、电渣焊、闪光焊、气压焊等传统焊接工艺的热操作方法，而是在常温下采用特别钢筋连接机，将钢套筒和两根待接钢筋压接成一体，使套筒塑性变形后与钢筋上的横肋纹紧密地咬合在一起，从而达到连接效果的一种机械接头方式。冷压接头具有性能可靠、操作简便、施工速度快、施工不受气候影响、省电等优点。两根钢筋插入钢套筒后，用带有梅花齿形内模的钢筋连接机对套筒外壁加压，螺纹钢筋的横肋间隙中，继续加压使钢套筒的金属冷塑性变形程度加剧，进一步加强硬化程度，其强度可提高110～140MPa。

（3）绑扎

当没有焊接条件时，接头也可用铁丝绑扎搭接，但钢筋直径不能超过25mm，其搭接长度见下表。但对轴心受拉和小偏心受拉构件中，主钢筋均应焊接，不得采用绑扎接头。

受拉钢筋绑扎接头的搭接长度表

钢筋类型		混凝土强度等级		
		C20	C25	C30
Ⅰ级钢筋		35d	30d	25d
月牙纹	HRB335钢筋	45d	40d	35d
	HRB400钢筋	55d	50d	45d

注：当钢筋直径d不大于25mm时，其受拉钢筋的搭接长度应按表中值减少5d采用；当带肋钢筋直径d大于25mm时，其受拉钢筋的搭接长度应按表中值增加5d采用。

当混凝土在凝固过程中受力钢筋易受扰动时，其搭接长度宜适当增加。

在任何情况下，纵向受拉钢筋的搭接长度都不应小于300mm，受压钢筋的搭接长度不宜小于200mm。

当混凝土强度等级低于C20时，Ⅰ级、HRB335钢筋的搭接长度应按表中C20的数值相应增加10d；HRB400钢筋不宜采用绑扎接头。

对有抗震要求的受力钢筋的搭接长度，当抗震烈度为7度（及以上）时，应增加5d；两根不同直径的钢筋搭接长度，以较细的钢筋直径计算。

接头的绑扎要求如下：受拉区的Ⅰ级钢筋绑扎接头的末端应做弯钩，HRB335、HRB400钢筋的绑扎接头末端可不做弯钩；直径等于和小于12mm的受压Ⅰ级钢筋的末端可不做弯钩，但搭接长度不应小于钢筋直径的30倍；钢筋搭接处，应在中心和两端用铁丝扎牢。

3.钢筋的安装

第一，钢筋的级别、直径和根数等应符合设计的规定；对于多层多排钢筋，宜根据安装需要在其间隔外设立一定数量的架立钢筋或短钢筋，但架立钢筋或短钢筋端头不得伸入混凝土的保护层内；钢筋过密影响到混凝土质量时，应及时与设计人员协商解决。

第二，钢筋与模板之间应设置垫块，垫块应与钢筋绑扎牢固，其绑丝的丝头不应进入混凝土保护层内。混凝土浇筑前应对垫块的位置、数量和紧固程度进行检查，不符合要求时应及时处理，以保证钢筋混凝土保护层的厚度满足设计要求和规范的规定。

第三，钢筋骨架的焊接拼装应在坚固的工作台上进行。拼装前应按设计图纸放样，放样时应考虑焊接变形的预留。拱度拼装时，需要焊接的位置宜采用楔形卡卡紧，防止焊接时局部变形。

第四，骨架焊接时，不同直径钢筋的中心线应在同一平面上，较小直径的钢筋在焊接时，下面宜垫以厚度适当的钢板。施焊顺序宜由中到边对称地向两端进行，先焊骨架下部，后焊管架上部。相邻的焊缝应采用分区对称跳焊，不得顺方向一次焊成。

第五，绑扎或焊接的钢筋网和钢筋骨架不得有变形、松脱和开焊。

（三）构件的安装

1.陆地架梁法

（1）自行式吊车架梁

在桥不高，场内又可设置行车便道的情况下，用自行式吊车（汽车吊车或履带吊车）架设中、小跨径的桥梁十分方便。随着大型的自行式吊机逐渐普及，自行式吊机本身有动力，因而架设迅速，可缩短工期。不需要架设桥梁用的临时动力设备，不必进行任何架设设备的准备工作，不需要如其他方法架梁时所具备的技术工种。因此，一般中、小跨径的预制梁（板）的架设安装越来越多地采用自行式吊机。此法视吊装重量不同，可以采用一台吊机架设、二台吊机架设、吊机和绞车配合架设等方法。当预制梁重量不大，而吊机又有相当大的起重能力，河床坚实无水或少水，允许吊机行驶、停搁时，可用一台吊机架设安装。用两台吊机架梁是用两台自行式吊机各吊住梁（板）的一端，将梁（板）吊起并架设安装。此法应注意两吊机的互相配合。吊机和绞车配合架梁时，预制梁一端用拖履、滚筒支垫，另一端用吊机吊起，前方用绞车或绞盘牵引预制梁前进。梁前进时，吊机起重臂随之转动。梁前端就位后，吊机行驶到后端，提起后端取出拖履、滚筒，再将梁放下就位。

（2）移动式支架架梁法

陆地架梁法是在架设孔的地面上，顺桥轴线方向铺设轨道，其上设置可移动支架预制梁的前端搭在支架上，通过移动支架将梁移运到要求的位置后，再用龙门架或人字扒杆吊装；或者在桥墩上设枕木垛，用千斤顶卸下，再将梁横移就位。

（3）摆动式支架架梁法

摆动式支架架梁法通常是将预制梁（板）沿路基牵引到桥台上并稍悬出一段（悬出距离根据梁的截面尺寸和配筋确定），然后从桥孔中心河床上悬出的梁（板）端底下设置人字扒杆或木支架。

（4）跨墩或墩侧龙门架架梁法

对于桥不太高，架桥孔数又多，沿桥墩两侧铺设轨道不困难的情况，可以采用跨墩或墩侧龙门吊车来架梁。通过运梁轨道或者用拖车将梁运到后，就用门式吊车起吊、横移，并安装在预定位置。当一孔架完后，吊车前移，再架设下一孔。用本方法的优点是架设安装速度较快，河滩无水时也较经济，而且架设时不需要特别复杂的技术工艺，作业人员较少。但龙门吊机的设备费用一般较高，尤其在高桥墩的情况。

2.浮吊架设法

（1）浮吊船架梁

在海上和深水大河上修建桥梁时，用可回转的伸臂式浮吊架梁比较方便。

这种架梁方法高空作业少、施工比较安全、吊装能力大、工效高，但需要大型浮吊。鉴于浮吊船来回运梁航行时间长，要增加费用，故一般采取用装梁船储梁后成批一起架设的方法。浮吊架梁时需在岸边设置临时码头移运预制梁。架梁时，浮吊要认真锚固。如流速不大则可用预先抛入河中的混凝土锚作为锚固点。

（2）固定式悬臂浮吊架梁

在缺乏大型伸臂式浮吊时，也可用钢制万能杆件或贝雷钢架拼装固定式的悬臂浮吊进行架梁。

3.高空架梁法

（1）联合架桥机架梁

此法适用于架设安装30m以下的多孔桥梁，其优点是完全不设桥下支架，不受水深流急影响，架设过程中不影响桥下通航、通车。预制梁的纵移、起吊、横移、就位都较方便。其缺点是架设设备用钢量较多但可周转使用。

联合架桥机由两套门式吊机、一个托架、一根两跨长的钢导梁组成。钢导梁由贝雷装配、梁顶面铺设的运梁平车、托架行走的轨道、门式吊机和工字梁组成，并在上下翼缘处及接头的地方用钢板加固，门式吊机顶横梁上设有吊梁用的行走小车。为了不影响架梁的净空位置，其立柱做成拐脚式（俗称拐脚龙门架）。门式吊机的横梁高程由两根预制梁叠起的高度加平车及起吊设备高确定。蝴蝶架是专门用来托运门式吊机转移的，它由角钢组成，整个蝴蝶架放在平车上，可沿导梁顶面轨道行走。

联合架桥机架梁顺序：①在桥头拼装钢导梁，梁顶铺设钢轨并用绞车纵向拖拉导梁就位；②拼装蝴蝶架和门式吊机，用蝴蝶架将两个门式吊机移运至架梁孔的桥墩（台）上；③由平车轨道运送预制梁至架梁孔位，将导梁两侧可以安装的预制梁用两个门式吊机吊起，横移并落梁就位；④将导梁所占位置的预制梁临时安放在已架设好的梁上；⑤用绞车纵向拖拉导梁至下一孔后，将临时安放的梁由门式吊机架设就位，做完梁的架设工作，并用电焊将各梁联结起来；⑥在已架设的梁上铺接钢轨，再用蝴蝶架顺序将两个门式吊机托起并运至前一孔的桥墩上。如此反复，直至将各孔梁全部架设好为止。

（2）双导梁架桥机架梁法

本法是在架设孔间设置两组导梁，导梁上安设配有悬吊预制梁设备的轨道平车和起重行车或移动式龙门吊机，将预制梁在双导梁内吊着运到规定位置后，再落梁、横移就位。

横移时一种方法是将两组导梁吊着预制梁整体横移；另一种方法是导梁设在桥面宽度以外，预制梁在龙门吊机上横移，导梁不横移，这比第一种横移方法安全。双导梁架桥机架梁法的优点与联合架桥机架梁法相同，适用于墩高、水深的情况下架设多孔中、小跨径的装配式梁桥，但不需蝴蝶架。因配备双组导梁，故架设跨径可较大，吊装的预制梁较重。

（3）自行式吊车桥上架梁法

在预制梁跨径不大、重量较轻且梁能运抵桥头引道上时，可直接用自行式伸臂吊车（汽车吊或履带吊）来架梁。但是，对于架桥孔的主梁，当横向尚未连成整体时，必须核算吊车通行和架梁工作时的承载能力。此种架梁方法简单方便，几乎不需要任何辅助设备。

第四节　预应力混凝土桥梁施工技术

一、预应力混凝土

预应力混凝土结构除了具有普通钢筋混凝土结构的优点外，还有下述重要特点：能最有效地利用高强钢筋、高强混凝土，减小截面，降低自重，增大跨越能力；与普通钢筋混凝土桥梁相比，一般可节省钢材30%～40%，跨径越大，节省越多；预应力混凝土梁在正常使用条件下不出现裂缝，鉴于能全截面参与工作，故可显著减小建筑高度，使大跨径桥梁做得轻柔美观，扩大了对各种桥型的适应性，提高了结构的耐久性；预应力技术的采用为现代装配式结构提供了最有效的装配、拼装手段。根据需要，可在纵向、横向及竖向施加预应力，使装配式结构集整成理想的整体，扩大了装配式桥梁的使用范围。

当然，预应力混凝土结构要有作为预应力筋的优质高强钢材，保证高强混凝土的制备质量。同时，要有一整套专门的预应力张拉设备和材质好、精度高的锚具，还要掌握复杂的施工工艺。

二、预应力混凝土桥梁施工

（一）固定支架就地浇筑法

固定支架就地浇筑施工法是一种古老的施工方法，它是在固定支架上安装模板，绑扎及安装钢筋骨架，预留孔道，并在现场浇筑混凝土与施加预应力的施工方法。由于采用此种方法施工需用大量的支架，故其一般在桥墩较低的中、小跨径桥梁或交通不便的边远地区采用。

近年来，随着桥梁结构的发展，出现了一些变宽的异形桥、弯桥等复杂的预应力混凝土结构。由于临时钢构件、万能杆件、贝雷梁和六四军用梁等大量应用，其他施工方法都比较困难。或经过比较固定支架就地浇筑施工法较方便、费用较低时，在大跨径桥梁中也可以采用这种施工方法。为了完成现浇梁桥的就地浇筑施工，应根据桥孔跨径、桥孔下面覆盖土层的地质条件、水的深浅等因素，合理地选择支架形式。

1.支架

支架类型选择是就地浇筑施工的关键。就地浇筑连续梁桥施工所用支架与钢筋混凝土简支梁桥就地浇筑支架基本相同，此处不再赘述。

2.浇筑

固定支架就地浇筑施工中与装配式预应力梁预制工艺相同的部分，此处也不再赘述。以下仅就碗扣式钢管支架的搭设、混凝土的浇筑顺序、支架的拆除进行阐述。

（1）碗扣式钢管支架的搭设

采用碗扣式钢管支架时，其支架搭设应符合下列要求。

第一，模板支架应根据所承受的荷载选择立杆的间距和步距，底层纵、横向水平杆作为扫地杆，距地面高度应小于或等于350mm，立杆底部应设置可调底座或固定底座；立杆上端包括可调螺杆伸出顶层水平杆的长度不得大于0.7m。

第二，可调底座及可调托撑丝杆与调节螺母的啮合长度不得少于6扣，插入立杆内的长度不得小于150mm。

模板支架的斜杆设置应符合下列要求。

第一，立杆间距大于1.5m时，应在拐角处设置通高专用斜杆，中间每排每列应设置通高八字形斜杆或剪刀撑；当立杆间距小于或等于1.5m时，模板支架四周应从底到顶连续设置竖向剪刀撑；中间纵横向应由底至顶连续设置竖向剪刀撑，其间距应小于或等于4.5m；剪刀撑的斜杆与地面间的夹角应为45°～60°，斜杆应每步与立杆扣接。

第二，当模板支架高度大于4.8m时，顶端和底部必须设置水平剪刀撑，中间水平剪刀撑设置间距应小于或等于4.8m。

第三，必须严格控制支架的垂直度，以免影响整体稳定性。垂直度偏差应小于或等于H/500mm（H为支架搭设高度），且不得大于50mm。

第四，模板支架周围有桥梁墩台结构时，应建立与墩台的水平连接，以加强架体的安全可靠度。

第五，模板支架高宽比应小于或等于2；当高宽比大于2时，可扩大下部架体尺寸或采取其他构造措施（如设置缆风绳加固）。

（2）模板拆除及卸架

混凝土的强度达到设计强度的25%以后可拆除侧模，混凝土强度大于设计强度的75%以后可拆除梁体的各项模板。对于预应力混凝土梁，应在预应力钢束张拉完毕或张拉到一定数量后再拆除模板，以免梁体混凝土受拉。卸架程序应从梁体挠度最大处的支架节点开始，逐步卸落相邻两侧的节点。落梁要对称、均匀、有序。同时，要求各节点的卸落应分级多次进行，以使梁的沉落曲线逐步加大。

3.固定支架预应力就地浇筑的特点

综上所述，固定支架就地浇筑施工方法的特点包括以下几点：

第一，混凝土能整体浇筑，预应力筋整体张拉，桥梁的整体性较好。施工中不需要进行体系转换。对机具和起重能力要求不高，不需要大型起重设备，施工较简便、平稳、可靠。

第二，需要使用大量的施工支架，施工周期长，周转次数少，费用高；跨河桥梁搭设支架影响河道的通航与排洪，施工期间支架可能会受到洪水和漂流物的威胁。

第三，需要有较大的施工场地进行支架组拼、钢筋加工、模板制作、预应力筋加工等，因此施工管理较复杂。

（二）悬臂施工法

悬臂施工法是大跨度桥梁最常采用的施工方法，也是桥梁施工中难度较大的施工工艺，需要专门的施工设备和一支熟悉悬臂施工工艺的技术队伍。

采用该方法建造桥梁时，不需要在桥下搭设大量的支架，而是利用挂篮施工设备从墩顶已建梁段向两侧开始对称悬出接长，直至合龙。梁体每延伸一段，通过预应力钢筋将当前梁段与梁体连成一体。按照节段梁体的制作方法方式的不同，悬臂施工法可以分为悬臂浇注法和悬臂拼装法。

悬臂浇注：在桥墩两侧对称逐段就地浇注混凝土，待混凝土达到一定强度，张拉预应力钢筋，移入具、模板继续施工。

悬臂拼装：将预制节段块件，从桥墩两侧依次对称安装，张拉预应力钢筋，使悬臂不断接长，直至合龙。

1.悬臂浇筑施工

（1）施工挂篮

挂篮是一个能够沿轨道行走的活动脚手架，悬挂在已经张拉锚固的箱梁梁段上。挂篮的承重结构可用万能杆件或采用专门设计的结构。挂篮除了要能承受梁段自重和施工荷载外，还要求自重轻、刚度大、变形小、稳定性好、行走方便等。

用梁式挂篮浇筑墩侧初始几对梁段时，由于墩顶位置受限往往需要将两侧挂篮的承重结构临时联结在一起。待梁段浇筑到一定长度后，再将两侧承重结构分开。如果墩顶位置过于窄小，开始用挂篮浇筑困难时，可以设立局部支架。墩顶梁段（所谓0号块）或墩顶附近的梁段在支架上浇筑，施工挂篮就在已浇筑的梁段上拼装。

（2）悬浇施工工艺流程

当挂篮安装就位后，即可在其上进行梁段悬臂浇筑的各项作业，其工艺流程是按每一梁段的混凝土分两次浇筑排列的，即先浇筑底板混凝土，后浇筑肋板及顶板混凝土。当采用次浇筑时，将浇筑底板混凝土的工序与浇筑肋板及顶板混凝土的工序合并，其他工序不变。

混凝土浇筑前，须用硬方木支垫于台车前轮分配梁上，以分布荷载，减小轮轴压力。在浇筑混凝土的过程中，要随时观测挂篮由于受荷而产生的变形。挂篮负荷后，还可能引起新旧梁段接缝处混凝土开裂。尤其是采用两次浇筑法施工，第二次混凝土浇筑时，第一次浇筑的底板混凝土已经凝结。由于挂篮的第二次变形，底板混凝土就会在新旧梁段接缝处开裂。为了避免这种裂缝，可对挂篮采取预加变形的方法，如采用活动模板梁等。

悬臂浇筑一般采用由快凝水泥配制的C40~C60混凝土。在自然条件下，浇筑后30~36h，混凝土强度达30MPa。这样可以加快挂篮的移位。目前，每段施工周期7~10d，具体应视工程量、设备、气温等条件而定。

悬臂浇筑施工的主要优点是预制场地小，逐段浇筑，易于调整和控制梁段的位置，且整体性好；不需大型机械设备，主要作业在没有顶棚的挂篮内进行；各段均属严密的重复作业，需要施工人员少，工作效率高等。

其主要缺点是梁体部分不能与墩柱平行施工，施工期较长，而且悬臂浇筑的混凝土加载龄期短，混凝土收缩、徐变影响较大。

2.悬臂拼装施工

（1）梁段预制

悬拼施工是将梁沿纵轴，根据起吊能力分成适当长度的节段，在工厂或桥位附近的预制场进行预制，然后运到桥位处用吊机进行拼装。节段预制的质量直接关系着梁段悬拼施工的重量和速度，因此，预制时应严格控制梁段断面和形体的精确度，充分注意预制场地的选择与布置、台座和模板支架的制作，工艺流程的拟定以及养护和储运的每一环节。梁段预制的方法通常有长线预制法和短线预制法。

（2）梁段运输

梁段运输有水、陆、栈桥及缆吊等各种形式。梁体节段自预制底座上出坑后，一般先存放于存梁场，节段拼装时由存梁场运至桥位处，预制块件的运输方式一般可分为场内运输、装船和浮运三个阶段。

①场内运输阶段

出坑和运输一般由预制场的龙门起重机担任。节段上船也可使用预制场的龙门起重机。当预制场与栈桥距离较远时，梁段的运输应首先考虑采用平车运输。当采用无转向架的运梁平车运输时，运输轨道不得设平曲线，纵坡一般应为平坡。当地形条件受到限制时，最大纵坡不得大于1%。

②装船阶段

装船应在专用码头上进行，码头的主要设施是施工栈桥和节段装船的起重机。栈桥的长度应保证在最低施工水位时驳船能够进港起运，栈桥的高度要保证在最高施工水位时栈桥主梁不被水淹。栈桥宽度要保证运梁驳船两侧与栈桥之间不少于0.5m的安全距离。栈桥起重机的起重能力和主要尺寸（净高和跨度）应与预制场上的起重机相同。

③浮运阶段

浮运船只应根据节段的重量和高度来选择，可采用铁驳船、坚固的木船、水泥驳船或用浮箱装配。为了保证浮运安全，应设法降低浮运重心。

开口船面的船应尽量将块件置于船舱底板；必须置放在甲板面上时，其必须在舱内。压重块件的支垫应按底面坡度用碎石子堆成，满铺支垫或加设三角形垫木，以保证块件安放平稳。另外，还需以缆索将块件系紧固定。

（3）悬拼方法

①浮吊拼装法

重型的起重机械装配在船舶上，全套设备在水上作业，在40m的吊高范围内起重力大，所用辅助设备少。其优点是相应的施工速度较快，一天可以完成2~4段的吊拼，但台班费用较高。

②悬臂吊机拼装法

悬臂吊机由纵向主桁架、横向起重桁架、锚固装置、平衡重、起重系统、行走系统和工作吊篮等七部分组成。

纵向主桁架为吊机的主要承重结构，可由贝雷桁片、万能杆件、大型型钢等拼制成。一般由若干桁片构成两组，用横向连接系连成整体，前后用两根横梁支承。横向起重桁架是供安装起重卷扬机，直接起吊箱梁节段之用的构件，多采用贝雷架、万能杆件及型钢等拼配制作。

纵向主桁架的外荷载就是通过横向起重桁架传递给它。横向起重桁架支承在轨道平车上，轨道平车搁置于铺设在纵向主桁架弦的轨道上，起重卷扬机安置在横向起重桁架的上弦。设置锚固装置和平衡重的目的是防止主桁架在起吊节段时倾覆翻转，保持其稳定状态。对于拼装墩柱附近节段的双悬臂吊机，可用锚固横梁及吊杆将吊机锚固于0号块上。对称起吊箱梁节段不需要设置平衡重。

单悬臂吊机起吊节段时，也可不设平衡重，而将吊机锚固在节段吊环上或竖向预应力筋的螺丝端杆上。起重系统一般是由电动卷扬机、吊梁扁担及滑车组等组成。作用是将由驳船浮运到桥位处的节段提升到拼装高度以备拼装。滑车组要根据起吊节段的重量来选用。

吊机的整体纵移可以采用钢管滚筒在木板上滚移，由电动卷扬机牵引。牵引绳通过转向滑车系于纵向主桁架前支点的牵引钩上。横向起重桁架的行走采用轨道平车，用倒链滑车牵引。

工作吊篮悬挂于纵向主桁架前端的吊篮横梁上，吊篮横梁由轨道平车支承以便工作吊篮的纵向移动。工作吊篮供预应力钢丝穿束、千斤顶张拉、压注灰浆等操作之用。可设上、下两层，上层供操作顶板钢束用，下层供操作肋板钢束用。也可只设一层，工作吊篮可用倒链滑车调整高度。

③连续桁架拼装法

连续桁架拼装法可分为移动式和固定式两类。移动式连续桁架的长度大于桥的最大跨径，桁架支承在已拼装完成的梁段和待拼墩顶上，由吊车在桁架上移运节段进行悬臂拼装。固定式连续桁架的支点均设在桥墩上，而不增加梁段的施工荷载。

（4）接缝处理及拼装程序

梁段拼装的接缝有湿接缝、干接缝和胶接缝等几种。不同的施工阶段和不同的部位，将采用不同的接缝形式。

①湿接缝

1号块和调整块用湿接缝拼装。悬拼施工时，防止梁体上翘和下挠的关键是1号块的准确定位。1号块是基准块件，一般1号块与墩顶0号块以湿接缝相接。1号块定位后，可由起重机悬吊支承，也可用下面的临时托架支承。为便于接缝处管道接头操作，接头钢筋的焊接和混凝土振捣作业，湿接缝宽度一般为0.1～0.2m。

0～1号块间湿接缝处理程序：块件定位，中线以及高程测量；接头钢筋焊接，制孔器安放；湿接缝模板安放；湿接缝混凝土浇筑；湿接缝混凝土养护拆模；穿预应力钢束，张拉锚固。

跨度大的T形钢构桥，由于悬臂很长，往往在悬臂中部设置一道现浇箱梁横隔板。同时，设置一道湿接缝。这道湿接缝除了能增加箱梁的结构钢度外，还可以调整拼装位置。在拼装过程中，如拼装上翘的误差很大，用其他方法难以补救时，也可以通过增设一道湿接缝来调整。但应注意增设的湿接缝宽度必须用凿打块件端面的办法来提供。

②干接缝或胶结缝拼装

除上述块件之间采用湿接缝外，一般块件之间采用干接缝或胶接缝。

其他预制梁段拼装顺序包括以下几个步骤：①预制梁段提升，内移就位，试拼；②预制梁段移开，与已拼装梁段保持约0.4m间距；③穿束；④涂胶（双面涂胶，干接缝无此工序）；⑤梁段就位，检查位置、高程及吻合情况；⑥预应力钢束张拉，观察预制梁段是否滑移、锚固。

环氧树脂胶接缝可使块件连接密贴，可提高结构抗剪能力、整体刚度和不透水性。环氧树脂胶由环氧树脂、固化剂、增塑剂、稀释剂、填料等组成，其配方应根据施工环境、温度、固化时间和强度要求选定。一般对接缝混凝土面先涂环氧树脂底层胶，然后涂加入填料的环氧树脂胶。环氧树脂胶随用随配并调制。

（5）压浆

管道压浆的目的是保证预应力筋不受腐蚀。目前的工艺是先用高压水检查管道的畅通、匹配面的密贴情况以及封端情况后再进行正式压浆，直到出浆口出浓浆。封闭出浆口持压3～5min，以保证水泥浆尽量充满管道。

压浆是在局部封锚后进行的，除了保证封端质量外，须在水泥浆中加入适量微膨胀剂，选取合适的配合比，这样既能使压浆工作顺利进行，又能使凝固后的水泥浆尽量充满管道，尽可能地排出管道内的水和空气，避免力筋受蚀。

（6）合龙段施工

用悬臂施工法建造的连续刚构桥、连续梁桥需在跨中将悬臂端刚性连接、整体合龙。合龙段施工有现浇和拼装两种方法，现浇方法与悬浇中跨合龙段施工方法相同，拼装方法与简支梁板的安装相同。

第五节　桥面及附属工程施工技术

一、桥梁支座的施工

（一）桥梁支座概述

桥梁支座是桥梁结构的一个重要组成部分。但是由于它在桥梁工程造价中所占比例很小，往往未引起工程技术人员的重视。

20世纪70年代以前，我国的公路、铁路桥梁上常不设支座或仅设置传统的钢支座。随着桥梁建设事业的发展，各种形式的桥梁陆续建成，对桥梁支座的承载力、支座适应线位移和转角能力的要求也不断提高，与之相适应的各种新型桥梁支座应运而生。

桥梁支座是连接桥梁上部结构和下部结构的重要结构部件。它能将桥梁上部结构的反力和变形（线位移和转角）可靠地传递给桥梁下部结构。同时，保证上部结构在荷载、温度变化、混凝土收缩徐变等因素作用下的自由变形，以便结构的实际受力情况与理论计算图示相符合，保护梁端和墩、台帽不受损伤。

梁支座必须满足以下功能要求：一是梁支座必须具有足够的承载能力，以保证安全可靠的传递支座反力；二是支座对桥梁变形（位移和转角）的约束应尽可能小，以适应梁体自由伸缩及转动的需要。此外，支座应便于安装、养护和维修，必要时可进行更换。

梁式桥的制作一般分为固定支座和活动支座。固定支座允许梁截面自由转动而不能移动，活动支座允许梁在挠曲和伸缩时转动与移动。针对桥梁跨径、支座反力、支座允许转动与位移不同，支座选用的材料不同，支座是否满足防震、减震要求不同，桥梁支座具有许多相应类型。

随着桥梁结构体系的发展，制作类型也相应地更新换代，过去一般针对小跨径桥梁或加工较烦琐的支座，如简易垫层支座钢板支座、钢筋混凝土摆柱式支座等已不常使用，代之的是以板式橡胶支座、盆式橡胶支座、球形钢支座、聚四氟乙烯滑板支座以及圆形板式橡胶支座等。

（二）不同种类的桥梁支座施工

1.板式橡胶支座安设

板式橡胶支座由多层橡胶片与薄壁板镶嵌、黏合、压制而成。安装前，应将垫块顶面清理干净，采用干硬性水泥砂浆抹平，且检查顶面标高是否满足设计要求。板式橡胶支座安装前还应对支座的长、宽、厚、硬度、容许荷载、容许最大温差及外观等进行全面检查，如不符合设计要求，则不得使用。

板式橡胶支座安装时，支座中心尽可能对准梁的计算支点，必须使整个橡胶支座的承压面上受力均匀。就位不准或与支座不密贴时，必须重新起吊，采取垫钢板等措施，并应使支座位置控制在允许偏差内，不得用撬棍移动梁、板。

为保证板式橡胶支座安装装置准确，支座安装应尽可能安排在接近年平均气温的季节里进行，以减小由于温差变化过大而引起的剪切变形。梁、板安装时，必须细致稳妥，使梁、板就位准确且与支座密贴，勿使支座产生剪切变形；就位不准时，必须吊起重放，不得用撬棍移动梁、板。

当墩台两端标高不同，顺桥向或横桥向有坡度时，支座安装必须严格按设计规定办理。支座周围应设排水坡，防止积水，并注意及时清除支座附近的尘油脂与污垢等。

2.球形支座的安设

球形支座各向转动性能一致，适用于弯桥、坡桥、斜桥、宽桥及大跨径球形支座无承重橡胶块，特别适用于低温地区。

支座出厂时，应由生产厂家将支座调平，并拧紧连接螺栓，防止支座在安装过程中发生转动和倾覆。支座可根据设计需要预设转角及位移，但施工单位应在订货前提出预设转角及位移量的要求，由生产厂家在装配时预先调整好。

支座在安装前方可开箱，并检查装箱清单，包括配件清单、检验报告复印件、支座产品合格证书及支座安装养护细则。施工单位开箱后，不得任意转动连接螺栓，并不得任意拆卸支座。支座安装高度应符合设计要求，保证支座平面的水平及半整。支座支承面四角高差不得大于2mm。

下支座板与墩台采用螺栓连接时，应先用钢楔块将下支座板四角调平，高程、位置应符合设计要求，用环氧砂浆灌注的脚螺栓孔及支座底面垫层。环氧砂浆硬化后，方可拆除四角钢楔，并用环氧砂浆填满楔块位置。当下支座板与墩台采用焊接连接时，应对称、间断地将下支座板与墩台上预埋钢板焊接。焊接时应采取防止烧伤支座和混凝土的措施。

当梁体安装完毕，或现浇混凝土梁体达到设计强度后，在梁体预应力张拉之前，应拆除上、下支座板连接板。

3.盆式橡胶支座

盆式橡胶支座是钢构件与橡胶组合而成的新型桥梁支座，具有承载能力大、水平位移量大、转动灵活等特点，适用于支座承载力为 1000kN 以上的跨径桥梁，也适用于城市、林区、矿区的桥梁。

盆式橡胶支座构造简单、结构紧凑、滑动摩擦系数小、转动灵活。其与一般铸钢辊轴支座相比，具有重量轻、建筑高度低、加工制造方便、节省钢材、降低造价等优点。其与板式橡胶支座相比具有承载能力大、容许支座位移量大、转动灵活等优点。因此，盆式橡胶支座特别适宜在大跨径桥梁上使用。

支座规格和质量应符合设计要求，支座组装时其底面与顶面（埋置于墩顶和梁底面）的钢垫板必须埋置稳固。垫板与支座间应平整密贴，支座四周不得有 0.3mm 以上的缝隙，严格保持清洁。活动支座的聚四氟乙烯板和不锈钢钢板不得有刮伤、撞伤。氯丁橡胶板块密封在钢盆内，要排除空气，保持紧密。

安装前，将支座各相对滑移面用清洁剂仔细擦洗，擦净后在四氟滑板的储油槽内注满硅脂类润滑剂并保持清洁。盆式橡胶支座的顶面和底板可用焊接或锚固螺栓栓接在梁体底面和垫石顶面的预埋钢板上。

焊接时，应防止烧坏混凝土；焊接完成后，应在焊接部位作防锈处理。安装锚固螺栓时其外露螺杆的高度不得大于螺母的厚度。对于支座安装的顺序，宜首先将上座板固定在大梁上，其次根据其位置确定底盆在墩台的位置，最后固定。

支座的安装标高应符合设计要求，中心线与梁的轴线重合，水平最大位移差不超过2mm。

安装固定支座时，上下各部件的纵轴线必须对正；安装活动支座时，上下纵轴线必须对正，横轴线应当根据安装时的温度与年平均温度的差，由计算确定其错位的距离；支座上的上下导向挡块必须平行，最大偏心的交叉角不得大于5°。

二、桥面铺装层施工

（一）水泥混凝土桥面铺装层施工

水泥混凝土桥面铺装层的施工工艺：施工准备工作→安装模板→桥面钢筋绑扎→混凝土制备→混凝土运输→桥面混凝土浇筑→接缝施工→表面修整→养护。下面将对部分施工要点进行介绍：

1.梁顶标高的测定和调整

预应力混凝土空心板或大梁在预制后存梁期间，由于预应力作用，往往会产生反拱。如果反拱过大，会影响桥面铺装层的施工。因此，设计中对存梁时间、存梁方法都做了一定要求。

如果架梁前已发现反拱过大，则应采取降低墩顶标高、减少垫石厚度等方法来保证铺装层厚度。架梁后应对梁顶标高进行测量，测定各跨中线、边线的跨中和墩顶处的标高，分析评价其是否满足规范要求。若偏差过大，则应采取调整桥面标高、改变引线纵坡等方法，以保证铺装层厚度，使桥梁上部结构形成整体。

2.绑扎、布设表面钢筋网

桥面钢筋应根据设计要求和相关规定进行绑扎。正交桥必须注意放正钢筋，斜交桥桥面钢筋应按图纸规定方向放置。所有钢筋均应正确留设保护层厚度。采用双层钢筋网时，两层钢筋之间应有足够数量的定位撑筋，以保证两层钢筋的位置正确。

在两跨连接处，若桥面为连续构造，应再布设桥面连续的构造钢筋；若为伸缩缝，要注意做好伸缩缝的预埋钢筋。

3.混凝土浇筑

对板顶处理情况、钢筋网布设情况进行检查。当其满足设计和规范要求后，即可浇筑混凝土。若设计为防水混凝土，其配合比及施工工艺应满足规范要求。

浇筑铺装层时，为防止与钢筋变位，因此不得在钢筋上搁置重物，不得让运料小车在钢筋网上推运，不得让人员在钢筋网上行走践踏。若必须在钢筋上通行，可搭设支架架空走道。在浇筑过程中，应随时注意纠正钢筋位置。

浇筑混凝土时，宜从下坡向上坡进行，注意要连续施工，以防止产生施工缝。混凝土振捣时，首先用插入式振捣器沿模板边角均匀插捣，其次用平板振捣器对中间部分混凝土进行振捣，直至混凝土不再下沉，最后用振动梁进行粗平。

水泥混凝土桥面施工可采用真空脱水工艺，脱水后还应进行表面平整和提浆。如不采用真空脱水工艺，应用抹子反复抹面直至表面平整、无泌水为止，必须符合设计规定，面层必须平整、粗糙。如果桥面纵坡较大，则必须采取防滑措施。第二次抹平后，应沿横坡方向拉毛或采用机具压槽，拉毛和压槽深度应为1~2mm。浇筑完后待表面有一定硬度时即可开始养生。常用的养生方法为覆盖草麻袋、草帘、塑料薄膜、土工布等并洒水。

（二）沥青混凝土桥面铺装层施工

1.浇洒黏层

沥青工艺要求如上所述，黏层沥青应均匀洒布（亦可涂刷），浇洒过量的局部地段或积聚油量较多时应予以刮除。当气温低于10℃或水泥混凝土桥面层潮湿（或不洁）时，桥面不得浇洒黏层沥青。浇洒黏层沥青后，严禁除沥青混合料运输车以外的其他车辆、行人通过。黏层沥青洒布后，应紧接着铺筑沥青混凝土面层，但乳化沥青应等待破乳、水分蒸发完后再铺筑。洒布沥青黏层前宜在路缘石上方涂刷石灰水或粘贴保护纸张，以免沥青沾染缘石。

2.伸缩缝处理

铺筑沥青面层时，伸缩缝处理宜用黄沙等松散材料临时铺垫与水泥混凝土顶面相平，沥青混凝土面层可连续铺筑，铺筑完成后再按所用伸缩缝装置的宽度，画线切割，挖除伸缩缝部分的沥青混凝土后再安装伸缩装置。

3.热拌沥青混合料的运输

沥青混凝土面层铺筑用沥青混合料应采用较大吨位的自卸汽车运输，车厢应清扫干净。为防止沥青与车厢板黏结，车厢侧板和底板可涂一薄层油水混合液（柴油与水比例可为1：3），但不得有余液积聚在车厢底部。运料车应用篷布覆盖，用以保温、防雨、防污染，夏季运输时间短于0.5h时，亦可不加覆盖。

连续摊铺过程中，运料车应在摊铺机前10～30cm处停住，不得撞击摊铺机；卸料过程中运料车应挂空挡，靠摊铺机推动前进。沥青混合料运至摊铺地点后应凭运料单接收并检查拌和质量及温度要求，遇有已经结成团块或遭遇淋湿的混合料不得铺筑在桥面、道路上。

4.沥青混凝土面层的铺筑

铺筑沥青混凝土面层应采用机械摊铺，应以伸缩缝的间距确定一次铺筑长度，要求在相邻两条伸缩缝之间尽量不设施工缝。桥面的宽度宜在1d内铺筑成，每次铺筑的纵向接缝宜在上次铺筑的沥青混凝土的实际温度未降至100℃时予以接缝铺筑并碾压。

　　根据混凝土桥面层的平整度、沥青混凝土面层的厚度和结构层次决定是一次铺筑还是两次铺筑。沥青混凝土面层厚度大于6cm时，宜采用两次铺筑以提高沥青混凝土面层的平整度。沥青混合料必须缓慢、均匀、连续不断地摊铺，摊铺过程中不得随意变换速度或中途停顿。摊铺速度一般控制在2～6m/min，可根据沥青混合料供应及机械配套情况及摊铺层厚度、宽度确定。

　　摊铺好的沥青混合料应随即碾压（碾压方法、要求可参照沥青路面施工有关规定）。如因故不能及时碾压或遇雨时，应停止摊铺，并对卸下的沥青混合料覆盖保温。

　　当先铺筑的沥青混凝土的实际温度降至80℃以下时，后铺筑的沥青混凝土应按冷接缝方法处理，即铁刨接缝处的沥青混凝土，要求接缝顺直。

　　纵缝的铁刨宽度宜为20～30cm，横缝的铁刨宽度应用直尺测量后决定，一般不宜小于100cm。如无铁刨机时，可按画线用切缝机切割后再凿除。

　　沥青混凝土面层的铺筑和碾压宜从下坡向上坡进行。施工车辆和施工机械不允许停留在新铺装的沥青混凝土面层上，也不允许柴油之内的油料滴漏在沥青混凝土面层上，以免引起沥青混凝土软化、壅包。当采用刻槽方式增加沥青混凝土铺装层与混凝土桥面的啮合，提高其抗滑能力时，刻槽的宽度宜为20mm，槽间距宜为20m，槽深宜为3～5mm。

第六章

公路工程项目管理

第一节　公路工程施工项目的质量管理与设备管理

一、公路工程施工项目质量管理

（一）质量管理原则

1.以顾客为关注焦点

组织（从事一定范围生产经营活动的企业）依存于其顾客。组织应理解顾客当前和未来的需求，以满足顾客要求并争取超越顾客的期望。

2.领导作用

领导者确立本组织统一的质量宗旨和方向，并营造和保持使员工充分参与实现组织目标的内部环境。因此，领导在企业的质量管理中起着决定性作用。只有领导重视，各项质量活动才能有效开展。

3.全员参与

各级人员都是组织之本，只有全员充分参与，才能使他们的才干为组织带来收益。产品质量是产品形成过程中全体人员共同努力的结果，其中也包含为他们提供支持的管理、检查、行政人员的贡献。企业领导应对员工进行质量意识等各方面的教育，激发他们的积极性和责任感，为其能力、知识、经验的提高提供机会，发挥创造精神，鼓励持续改进，给予必要的物质和精神奖励，使全员积极参与，为达到让顾客满意的目标而奋斗。

4.过程方法

将相关的资源和活动作为过程进行管理，可以更高效地得到期望的结果。任何使用资源生产的活动和将输入转化为输出的一组相关联的活动都可视为过程。一般在过程的输入端、过程的不同位置及输出端都存在可以进行测量、检查的机会和控制点，对这些控制点实行测量、检测和管理，便能控制过程的有效实施。

5.管理的系统方法

将相互关联的过程作为系统加以识别、理解和管理，有助于组织提高实现其目标的有效性和效率。不同企业应根据自己的特点，建立资源管理、过程实现、测量分析改进等方面的关联关系，并加以控制。即采用过程网络的方法建立质量管理体系，实施系统管理。一般建立实施质量管理体系包括：①确定顾客期望；②建立质量目标和方针；③确定实现目标的过程和职责；④确定必须提供的资源；⑤规定测量过程有效性的方法；⑥实施测量，确定过程的有效性；⑦确定防止不合格并清除产生原因的措施；⑧建立和应用持续改进质量管理体系的过程。

6.基于事实的决策方法

有效的决策应建立在数据和信息分析的基础上，数据和信息分析是事实的高度提炼。以事实为依据做出决策，可防止决策失误。因此，企业领导应重视数据信息的收集、汇总和分析，以便为决策提供依据。

7.与供方互利的关系

组织与供方是相互依存的，建立双方的互利关系可以增强双方创造价值的能力。供方提供的产品是企业提供产品的一个组成部分。处理好与供方的关系，涉及企业能否持续稳定地为顾客提供满意产品的重要问题。因此，对供方不能只讲控制，而不讲合作互利，特别是关键供方，更要建立互利关系，这对企业与供方双方都有利。

（二）施工准备阶段的质量管理

施工准备阶段的质量管理是指项目正式施工活动开始前及项目开工后，对各项准备工作及影响质量的各因素和有关方面进行的各种控制活动。施工准备是为保证施工生产正常进行而必须事先做好的管理工作。施工准备工作不仅在工程开工前要做好，而且应贯穿于整个施工过程中。施工准备的基本任务就是为施工项目建立一切必要的施工条件，确保施工生产顺利进行，确保工程质量符合要求。

1.员工质量教育与培训

教育培训和其他措施可以提高员工的能力，增强质量和顾客意识，使员工满足所从事的质量工作对能力的要求。项目领导班子应着重以下几个方面的培训：①质量意识教育；②充分理解和掌握质量方针和目标；③质量管理体系有关方面的内容；④质量保持和持续改进意识。

可以通过面试、笔试、实际操作等方式检查培训的有效性。另外，还应保留员工的教育、培训及技能认可的记录。

2.制订施工质量计划

施工质量计划必须有规定的活动内容，有进度、有分析、有检验、有成果表达，要求责任部门认真对待，保质、保量、按期完成。对施工质量计划安排的合理性进行分析，并检查质量完成的内容及可行性。

施工质量计划的审批。施工单位的项目施工质量计划编成后，应按照工程施工管理程序进行审批，包括施工企业内部的审批和项目监理机构的审查。企业内部的审批由项目经理部主持编制，然后报企业组织管理层批准。监理工程师的审查是项目监理机构在工程开工前，总监理工程师应组织专业监理工程师审查承包单位报送的施工组织设计（方案）报审表，提出意见，并经总监理工程师审核、签字确认后报建设单位。

3.施工组织设计文件的审核

施工方案的合理与否关系到工程实施的可行性以及质量的好坏。在开工前组织员工进行图纸会审，认真研究施工方案，集思广益，共献良策，制定多种方案，从中选择最适合的方案，按照方案制定各个工序的作业指导书，在施工生产前对责任人交底，并将各项要求传达到每个施工岗位上，做到责任到人、层层监督。对施工方案的审核主要包括以下内容：①全面正确地分析工程特征、技术关键及环境条件等资料，明确质量目标、验收标准、控制的重点和难点。②制定合理有效的有针对性的施工技术方案和组织方案，前者包括施工工艺、施工方法，后者包括施工区段划分、施工流向及劳动组织等。③合理选用施工机械设备和施工临时设施，合理布置施工总平面图和各阶段施工平面图。选用和设计保证质量与安全的模具、脚手架等施工设备。④编制工程所采用的新材料、新技术、新工艺的专项技术方案和质量管理方案。

4.施工机械的质量管理

施工机械设备、设施、工器具等施工生产手段的配置及其性能，对施工质量、安全、进度和施工成本有重要影响，合理选择施工机械设备是保证施工质量的重要措施。

（1）对施工所用的机械设备，应根据工程需要，从设备选型、主要性能参数及使用操作要求等方面加以控制。

（2）模板、脚手架等施工设施，除按适用的标准定型选用外，一般需要按设计及施工要求进行专项设计，对其设计方案及制作质量的控制及验收应作为重点进行控制。

（3）按现行施工管理制度要求，工程所用的施工机械、模板、脚手架，特别是危险性较大的现场安装的起重机械设备，施工单位不仅要履行设计安装方案的审批手续，而且安装完毕启用前必须经专业管理部门验收，合格后方可使用。同时，在使用过程中尚需落实相应的管理制度，以确保其安全正常使用。

5.材料设备的质量管理

建筑材料、构配件和设备是直接构成工程实体的物质，应从施工备料开始进行控制，包括对供货厂商的评审、询价、采购计划与方式的控制等。因此，必须有健全有效的采购控制程序，必须将采购计划报送工程监理机构进行审查，实施采购质量预控。材料在选用时，优先采用节能降耗的新型建筑材料，禁止使用国家明令淘汰的建筑材料。建筑材料或工程设备在使用前应进行以下检查：是否有产品质量检验合格证明；是否有中文标明的产品名称、生产厂名和厂址；产品包装和商标式样是否符合国家有关规定与标准要求；工程设备是否有产品详细的使用说明书，电气设备还应附有线路图；实施生产许可证或实行质量认证的产品，是否有相应的许可证或认证证书。

6.设计交底和图纸审核的质量控制

设计图纸是进行质量控制的重要依据。为了使施工单位熟悉有关的设计图纸，充分了解拟建项目的特点、设计意图和工艺与质量要求，减少图纸的差错，消灭图纸中的质量隐患，需要做好设计交底和图纸审核工作。设计交底是指在施工图完成并经审查合格后，设计单位在设计文件交付施工时，按法律规定的义务就施工图设计文件向施工单位和监理单位做出详细的说明。其目的是对施工单位和监理单位正确贯彻设计意图，使其加深对设计文件特点、难点、疑点的理解，掌握关键工程部位的质量要求，确保工程质量。设计交底时主要将以下内容向相关单位进行说明：①地形、地貌、水文气象、工程地质及水文地质等自然条件；②施工图设计依据，包括初步设计文件，规划、环境等要求，以及设计规范；③设计意图，包括设计思想、设计方案比较、基础处理方案、结构设计意图、设备安装和调试要求、施工进度安排等；④施工注意事项，包括对基础处理的要求、对建筑材料的要求、采用新结构和新工艺的要求，以及施工组织和技术保证措施等。

图纸审核的主要检查内容包括：①对设计者的资质进行认定；②设计是否满足抗震、防火、环境卫生等要求；③图纸与说明是否齐全；④图纸中有无遗漏、差错或相互矛盾之处，图纸表示方法是否清楚并符合标准要求；⑤地质及水文地质等资料是否充分、可靠；⑥所需材料来源有无保证，能否替代；⑦施工工艺、方法是否合理，是否切合实际，是否便于施工，能否保证质量要求；⑧关于施工图及说明书中涉及的各种标准、图册、规范、规程等，施工单位是否具备。

7.采购质量控制

采购质量控制主要包括对采购产品及其供方的控制，制定采购要求和验证采购产品。建设项目中的工程分包也应符合规定的采购要求。

（1）物资采购应符合设计文件、标准、规范、相关法规及承包合同等要求，如果项目部另有附加的质量要求，也应予以满足。对于重要物资、大批量物资、新型材料以及对工程最终质量有重要影响的物资，可由企业主管部门对可供选用的供方进行逐一评价，并确定合格供方名单。

（2）采购要求是采购产品控制的重要内容。采购要求的形式可以是合同、订单、技术协议、询价单及采购计划等。采购要求包括有关产品的质量要求或外包服务要求；有关产品提供的程序性要求，如供方提交产品的程序、供方生产或服务提供的过程要求、供方设备方面的要求；对供方人员资格的要求；对供方质量管理体系的要求。

8.明确关键部位的质量控制点

施工质量控制点是施工质量管理的重点控制对象。质量控制点应该对技术要求高、施工难度大、对工程质量影响大的对象进行设置。一般选择下列部位或环节作为质量控制点：①施工过程中的重要项目、薄弱环节和关键部位；②影响工期、质量、成本、安全、材料消耗等重要因素的环节；③新材料、新技术、新工艺的施工环节；④质量信息反馈中缺陷频数较多的项目。

（三）施工过程的质量管理

1.认真做好施工技术交底工作

公路工程施工项目的施工技术交底是在项目开工前由主管技术领导向参与施工的人员进行的技术性交底，其目的是使施工人员对工程特点、技术质量要求、施工方法与措施等方面有一个较详细的了解，以便于科学地组织施工，避免技术质量等事故的发生。施工技术交底是施工组织设计和施工方案的具体化，施工技术交底的内容必须具有可行性和可操作性。

施工技术交底内容在公路工程项目开工前，必须认真做好施工技术交底工作，施工总承包方和监督机构要对施工技术交底进行监督。施工技术交底的内容包括：①承包合同中有关施工技术管理和监理办法，合同条款规定的法律、经济责任和工期；②设计文件、施工图及说明要点等内容；③分部、分项工程的施工特点，质量要求；④施工技术方案；⑤工程合同技术规范、使用的工法或工艺操作规程；⑥材料的特性、技术要求及节约措施；⑦季节性施工措施；⑧安全、环保方案；⑨各单位在施工过程中的协调配合、机械设备组合、交叉作业及注意事项；⑩试验工程项目的技术标准和采用的规程。

施工技术交底形式及方式。施工技术交底形式有书面、口头、会议、挂牌、样板、示范操作等。其方式主要包括以下几点：项目经理部的技术交底工作由项目经理组织，项目总工程师主持实施；工长（技术负责人）负责组织向本责任区内的班组交底。

2.加强公路工程施工测量控制

公路工程施工测量放线是公路工程产品由设计转化为实物的第一步，制约施工过程中各有关环节的质量、进度，施工测量质量的好坏直接决定工程的定位和标高是否正确，并且制约施工过程有关工序的质量。因此，施工单位在开工前应编制测量控制方案，经项目技术负责人批准后实施。对建设单位提供的原始标点、基准线和水准点等测量控制点进行复测，并将复测结果上报监理工程师审核，经批准后施工单位才能建立施工测量控制网，进行工程定位和标高基准的控制。公路工程施工项目管理在实际施工过程中，也必须加强工程测量管理，采取切实可行的措施，全方位地做好施工测量放线工作，以保证和提高施工质量。

3.加强公路工程计量控制

公路工程计量是投资控制的中心环节，也是对工程项目建设质量、进度控制的有力手段，是按照相关技术规范规定的方法对承包商符合要求的已完工工程的实际数量所进行的测量、计算、核查和确认的过程。

公路工程计量的组织类型包括以下几点：①监理工程师独立计量，计量工作由监理工程师单独承担，然后将计量的记录报送承包人。若承包人对计量有异议，可在七日内以书面形式提出，再由监理工程师对承包商提出的质疑进行复核，并将复议后的结果通知承包人。②承包人进行计量，由承包人对已完工的工程进行计量，然后将计量的记录及有关资料报送监理工程师核实确认。③监理工程师与承包人共同计量，在进行计量前，由监理工程师通知承包人计量的时间与工程部位，然后由承包人派人同监理工程师共同计量，计量后双方签字认可。

公路工程计量原则包括：①按照合同应计量的所有工程细目，应以公制的物理计量单位或习惯的自然计量单位进行计量。②确定按合同完成的工程数量所采用的量测和计算方法，如在有关部分未做具体规定，应符合我国公路工程的习惯做法。③一切工程的计量，应由承包人提供符合精度要求的计量设备和条件，并由承包人计算后报监理工程师审核确认。④凡超过了图纸所示或监理工程师指示或同意的任何长度、面积或体积，都不予计量。全部必需的模板、脚手架、装备、机具和联结螺栓、垫圈等其他材料，应包括在其他支付细目中，不单独计量。⑤如果规范规定的任何分项工程或其细目未在工程量清单中出现，则应被认为是其他相关工程的附属义务，不再单独计量。

4.加强公路工程工序施工质量控制

公路工程项目的施工过程是由一系列相互关联、相互制约的工序所构成的，工序质量是基础，直接影响着工程项目的整体质量。要控制公路工程项目施工过程的质量，首先必须控制工序的质量。因此，工序的质量控制是施工阶段质量控制的重点。只有严格控制工序质量，才能确保施工项目的实体质量。①严格遵守工艺规程施工工艺和操作规程，不仅是进行施工操作的依据和法规，也是确保工序质量的前提，任何人都必须严格执行，不得违反。②主动控制工序活动条件的质量，工序活动条件包括的内容较多，主要是指影响质量的五大因素，即施工操作者、材料、施工机械设备、施工方法和施工环境等。只要将这些因素切实有效地控制起来，使它们处于被控制的状态，确保工序投入品的质量，避免系统性因素变异发生，就能保证每道工序质量正常、稳定。③及时检验工序活动效果的质量，工序活动效果是评价工序质量是否符合标准的尺度。因此，必须加强质量检验工作，对质量状况进行综合统计与分析，及时掌握质量动态。一旦发现质量问题，立即研究处理，自始至终使工序活动效果的质量满足规范和标准的要求。④设置工序质量控制点，控制点是指为了保证工序质量需要而进行控制的重点、关键部位、薄弱环节，以便在一定时期内、一定条件下进行强化管理，使工序处于良好的控制状态。

5.加强公路工程施工质量检查

施工质量检查是贯穿整个施工过程的最基本的质量控制活动，包括施工单位内部的工序质量检查、互检、专检和交接检查，以及现场监理机构的旁站检查、平行检查等。施工现场质量检查是公路工程施工过程质量管理的主要手段。公路工程施工现场质量检查形式有观察、测量、试验、分析、监督、总结提高等。

现场质量检查的内容主要包括以下几点：①开工前检查，目的是检查是否具备开工条件，开工后能否连续正常施工，能否保证工程质量。②工序交接检查，对重要工序或对工程质量有重大影响的工序，在自检、互检的基础上，还要组织专职人员进行工序交接检查。③隐蔽工程检查，凡是隐蔽工程均应检查认证后方能掩盖。④停工后复工前的检查，因处理质量问题或某种原因停工后需复工时，也应经检查认可后方能复工。⑤分项、分部工程完工后，应经检查认可，签署验收记录后才允许进行下一工程项目施工。⑥成品保护检查，检查成品有无保护措施，或保护措施是否可靠。

6.加强公路工程成品保护的管理

对公路工程项目已施工完的成品进行保护，目的是避免已施工完的成品受到来自后续施工以及其他方面的污染或损坏。已施工完的成品保护问题和相应措施，在工程施工组织设计与计划阶段就应该从施工顺序上进行考虑，防止因施工顺序不当或交叉作业造成相互干扰、污染和损坏；成品形成后可采取防护、覆盖、封闭、包裹等相应措施进行保护。

二、公路工程施工项目的设备管理

（一）公路工程施工设备的使用管理原则

机械设备在一定的条件下能否得到合理的使用，关键在于使用管理中执行"人机固定"的管理原则。定机、定人、定岗位责任制（简称三定制度）就是人机固定原则的具体化。

1.三定制度的实施

①凡是多人多班作业或单人多班作业的机械设备，均应以机械为单位，任命一人为机长，其余人员则为机组人员，在机长领导下共同对机械负责。任命机长应有一定的形式，以示慎重，而且轻易不要更换。②一人一机单班作业的机械设备，或是一人管理多台的机械设备，驾驶员就是机长，对机械负全责。③一些小型设备不可能有专职操作或保修人员，应固定在班组中，由班组长对机械负责，并实行班组长领导下的分工负责制。机械设备在建制单位内部调拨流动时，原则上规定定机人员应随机调动。④要注意技术培训工作，消灭机多人少的现象。否则，由于人手不够，很容易造成临时用非定机人员支援操作，或使用不合格人员，从而打乱了三定制度。

2.三定操作人员的职责

在三定制度内部，要明确机组人员与机长的职责和班与班之间的责任。

机组人员的责任：努力钻研技术，熟悉本机的构造原理、技术性能、安全操作规程及保养规程等，要具有过硬的技术本领；正确操作使用机械设备，发挥机械效率，完成各项指标，保证安全生产及降低各项消耗；认真执行每班例行的保养工作，使机械设备经常处于清洁、润滑良好、调整适当、紧固件无一松动的状态，经常检查设备的附件和附具，保持其完好无损；及时、准确地填写各项运行记录，并保持其完整及完好；认真执行以岗位责任制为中心的各项管理制度。

机长责任制。机长是不脱产的，因此机长本身就是操作人员之一。机长除了作为一名操作工人应完成上述各项任务外，还应做到以下几点：①督促、检查全组人员对机械设备的合理使用及定期保养工作；②检查及汇总各项运行记录；③对本机组人员的技术考核提出意见；④搞好本机组内及其他机组之间的团结协作与劳动竞赛。

多班制作业的机械设备。班与班之间的交接班规定。为了使多班作业的机械设备不至于由于班与班之间交接不清而发生操作事故、附件丢失或责任不清等现象，必须建立交接班制度作为岗位责任制的组成部分。机械设备交接班时，首先应由交方填写交接班记录，并做口头补充介绍，经接方核对相符并签收后方能下班。

3.施工机械运输安装与试运转

机械在施工前或使用过程中，经常要从基地或厂队运出或运入，此时必须进行运送工作。

（1）机械运输的方法

根据运送方式不同，机械运输可分为陆运、水运和空运。根据公路施工机械的特点，其中陆运是最常用的方法。根据运输道路不同，陆运可分为公路运输和铁路运输。公路运输又可按其机械本身结构和运送方式的不同，分为自行式机械自驶、用牵引车拖运或大平板车装运等方式。

（2）机械运输方法的选择

机械运输方法的选择必须从机械本身的结构要求、机械使用时间、运输路程长短、起讫地点的装卸设备以及运输费用等各方面进行考虑。自行式机械自驶是最方便和经济的，但必须是轮胎式机械。

安装施工设计包括以下步骤：①初步设计草拟安装方法、各个总成与部件的安装简图及安装的总平面图，所需要的安装机械、设备与劳动力等；②施工图安装部件的外形尺寸、质量以及气候与土的条件应予考虑。要拟定安装方法，做好安装前的准备工作，确定安装用机械设备。安装前的准备工作包括修筑临时运输公路、平整场地、搭盖机房和机棚、运料和卸料等。准备工作完成后，根据安装的总平面图确定安装位置和设备安装中心线，预制安装基础。机械安装到基础上以后，应进行调平，调平后固定。在完全消除所发现的故障现象后，机械才能进行负荷试运转，负荷应由小到大直至满载，待一切正常后即可交付使用。

4.机械的试运转

为了更好地摸清机械质量和工作能力，必须进行机械试运转。机械的试运转分为无负荷试运转、有负荷试运转及试运转后的检查三个步骤。

（1）无负荷试运转

无负荷试运转主要是检查机械各部分连接的紧固和运转情况，保证试验操纵、调节、控制系统以及安全装置的使用。

（2）有负荷试运转

有负荷试运转是机械出厂验收的重要内容，其目的是通过有负荷试运转，以确定机械的动力性能、经济性能、运转情况以及操作、调整控制和安全等装置的作用是否达到运用的要求。有负荷试运转必须具备检测生产能力、转速、振动、温度及油耗等所必需的试验设备，这些仪器设备制造厂和修理厂都具备。对于在用或调用的机械负荷试运转，一般可以根据经验统计法和随机驾驶员反映的情况进行核实，如核查机械使用记录。

（3）机械试运转后的检查

机械经过无负荷、轻负荷或重负荷运转后，各部件都受到强度和稳定性的考验，故必须对各部分可能产生的变形、松动及密封性等情况进行彻底检查。内燃机装备的施工机械试运转后，运转情况一般应符合下列要求：柴油机运转正常，无异常声响；离合器的分离和接合正常，不发抖、不打滑、无异响；变速箱、分动箱以及各传动部分不跳挡、不漏油、不过热、无异响；制动器的制动鼓与摩擦片磨损均匀，制动效率符合要求；行走机构行驶平衡，不跑偏，转向灵活、准确、轻便，无剧烈振动或晃动，轮式机械车轮不偏拖，履带式机械不啃轨、不脱轨；操纵机构及安全装置动作灵敏可靠；工作装置效率不降低，运转正常，不发生破裂，无严重磨损和不正常的运转声响；机架、机身不松动和变形。

5.施工机械运行工况与技术服务措施

机械设备的合理使用与实际运行工况有直接的关系，不合理使用的运行工况大致有以下几种情况。

（1）低载、低负荷使用。就是所谓的"大马拉小车"，这是机械设备低效使用的常见现象。

（2）降低性能范围使用。企业从装备管理角度出发，以综合效益最佳为原则选用的机械如果降低性能范围使用，会使原来的设想无法实现（本来可以实现），使综合效益下降，机械投资的很大一部分被白白浪费。

（3）超载、超负荷使用。机械设备的超载或超负荷使用，不仅会造成零部件的过度磨损，缩短机械寿命，而且会导致主要受力部位的永久性变形，甚至损坏机械。在公路施工过程中应杜绝超载、超负荷现象。

（4）超性能范围使用机械设备从事有害的、超过原设计性能范围以外的作业项目，使机械损坏严重。例如，履带式推土机原来是一种铲土设备，但由于机械振动及履带板传振机能的关系，在砂质土上对40～60cm深度范围内的土层有较好的压实作用，但这种压实作用只能作为在工地上铲土、运土过程中的一种副作用，而不能将推土机作为一种压实机械使用。

6.机械设备大检查

机械设备大检查的分类机械设备检查分为日常检查、定期检查和年度检查。在施工季节中，日常检查一般按月进行，主要把握机械的运行性状态。通过听、看、查、问、试的形式，对操作和保修人员平时的保养与小修工作进行监督，促使驾驶员自觉地贯彻执行保养制度，合理地使用机械，保证施工不受影响。年度检查是每年进行一次、自上而下、逐级开展的全面性的检查和评比活动，通常在年中或年末进行。它是积累机械技术状况动态数据和经营绩效资料的重要工作。通过检查发现问题、纠正问题，以达到表彰先进和交流经验的目的。

机械设备检查的主要内容：①检查各级机构、人员配备、规章制度的建立与执行情况；②检查主要机械设备的使用、保养情况，以及三率指标（完好率、利用率、效率）的完成情况；③检查技术档案及其他技术资料的管理和使用情况；④检查经济核算建立、推广及实际效果；⑤检查维修计划的执行、保养修理质量和配件管理情况；⑥检查机械设备的挖潜、革新、改造情况；⑦检查节约能源的措施、方法和效果。

（二）施工机械油料

1.燃料油

燃料油主要是柴油和汽油，公路施工机械主要使用柴油。柴油有重柴油与轻柴油之分。重柴油主要用于中、低速柴油机，轻柴油一般用于高速柴油机。轻柴油按其凝点分为10号、5号、0号、–10号、–20号、–35号和–50号七个牌号。

2.柴油机对轻柴油的要求

（1）柴油的燃烧性能用十六烷值表示。十六烷值越高，燃烧性能越好，但如果值过高则会使柴油机的油耗明显增大。柴油机转速越高，要求柴油的燃烧时间越短，应使用十六烷值高的柴油，否则会使柴油的燃烧恶化或燃烧不完全。

（2）供给和喷雾性能实际上是柴油的低温流动性与雾化性。它们直接影响供油和喷雾的状况，而决定这个性质的主要因素是柴油的黏度、浊点、凝点和冷滤点。

（3）水分和机械杂质也是评定柴油供给性能的指标。柴油中的水分在0℃以下容易结冰或生成小颗粒的冰晶，会冻结油管或堵塞过滤口，造成供油中断或供油不畅。

（4）腐蚀性柴油中含有的硫分、碱分、水分、灰分和残炭等杂物，这些都会对发动机的零件产生腐蚀作用，其中以硫分影响最大。使用硫分较多的柴油，不但容易增加发动机的腐蚀程度，而且由于含硫油料燃烧后生成硬质积炭，所以还会增加机械磨损度。

（5）柴油的闪点和燃点：闪点表示油料的蒸发倾向和安全性指标；燃点是油料蒸气与空气的混合气在引火后能继续燃烧不熄火的最低温度。

3.轻柴油的选用

（1）原则上要求柴油的凝点应略低于当地的最低气温，以保证在最低气温时不致凝结。

（2）柴油使用前要进行沉淀和滤清。

（3）从10号开始，牌号越低适用的地区越寒冷。例如，10号适用于有预热设备的高速柴油机；－50号适用于最低气温为－44～－29℃的地区，或供高寒地区严冬使用。

4.润滑油

（1）发动机润滑油使用性能分类，柴油机油按质量等级分为CA、CB、CD、CE、CF－4、CG－4六级，越往后其质量越好，即具有更好的防沉积、抗腐蚀、抗磨损和低排放等性能。

（2）内燃机油按黏度分类，冬用机油按－18℃时的黏度分为0W、5W、10W、15W、20W、25W（W是指低黏度）六个等级，春季、夏季用机油按100℃的黏度分为20W、30W、40W、50W、60W五个等级。对－18℃和100℃所测的黏度值只能满足其中之一者，称为单级油；同时能满足两个温度下黏度要求的机油称为多级油。例如，5W/20、10W/30、15W/30、20W/30等，分母表示100℃黏度等级，分子表示－18℃低温时黏度等级（以W表示）。

（3）内燃机油选用的一般原则是在保证液体润滑的条件下，尽量选用黏度小的润滑油，这样能减轻摩擦和磨损，节油、冷却和清洁作用好。柴油机油的选用要按施工机械使用说明书提供的质量等级和黏度牌号选用柴油机油：根据施工机械负荷和使用条件选择柴油机油的质量等级；根据气温选择柴油机油的黏度牌号，气温高时选黏度较小的机油，气温低时选黏度牌号中带有"W"字样的机油。"W"前数字较小的机油具有较好的低温流动性。

5.车辆齿轮油

车辆齿轮油的分类、牌号和规格。车辆齿轮油在我国车辆齿轮油中分为CLC、CLD和CLE三个使用级，分别相当于GL—3（普通车辆齿轮油）、Gl—4（中负荷车辆齿轮油）和GL—5（重负荷车辆齿轮油）。

车辆齿轮油的牌号在我国车辆齿轮油中分为70W、75W、80W、85W、90W、140W和250W七个黏度牌号。

6.液压油

液压油是液压系统传递动力的介质，也是相对运动零件的润滑剂，它除了传递动力外，还具有润滑、冷却、洗涤、密封和防锈等用途。液压油具有抗乳化性、消泡性、抗压缩性等使用性能。液压油分为石油基液压油和难燃液压油两大类。石油基液压油可分为普通液压油、专用液压油、抗磨液压油和高黏度指数液压油等。

7.润滑脂

润滑脂是在润滑油中加入稠化剂、稳定剂等制成的，按加入稠化剂的不同分为钙基、钠基、钙钠基、锂基及二硫化铝润滑脂等。润滑脂常温下为黏稠的半固体，一般润滑油占80%～85%，它的含量决定了润滑脂的润滑性。稠化剂是动植物油（如钙皂、钠皂等），它的作用是增加油的稠度。

润滑脂的牌号：①钙基润滑脂。钙基润滑脂按针入度分为1、2、3、4、5五个牌号，号数越大针入度越小，脂质越硬，滴点越高。②复合钙基润滑脂。复合钙基润滑脂按针入度分为1、2、3、4四个牌号。它具有良好的机械和胶体安定性，耐高温和极压性能好，有良好的抗水性，一般适用于较高温度范围和负荷较大以及经常在潮湿环境下工作的滚动轴承的润滑。③钠基润滑脂。钠基润滑脂按针入度分为2、3、4三个牌号。它具有很强的耐热性，可以在120℃高温条件下长时间使用，在熔化时不会降低其固有的润滑性能；已熔化的钠基润滑脂在冷却后能重新凝成胶状，搅拌后可继续使用；对金属的附着力强，可用于振动较大、温度较高的滚动或滑动轴承的润滑。④钙钠基润滑脂。钙钠基润滑脂又称为轴承润滑脂，按针入度分为1、2两个牌号。

（三）施工机械维修管理

1.施工机械故障维修

机械的故障率是指机械在单位作业时间内发生故障的次数。这一指标可以反映机械发生故障的频繁程度，也是评价机械可靠性的依据之一。

（1）早期故障期

早期故障期是指新机械或大修后的机械在最早使用时期内故障的变化规律，这一时期相当于机械的磨合期。在磨合的初始阶段，由于配合表面粗糙、材料缺陷、设计不合理、维修和制造工艺不合理等原因，故障率较高。随着磨合时间的延长，配合表面质量得到改善，有故障的部件得以更换，故障率逐渐降低。

（2）偶然故障期

偶然故障期是指机械经磨合后投入正常使用发生随机故障的时期，这一时期相当于机械的使用寿命。故障的发生是随机的，即没有一种特定的、起主导作用的故障。偶然发生的故障往往是由于使用不当、操作疏忽、管理不善、润滑不良、维护欠佳以及材料缺陷、结构不合理、设计不周等导致的。

（3）晚期故障期

晚期故障期是指机械经长期使用后技术状况变坏时其故障的变化规律，这一时期由于机械零件磨损、各处配合间隙增大、零件疲劳、材料老化等原因，随着使用时间的延长，故障率逐渐升高。根据机械故障变化的规律，使用、维护部门应把握时机，确定机械的使用极限点。在晚期故障期出现之前采取有效的维修措施，更换疲劳、老化、磨损的零件，可以使机械性能不致急剧恶化。

2.施工机械故障类型

机械技术状况变坏或丧失工作能力的现象称为机械故障。机械故障按其原因及性质不同可分为自然性故障和事故性故障两大类。自然性故障是指机械在使用中由于自然磨损、变形、老化、蚀损、疲劳等原因引起机械失去工作能力的现象；事故性故障是指机械由于意外事故而丧失工作能力的现象。施工机械发生故障后，其技术指标就会显著降低，如发动机功率下降，工作装置的工作能力降低，燃油及润滑油消耗量增加，以及主轴出现不正常的声响等。机械故障的表现形式多种多样，发生故障的原闵也大不相同，但归根结底是机械零件失效。

（1）零件的磨损

这是机械零件失效最普遍、最基本的形式。磨损性损伤主要是由摩擦引起的，凡是两个互相接触或与外界其他物体接触，而又具有相对运动的零件都会发生因摩擦引起的损坏。

（2）零件的疲劳与断裂

零件在交变应力作用下工作时间较长而出现裂纹、变形、折断等现象称为零件的疲劳损坏。疲劳断裂与静载荷下的断裂不同，其特点为破坏时的应力远低于材料的强度极限，甚至低于屈服极限。塑性材料和脆性材料零件在交变应力作用下的疲劳断裂都不会产生明显塑性变形，断裂一般是突然发生的，因此具有很大的危险性。

（3）热损伤

这种性质的损伤主要是零件在铸造焊接时，各部受力不均而引起的内应力，在使用中由于外界振动使内应力逐步释放而产生的变形或裂纹，最后导致零件损坏。

（4）零件的蚀损与老化

零件受周围介质作用而引起的损坏现象称为腐蚀，如化学腐蚀、电化学腐蚀。使用塑料、尼龙、橡胶等合成材料制成的零件经过一段时间的使用后，其表面质量、强度、硬度等性能都发生了很大变化的现象称为零件的老化。它们的特点是发展进程较缓慢，而且对零件的磨损、零件的疲劳与断裂有诱发或促进作用。

在以上不同类型的故障中，有的在零件制作过程中采取某种措施可以事先加以防止，也有的在设计过程中可以设法使其在正常情况下不致发生，但是摩擦磨损一般来说是无法绝对避免的，而且这种故障占有极大的比例。因此，机械设备的技术状况总是随着时间的延续而日趋恶化。

3.公路工程施工对机械维修的要求

公路工程的施工与养护受到许多客观条件的制约，如季节性条件、气候条件、材料供应条件、机械设备条件等。机械设备的可靠性、完好率等因素对现代公路的施工进度、施工成本、施工质量影响极大。

（1）季节性要求

公路工程施工受季节性条件的限制。例如，我国北方地区一般在每年5月以后才能铺筑路面，10月以后就不再进行路面施工，否则会因气温过低而影响路面施工质量。我国南方地区在梅雨季节不仅不能进行路面施工，甚至路基施工也不能正常进行。这就要求在非施工季节维修机械设备，使其技术性能恢复到最佳状态；而在施工季节则要求机械设备时刻保持良好的技术状况，否则将影响公路工程的正常施工。

（2）及时性要求

在公路施工中，特别是大规模机械化施工中，个别机械出现故障会影响整个工程的正常流水作业。因此，正常施工的机械一旦出现故障，必须在最短的时间内加以维护、修理，必要时甚至需要在夜间加班加点抢修机械设备，以保证正常的施工进度。

（3）现场维修要求

公路施工机械，特别是履带式机械，自转移能力较差，出现故障时最好就地维修，否则转移运输时间过长，不仅对公路工程施工进度影响较大，而且容易增加费用。因此，每个施工现场应拥有一定数量的机械维修技术人员和技术全面的修理工，配备相应的工程修理车及机动性较好的维修设备，在施工现场维护、修理有故障的机械设备，为施工机械设备提供技术服务，保证机械正常运行。

第二节　公路工程项目的安全管理与环境管理

一、公路工程项目的安全管理

（一）公路与桥梁工程施工安全管理的内涵

安全管理是施工企业生产管理的重要组成部分，是一门综合性的系统科学。安全管理的对象是生产中一切人、物、环境的状态管理与控制，是以实现生产过程安全为目的的现代化、科学化的管理。其基本任务是按照国家有关安全生产的方针政策、法律、法规的要求，从企业实际情况出发，构建企业安全生产长效管理机制，规范企业安全生产经营活动，采取相关的安全管理对策措施，以期科学地、前瞻地、有效地发现、分析和控制生产过程中的危险有害因素，同时制定相应的安全技术措施和安全管理制度，主动防范、控制事故和职业病的发生，避免、减少事故及所造成的损失。随着改革开放，特别是自20世纪90年代以来，我国加大了对公路建设的投资力度，使国家级高速公路和地方高等级公路迅猛发展，形成了比较完善的公路交通网络。然而在实际施工中由于不懂得安全生产管理，造成公路桥梁施工过程中发生安全事故，有的甚至会直接导致人员伤亡或财产的损失，给施工人员的生命和财产带来巨大损失。因此，如何确保公路工程特别是高速公路桥梁工程的施工安全，从而顺利实现交通建设跨越式发展，是当前一项重大的现实课题。

（二）路桥工程施工期间出现安全事故的原因

1.人为因素

因为人为影响而造成路桥施工安全管理出现问题的主要有如下三个方面：第一，施工人员自身安全意识淡薄，在执行相应的监督检查工作时不够严格，安全交底及安全教育工作不到位；第二，安全监管人员素质不够，不能发挥良好的管理作用；第三，施工人员在进行操作时未严格遵循相应的操作规范，导致出现安全事故。

2.技术因素

由于技术的缺陷会导致路桥施工中安全事故的发生，其中包括安全检查制度的缺失；出现紧急情况时，没有提前准备相应的应急方案或者实施的技术没有充分的安全保障；路桥项目的安全管理制度不完善，没有对应的职责机构，相应的职能部门缺失，或没有配备专门的安全管理人员。

3.机械因素

影响安全管理中的机械因素有对于设施器具等检查防护不到位，用电设备没有进行合理保护或者保养方法不适用，配备的安全装置出现失效、老化等现象都可能导致安全事故的发生。

（三）公路桥梁施工安全管理的准备工作

1.安全管理细则

公路桥梁施工安全管理需要所有人共同参与，在实际工程中选用个人轮流值班制度和集体巡视的方法实现现场管理和监督，以保证每一位施工人员和管理人员按照既定的安全管理细则开展工作。工作过程中安全管理小组成员应及时检查施工现场，及时发现安全隐患，制定整改措施，督促隐患排查治理。大多数施工项目设置在野外，施工环境较为恶劣，桥梁和隧道本身存在较大的安全风险，需要现场安全管理人员进行跟踪检查，掌握施工现场工作信息，对施工人员耐心教导，所有人员必须自觉遵守安全管理条例。

2.公路桥梁安全管理制度

公路桥梁施工过程中需要及时总结现场的安全管理情况，针对已有的安全管理问题或者安全隐患进行讨论，制定有效的应对措施，针对实践中的不合理现象加强修正和管理。施工安全管理制度需要在施工之前制定，在施工进度不断推进的同时，很可能出现背离安全管理规章制度的现象，导致一些安全管理制度不能满足实际生产要求，此时需要以人为本，对安全管理制度进行修改和完善，力求科学管理、统筹安排，进一步加强施工质量管理和安全管理。

3.安全管理日志

施工过程中做好相应的现场管理记录，妥善保管施工资料，安全管理日志不仅是对实际工程项目施工过程的记录，还可以为后期管理和维护提供宝贵的经验和资料。

4.安全管理会议

安全管理会议是重要的准备工作，在公路桥梁施工项目安全管理中发挥着重要的作用。其可以保证安全管理工作顺利进行，保证安全生产意识深入人心。在安全管理会议上，管理人员要针对实际工程中可能出现的问题开展讨论，明确公路桥梁安全管理工作的重要性，再次对安全管理工作细则进行分析和总结，在以往安全管理工作的指导下，作出适当的整改和优化。

（四）公路桥梁施工安全管理的主要方法

施工过程中的安全管理受到较多内外因素的影响，例如环境变化、人员变动和施工项目改变等，同时也加大了安全管理工作的难度。这里主要从以下几个方面展开探究，以避免施工管理中出现的问题。

1.完善安全生产责任制度

公路桥梁设施是国家基础设施建设的重要组成部分，工程项目中的安全管理不仅与建设单位的经济效益相关，还与工作人员的人身安全相关，同时也关系到区域内的经济建设效益，而施工安全生产责任制是安全管理工作的重点。

2.加强施工技术的管理

施工技术是影响安全管理的重要因素，必须在公路桥梁建设项目深入分析的基础上清晰地认识到目前技术方面所存在的问题，例如工程项目设计不合理、安全防范体系不完善或者后期工程压实度不足等。为了盲目追求经济效益而缩短工期，导致施工方法不科学对项目的建设或运营都存在较大的风险。因此，必须建立有效的施工技术保障体系，施工过程中加强对施工的检测，加强不同施工环节的监督管理，选用正确的施工机械和施工方法等。

在经济条件允许的情况下，可以自主研发或者引进国外先进施工工艺，在提高施工质量的同时，便于高效开展安全管理，提高实际项目的经济效益。

3.加强施工人员的安全管理

施工人员的安全管理重点做好两个方面的工作：①加强人员安全教育，不断提高施工人员的安全责任意识。通过典型事故案例分析，进一步明确施工过程中可能出现的安全事故，加深对安全问题的理解和认知，强化参建人员的安全意识，鼓励人员积极配合安全管理工作，保证全员参与到安全管理工作中来。另外，可以通过及时有效的安全教育帮助施工人员了解到实际施工中常见安全事故的发生原因，掌握安全防护知识，加强对紧急事件的处理能力，同时不断规范施工人员的操作，避免因技术问题引起的安全事故。②避免施工人员疲劳上岗，提高公路桥梁施工项目的安全性。可以应用先进的机械设备代替施工项目中较为危险的项目操作，加快自动化施工进程，提高工程建设效率的同时，为人身安全提供保障。科学规划施工人员的作息时间，结合劳动强度安排休息时间，在轮班工作的情况下保证施工人员有足够的睡眠时间，严禁疲劳上岗。

4.加强对施工机械的安全管理

施工机械安全管理工作中需要先结合设备的工作制度制订出明确的保养计划，采购部门要加深对施工机械设备性能的掌握，保证机械在施工过程中发挥重要的作用，同时，企业还要聘用专业的设备保养维护人员，定期对设备的性能进行检测，便于及时发现故障和排除故障。另外，设备使用过程中必须严格规范操作流程，避免因不正当使用导致的安全事故。及时更新实际工程项目中的施工机械。随着施工任务的加重和施工时间的延长，机械设备的性能下降，设备出现老化问题，不能满足施工质量的要求，造成能耗不断升高，维护成本加大。因此，企业需要及时淘汰陈旧和老化的机械设备，积极引进先进的施工设备，在施工过程中提高工作效率，降低安全风险。

总而言之，路桥工程中存在较多的危险因素，如何有效确保施工的安全一直是我们研究的重要课题。在施工期间应该秉承预防为主的原则加强路桥施工的安全管理，安全管理工作几乎涉及每一个施工环节，因而需要相应的施工企业建立起完善的安全管理系统，才能够进行高效的管理，同时，还应注意设备以及人员的安全管理工作，才能更好地实现企业的经济效益及社会效益。

二、工程项目环境管理概述

（一）公路工程项目环境管理体系

通过制定和实施一套环境管理的国际标准，规范企业和社会团体等所有组织的环境表现，使之与社会经济发展相适应，改善生态环境质量，减少人类各项活动所造成的环境污染，节约能源，促进经济的可持续发展。环境管理体系的作用和意义具体可表现为以下几个方面：保护人类生存和发展的需要；国民经济可持续发展的需要；建立市场经济体制的需要；国内外贸易发展的需要；环境管理现代化的需要。

（二）环境管理体系的基本术语

1.环境

组织运行活动的外部存在，包括空气、水、土地、自然资源、植物、动物、人，以及它们之间的相互关系。

2.环境因素

一个组织的活动、产品或服务中能与环境发生相互作用的要素。

3.环境影响

全部或部分由组织的活动、产品或服务给环境造成的任何有害或有益的变化。

4.环境目标

组织依据其环境方针规定自己所要实现的总体环境目的，如可行应予以量化。

5.环境表现行为

组织基于其环境方针、目标和指标，对它的环境因素进行控制所取得的可测量的环境管理体系结果。

6.环境方针

组织对其全部环境表现（行为）的意图与原则的声明，它为组织的行为及环境目标和指标的建立提供了一个框架。

7.环境指标

直接来自环境目标，或为实现环境目标所需规定并满足的具体的环境表现（行为）要求，它们可适用于组织或其局部，如可行应予以量化。

8.环境管理体系

这是整个管理体系中的一个组成部分，包括为制定、实施、实现、评审和保持环境方针所需的组织结构、计划活动、职责、惯例、程序、过程与资源。

9.环境管理体系审核

客观地获得审核证据并予以评价，以判断组织的环境管理体系是否符合规定的环境管理体系审核标准准则的一个以文件支持的系统验证过程，包括将这一过程的结果呈报管理者。

10.持续改进

强化环境管理体系的过程，目的是根据组织的环境方针，实现对整体环境表现（行为）的改进。

（三）环境管理体系的内容

1.环境方针

环境方针的内容必须包括对遵守法律及其他要求、持续改进污染预防的承诺，并作为制定与评审环境目标和指标的框架。

2.环境因素

识别环境因素时要考虑到"三种状态"（正常、异常、紧急）、"三种时态"（过去、现在、将来）、向大气排放、向水体排放、废弃物处理、土地污染、原料和自然资源的利用等问题；应及时更新环境方面的信息，以确保环境因素识别的充分性和重要环境因素评价的科学性。

3.法律和其他要求

组织应建立并保持程序以保证活动、产品或服务中环境因素遵守法律和其他要求，还应建立获得相关法律和其他要求的渠道，包括对变动信息的跟踪。

4.目标和指标

组织内部各管理层次、各有关部门和岗位在一定时期内均有一定的目标与指标，并用文本表示。组织在建立和评审目标时，应考虑的因素主要有环境影响因素、遵守法规和其他要求的承诺、相关方要求等。目标和指标应与环境方针中的承诺相呼应。

5.环境管理方案

组织应制定一个或多个环境管理方案，其作用是保证环境目标和指标的实现。方案的内容一般可以有组织的目标、指标的分解落实情况，使各相关层次与职能在环境管理方案与其所承担的目标、指标相对应，并应规定实现目标、指标的职责、方法和时间表等。

6.组织结构和职责

环境管理体系的有效实施要靠组织的所有部门承担相关的环境职责，必须对每一层次的任务、职责、权限做出明确规定，形成文件并给予传达。

（四）公路工程项目环境管理程序

企业应根据批准的建设项目环境影响报告，通过对环境因素的识别和评估，确定管理目标及主要指标，并在各个阶段贯彻实施。公路工程项目的环境管理应遵循下列程序：确定项目环境管理目标；进行项目环境管理策划；实施项目环境管理策划；验证并持续改进。

（五）公路工程项目环境管理工作内容

项目经理负责现场环境管理工作的总体策划和部署，建立项目环境管理组织机构，制定相应制度和措施，组织培训，使各级人员明确环境保护的意义和责任。

公路工程项目经理部的环境管理工作应包括以下几个方面：①按照分区划块原则，搞好项目的环境管理，进行定期检查，加强协调，及时解决发现的问题，实施纠正和预防措施。保持现场良好的作业环境、卫生条件和工作秩序，做到预防污染。②对环境因素进行控制，制定应急准备和相应措施，并保证信息通畅，预防可能出现的非预期损害。在出现环境事故时，应清除污染，并制定相应措施，防止环境二次污染。③应保存有关环境管理的工作记录。④进行现场节能管理，有条件时应规定能源使用指标。

（六）文明施工和环境保护

1.文明施工与环境保护的概念

文明施工是保持施工现场良好的作业环境、卫生环境和工作秩序。文明施工主要包括以下几个方面的工作：规范施工现场的场容，保持作业环境的整洁卫生；科学组织施工，使生产有序进行；减少施工对周围居民和环境的影响；保证职工的安全和身体健康。

环境保护是按照法律法规、各级主管部门和企业的要求，保护和改善作业现场的环境，控制现场的各种粉尘、废水、废气、固体废弃物、噪声、振动等对环境的污染和危害。环境保护也是文明施工的重要内容之一。

2.公路工程施工现场环境保护

公路施工中的主要环境因素包括以下几点：①噪声污染。噪声污染主要发生在城市道路施工及预制场，如推土机、装载机、挖掘机、起重机、自卸汽车（含鸣笛）等施工机械作业；混凝土搅拌机、混凝土振捣棒、振动器、钢筋弯曲机、切断机等各种设备的运转；木工机具、模板拼装、脚手架安拆等，其噪声污染严重扰民。②扬尘污染。便道施工不洒水造成扬尘污染，其主要来源是现场水泥堆放、搬运和混凝土的机械搅拌；木工房飞溅的锯末；道路干燥及车轮的扬尘；装、卸造成的大气污染导致农作物减产严重；等等。③化学危险品、油料的泄漏污染。工地试验室都存有化学药品，若保管不善或使用不当均会洒落在地上造成污染。另外，油漆、汽（柴）油及其他化学材料的泄漏也会对环境造成恶劣影响。④对路堤边坡应及时植草绿化，在修筑较高挡土墙的同时，每隔一定距离栽植已发芽的灌木。⑤对施工临时的占地，应将原有土地表层耕作的熟土堆在一旁，待施工完毕再将这些熟土推平，恢复原土地表层。

大气污染防治措施主要包括以下几点：①公路施工的堆料场、拌和站等应设在空旷的地方，相距200m范围内不应有集中居民区、学校等。②在采用沥青路面的路段，设置沥青混凝土搅拌站的位置既要适当、方便，又要符合卫生要求，卫生防护距离分级中规定保护距离为300m。同时，混凝土搅拌站应设在离居民区、学校等环境敏感点以外的下风向处，并且不宜采用开敞式、半封闭式沥青熬化作业工艺。③施工材料运输时公路及便道应采取定时洒水降尘措施，对一些粉状材料运输时应加以遮盖。

水污染防治措施主要包括以下几点：①一些施工材料，如沥青、油料、化学品等不宜堆放在民用、水井及河流湖泊附近，防止雨水冲刷而进入水体。②施工人员的生活污水、生活垃圾、粪便等应集中处理，不能直接排入水体，施工管理区生活污水等无法接入市政排水管网时，要建化粪池进行处理。③桥梁施工中施工机械、船只要严格检查，防止油料泄漏。④严禁将废油、垃圾等随意抛入水体。

噪声防治措施主要包括以下几点：①当施工路段或工地距居民区距离小于150m时，为保证居民夜间休息，应在规定时间内停止施工。②对于施工处附近的学校和单位，施工项目部应和他们商议，调整施工时间或采取其他措施，尽量减少施工噪声对教学和工作的干扰。③施工项目部要注意保养机械，使机械维持最低声级水平，安排工人轮流操作机械，减少工人接触高噪声的时间，对在声源附近工作较长时间的工人，可采取发放防声耳塞、头盔等保护措施，让工人进行自身保护。④采取吸声、隔声、隔振和阻尼等声学处理的方法降低噪声。

3.公路施工项目环境影响评价

公路施工项目环境影响评价发生在公路项目的前期，即对拟建项目可能对环境产生的不利因素进行分析，推测影响程度、持续时间、会产生哪些不利因素，预防不利因素的措施或如何变不利因素为有利因素；项目因施工对环境产生了哪些不利影响，程度如何，怎样预防和减少不利影响的发生等。这是公路施工环境管理的前提条件，环境影响评价的主要内容如下：①项目建成后的社会环境影响。从整个社会角度出发，论述公路建设项目对所在地区的经济、物质和文化生活水平的影响等。②生态环境影响评价。公路建设项目施工期间和建成后运营期对生态环境的影响。③环境空气影响评价。对公路建设项目施工期间和建成后的运营期因扬尘或汽车尾气排放进行影响评价。④环境影响评价的技术要求。公路建设项目环境影响评价的技术要求，应以《公路建设项目环境影响评价规范》及有关环境保护法律、法规为准。

第三节　公路工程项目进度管理

一、工程项目进度计划

（一）进度

在现代工程项目管理中，人们赋予进度以综合的含义，即将工程项目任务、工期、成本有机结合起来，形成一个综合指标，从而全面反映项目的实施状况。工程活动包括项目结构图上各个层次的单元，上至整个项目，下至各个具体工作单元（有时直至最低层次网络上的工程活动）。项目进度状况通常是通过各工程活动进度（完成百分比）逐层统计汇总计算得到的。进度指标的确定对进度的表达、计算、控制有很大的影响。

（二）进度控制

公路工程项目的进度控制是指对公路工程项目各阶段的工作内容、工作程序、延续时间和衔接关系，根据进度总目标和资源的优化配置原则编制计划，并将该计划付诸实施，在实施的过程中通过检查实际进度是否按计划要求进行，对出现的偏差分析原因，采取补救措施或调整、修改原计划，使之在下一循环中达到要求，如此循环往复，直至工程竣工验收交付使用。进度控制的最终目的是确保工程项目进度目标的实现。

（三）工期控制

工期控制与进度控制是两个既互相联系又有区别的概念。工期控制的目的是使工程实施活动与工期计划在时间上相吻合，即保证各工程活动按计划及时开工、按时竣工，保证总工期不推迟。进度控制的总目标与工期控制是一致的，但控制过程中它不仅追求时间上的吻合，而且追求劳动效率（消耗和劳动成果）的一致性。由于在实际工程中对进度的控制又常常表现为对工期的控制，有效的工期控制才能达到有效的进度控制。

（四）进度、质量、费用关系

进度控制是工程项目建设中与质量控制、投资成本并列的三大目标之一。它们之间有相互依赖和相互制约的关系。进度加快，需要增加投资，工程能提前使用就可以提高投资效益；进度加快有可能影响工程质量，而质量控制严格，则有可能影响进度；但如果因质量的严格控制而不致返工，又会加快进度。因此，项目管理者在工作中要对此三个目标全面系统地加以考虑，正确处理好进度、质量和费用的关系，提高工程建设的综合效益。特别是对一些投资较大的工程，如果能确保进度目标按计划完成，往往会产生较大的经济效益。

（五）工程项目进度计划系统

建设工程项目进度计划系统是由多个相互关联的进度计划组成的系统，它是项目进度控制的依据。由于各种进度计划编制所需要的必要资料是在项目进展过程中逐步形成的，所以项目进度计划系统的建立和完善也有一个过程，它是逐步形成的。

根据建设项目进度控制不同的需要和不同的用途，业主方和项目各参与方可以构建多个不同的建设工程项目进度计划系统，由不同功能的计划构成进度计划系统，包括控制性进度规划（计划）、指导性进度规划（计划）、实施性（操作性）进度计划等。

（六）工程项目总进度目标的论证

1.建设工程项目总进度目标论证的工作内容

建设工程项目的总进度目标指的是整个项目的进度目标，它是在项目决策阶段确定的。项目管理的主要任务是在项目的实施阶段对项目的目标进行控制。建设工程项目总进度目标的控制是业主方项目管理的任务（若采用建设项目总承包的模式，协助业主进行项目总进度目标的控制也是总承包方项目管理的任务）。在进行建设工程项目总进度目标控制前，首先应分析和论证目标实现的可能性。若项目总进度目标不可能实现，则项目管理者应提出调整项目总进度目标的建议，提请项目决策者审议。

2.建设工程项目总进度目标论证的工作步骤

建设工程项目总进度目标论证的工作步骤如下：调查研究和收集资料；项目结构分析；进度计划系统的结构分析；项目的工作编码；编制各层进度计划；协调各层进度计划的关系，编制总进度计划；若所编制的总进度计划不符合项目的进度目标，则设法调整。若经过多次调整，进度目标仍无法实现，则报告项目决策者。

二、项目进度计划的检查与调整

（一）进度计划的检查

进度计划的检查是计划管理工作中一项经常性的工作，宜采取定期检查或不定期检查相结合的办法。一般说来，进度控制的效果与收集数据资料的时间间隔有关。究竟多长时间进行一次进度检查，这是项目管理者应当确定的问题。如果无法经常、定期地收集实际进度数据，就难以有效地控制实际进度。进度检查的时间间隔与工程项目的类型、规模、咨询对象及有关条件等多方面因素相关，可视工程的具体情况，每月、每半月或每周进行一次检查。在特殊情况下，甚至需要每日进行一次进度检查。这是计划在贯彻执行中发现问题、解决问题的先导，检查时间间隔过长就容易使存在的问题拖延而影响计划的完成。

（二）进度计划的调整

1.总工期与施工主要资源的审查和调整

进度计划的时间计算完毕以后，首先就要审查计划总工期，看它是否符合建设部门或国家的要求，即是否在规定的工期范围之内。如果计划工期不超过规定的工期，那么这个计划在工期这一点上就是可行的、符合要求的；如果计划工期超过了工期规定，那么就要调整计划工期，将它压缩到规定的工期范围之内；如果做不到这一点，那就要提出充分的理由和根据，以便就工期问题与业主或业主代表进行进一步商谈。另外，还要进一步估算施工主要资源的需要量，审查资源需要量与供应的可能性，看二者能否协调。如果资源供应能够满足施工高峰对资源的需求，则这个计划也就被认为是可行的。如果在某一段时间内供应不能满足资源消耗高峰的需要，那就要对这段时间施工的工序加以调整，使它们错开时间，减少集中的资源消费，将其降到可能供应的水平之下。

2.分析进度计划产生偏差的主要原因

进度拖延是工程项目建设过程中经常发生的现象。对进度拖延原因分析可采用因果关系分析图、影响因素分析表，以及工程量、劳动效率对比分析等方法，详细分析进度拖延的各种影响因素，以及各因素影响量的大小。进度拖延的原因是多方面的，常见的有以下几种：

（1）工程项目各相关单位之间的协调配合

工程项目是一个多专业、多方面协调合作的复杂过程，如果政府部门、业主、咨询单位、设计单位、物资供应单位、贷款单位、监理单位等各单位之间，以及土建、水电、通信、运输等各专业之间没有形成良好的协作，必然会影响工程建设的顺利实施。例如，工程设计通常是分阶段进行的，如果初步设计不能顺利得到批准，必然会影响到后续详细设计中的施工图设计、施工方案设计进度。又如，资金方面，如果业主在工程预付款或进度款的支付中有所延迟，则会对施工单位的施工进度造成影响。

（2）工程变更

外界条件的变化，如设计变更、设计错误、外界（如政府，上层机构）对项目提出了新的要求或限制；当建设工程在已施工的部分发现一些问题或者由于业主提出了新的要求而必须进行工程变更时，会影响设计工作进度。例如，材料代用、设备选用的失误将会导致原有工程设计失效而需要重新进行设计。

（3）风险因素

风险因素包括政治、经济、技术及自然等方面的各种可预见或不可预见因素。政治方面有战争、内乱、罢工、拒付债务、制裁等；经济方面有延迟付款、汇率浮动、换汇控制、通货膨胀、分包单位违约等；技术方面有工程事故、试验失败、标准变化等；自然方面有地震、洪水等。

（4）工期及相关计划的失误和管理过程中的失误

计划工期及进度计划超出现实可能性；管理过程中的失误，如计划部门与实施者之间，总、分包商之间，以及业主和承包商之间缺少沟通，许多工作脱节等。

3.分析进度偏差是否影响到其后续工作和总工期

某项工作发生实际进度偏差时，需要分析该进度偏差是否影响到其后续工作的进展以及是否影响总工期，这在实际工作中需要借助网络计划进行判断。根据该项工作是否处于关键线路、其进度偏差是否超过该项工作的总时差和自由时差判断对后续工作总工期的影响。例如，由于业主方对即将投入施工的某工程材料的要求发生改变而需要重新进行采购时，如果该工作不是关键工作（不在关键线路上），其材料的重新采购不一定会影响到总工期和后续工作；如果再继续分析发现采购时间超过了该项工作的自由时差而未超过总时差，则此次变更只影响到后续工作而未影响到总工期。通过进度偏差分析，进度控制人员可以根据进度偏差的影响程度，制定相应的纠偏措施进行调整，以获得符合实际进度情况和计划目标的新进度计划。

4.采取进度调整措施，对项目进度计划的调整

调整工作顺序，改变某些工作间的逻辑关系。当工程项目实施中产生的进度偏差影响到总工期，并且有关工作的逻辑关系允许改变时，可以改变关键线路和超过计划工期的非关键线路上的有关工作之间的逻辑关系。

5.编制可行的网络计划并计算技术经济指标

可行的计划一般不可能是最优的计划，但在受到种种条件限制的情况下，进一步优化往往是不容易的，而且在进行工期和资源的调整时，实际也是根据优化的原则进行工作的，更何况初始方案本身从一开始就是按最低成本的要求编制的。所以，可以认为，可行计划既是一个切合实际的计划，也是一个较优的计划，是可供执行的。

可行计划既然是供执行的计划，因此有必要计算其技术经济指标，如与定额工期的比较、单位用工、劳动生产率（建筑安装工人）、节约率（与预算比较）、机械台班利用率等。通过这些指标既可以与过去的或先进的计划进行比较，也可以逐步积累经验，对提高管理水平来说，这是一项有意义的工作。

6.进度计划的优化

可行计划不是最优的计划，是因为它还存在加以改进的余地。所以，只要有可能，对于可行计划还应逐步加以改进、优化，使之更加完善，以便取得更好的经济效果。在工程实践中，要寻求最优计划在实际上是不可能的，只能寻求在目前条件下更令人满意的计划。所以，进度计划的检查和调整是一个持续改进的过程。

7.整理变更资料、吸取教训

在采取上述措施调整进度以后，形成调整后的项目计划，应作为继续实施的依据，同时整理变更资料，连同所选择的纠偏措施以及从进度控制中吸取的其他方面的教训等形成文字材料，作为本项目或者其他项目的历史资料，以供参考。

三、建设项目进度控制

建设项目的施工过程也是建筑产品形成的过程，在此过程中需要消耗大量的财力和物力。因此，项目施工进度控制是工程项目管理的重要组成部分，是项目

施工进度计划实施监督、检查、控制和协调的综合过程。这一过程的效果如何，不仅对工程施工进度及资源协调和消耗水平有重要影响，同时也将是衡量项目管理水平的重要标志。

建设项目的进度受多方面因素的影响，在项目执行过程中项目管理者需要事先对影响进度的各种因素进行调查，预测它们对进度可能产生的影响，编制可行的进度计划，指导建设项目按计划实施。然而，在计划执行过程中，往往会出现一些新的情况，使得原定的进度计划难以执行，从而要求项目管理者在计划的执行过程中，掌握动态控制原理，不断进行检查，将实际情况与计划安排进行对比，找出偏离计划的原因，特别是找出主要原因，然后采取相应的措施。措施的确定有两个前提：一是通过采取措施，维持原计划，使之正常实施；二是采取措施后不能维持原计划，先对进度进行调整或修正，再按新的计划实施。这样不断计划、执行、检查、分析、调整计划的动态循环过程就是进度控制。

四、进度控制的程序

（一）进度控制总程序

1.项目建议书阶段

通过机会研究和初步可行性研究，在项目建议书报批文件中提出项目进度总安排的建议。它体现了业主对项目建设时间方面的预期目标。

2.可行性研究阶段

对项目的实施进度进行较详细的研究。通过对项目动用时间要求和建设条件可能的相关分析，对不同进度安排的经济效果进行比较，在可行性研究报告中提出最优的一个或二、三个备选方案，该报告经评估、审批后确定的建设总进度和分期、分阶段控制进度，就成为实施阶段进度控制的决策目标。

3.设计阶段

除进行设计进度控制外，还要对施工进度进行进一步预测。设计进度本身也必须与施工进度相协调。初步设计应根据批准的可行性报告和可靠的设计基础资料进行编制。初步设计和总概算批准后，便可作为确定建设项目投资额、编制固定资产投资计划、签订总包合同及贷款合同、实行投资包干、控制建设工程拨贷款、组织主要设备订货、进行施工准备及编制技术设计文件（或施工图设计）等的依据。初步设计和总概算应由投资者审批，特大型和特殊项目应由国家发展和改革委员会报请国务院批准。采用三阶段设计的技术设计根据初步设计文件编制，它和修正概算经批准后，是建设工程拨贷款和编制施工图设计文件的依据。施工图设计应根据批准的初步设计（或施工图设计）和主要设备订货情况进行编制，并据以指导施工。

4.建设准备阶段

要控制征地、拆迁、场地清理和平整的进度，抓紧水、电、道路等建设条件的准备，组织材料、设备的订货，组织施工招标，办理各种协议签订和有关主管部门的审批手续。这一阶段工作头绪繁多，上下左右间关系复杂。每一项疏漏或拖延都将留下建设条件的缺口，成为工程顺利开展的障碍或打乱进度的正常秩序。因此，这一阶段工作及其进度控制极为重要，绝不能掉以轻心。这一阶段还应通过编制与审批施工组织设计，确定施工总进度计划、首期或第一年工程的进度计划。

5.建设实施阶段

进度控制的重点是组织综合施工和进行偏差管理。项目管理者要全面做好进度的事前控制、事中控制和事后控制。除对进度的计划审批、施工条件提供等预控环节和进度实施过程的跟踪管理外，还要着重协调好总包不能解决的内外界关系问题。当没有总包单位，建筑安装的各项专业任务直接由业主分别发包时，计划的综合平衡和单位间协调配合的责任就更为重要；对进度的事后控制，就是要及早发现并尽快排除相互脱节、总分争执和外界干扰，使进度始终处于受控状态，确保进度目标的逐步实现。与此同时，还要抓好项目动工的准备工作，为按期或提早项目动工创造必要且充分的条件。

6.竣工验收阶段

项目管理者不仅要督促和检查承包人的自验、试运转与预验收，还要协助业主组织设计单位和承包人进行初验，在具备条件后协助业主组织正式验收。在本阶段中，有关甲、乙双方之间的竣工结算和技术资料核查归档移交、施工遗留问题的返修、处理等，都会有大量涉及双方利益的问题需要协调解决。此外，准备验收过程中涉及大量准备工作，所以必须抓全、抓细、抓紧，这样才能加快验收的进度。

（二）进度控制的内容

1.监理单位的进度控制内容

在设计前的准备阶段，向业主提供有关工期的信息和咨询，协助其进行工期目标和进度控制决策；进行环境和施工现场的调查与分析，编制项目进度规划和总进度计划，编制设计前准备详细工作计划并控制其执行；发出开工通知书；审核总承包人、设计单位、分承包人及供应单位的进度控制计划，并在其实施过程中，通过履行监理职责，监督、检查、控制、协调各项进度计划的实施；通过核准、审批设计单位和承包人的进度付款，对其进度实行动态间接控制，妥善处理和核批承包人的进度索赔。

2.设计单位的进度控制内容

编制设计准备工作计划、设计总进度计划和各专业设计的出图计划，确定计划工作进度目标及其实施步骤；执行各类计划，在执行中加强检查，采取相应措施排除各种障碍，包括必要时对计划进行调整或修改，保证计划的实施；为承包人的进度控制提供设计保证，并协助承包人实现进度控制目标；接受监理单位的设计进度监理。

3.承包人的进度控制内容

根据合同工期目标编制施工准备工作计划、施工方案、项目施工总进度计划和单位工程施工进度计划，以确定工作内容、工作顺序、起止时间和衔接关系，为实施进度控制提供依据。

（三）工程项目进度控制的含义和目的

工程项目管理有多种类型，代表不同利益方的项目管理（业主方和项目参与各方）有不同的进度控制任务，其控制的目标和时间范畴也是不相同的。工程项目进度控制是一个动态的管理过程，它包括进度控制目标的分析和论证，以及在收集资料和调查研究的基础上编制进度计划和进度计划的跟踪检查与调整等。

工程项目是在动态条件下实施的，如果实施过程中只重视进度计划的编制，而不能根据实际情况进行必要的调整，那么进度将无法得到有效的控制。为实现进度目标，进度控制的过程也是随着项目的进展、进度计划不断调整的过程。

进度目标分析和论证的目的是论证进度目标的合理性，结合实际情况进度目标是否能够实现；如果经过科学的论证，目标不能实现，则必须对进度目标进行调整。

进度计划的跟踪检查与调整包括定期跟踪检查所编制的进度计划执行情况，以及纠正执行过程中的偏差，并视实际情况对进度计划进行必要的调整。工程项目进度控制的目的是通过进度控制实现工程项目的进度目标。

（四）工程项目进度控制的方法和措施

1.工程项目进度控制的方法

进度控制的方法包括行政方法、经济方法、技术管理方法等。

（1）进度控制的行政方法

用行政方法控制进度是指上级单位及上级领导人、本单位的领导层及领导人利用其行政地位和权力，通过发布进度指令进行指导、协调、考核，利用激励手段（奖、罚、表扬、批评）监督、督促等方式进行进度控制。使用行政方法进行进度控制，其优点是直接、迅速、有效，但应当注意其科学性，防止武断、主观、片面地指挥。行政方法应结合政府监督和社会监理开展工作，指令要少些、指导要多些。

（2）进度控制的经济方法

进度控制的经济方法是指用经济类的手段对进度控制进行影响和控制，主要有银行通过对投资的投放速度控制工程项目的实施进度；承发包合同中写进有关工期和进度的条款；业主通过招标的进度优惠条件鼓励承包人加快进度；业主通过工期提前奖励和延期罚款实施进度控制；通过物资的供应数量和进度实施进行控制；等等。

（3）进度控制的技术管理方法

进度控制的技术管理方法是指通过各种计划的编制、优化、实施、调整而实现进度控制的方法，包括流水作业方法、科学排序方法、网络计划方法、滚动计划方法、计算机辅助进度管理等。

2.工程项目进度控制的措施

进度控制的措施包括组织措施、管理措施、经济措施和技术措施等。

（1）组织措施

进度控制的组织措施。组织是目标能否实现的决定性因素，为实现项目的进度目标，应充分重视健全项目管理的组织体系。进度控制的主要工作环节包括进度目标的分析和论证、编制进度计划、定期跟踪进度计划的执行情况、采取纠偏措施以及调整进度计划。

（2）管理措施

进度控制的管理措施。建设工程项目进度控制的管理措施涉及管理的思想、管理的方法、管理的手段、承发包模式、合同管理和风险管理等。

（3）经济措施

进度控制的经济措施。建设工程项目进度控制的经济措施涉及资金需求计划、资金供应的条件和经济激励措施等。

（4）技术措施

进度控制的技术措施。建设工程项目进度控制的技术措施涉及对实现进度目标有利的设计技术和施工技术的选用。不同的设计理念、设计技术路线、设计方案会对工程进度产生不同的影响。在设计工作的前期，特别是在设计方案评审和选用时，应对设计技术与工程进度的关系进行分析比较。在工程进度受阻时，应分析是否存在设计技术的影响因素，为实现进度目标有无设计变更的可能性，如采用电子计算机控制进度的措施等。

施工方案对工程进度有直接的影响。在决策其选用时，不仅应分析技术的先进性和经济合理性，还应考虑其对进度的影响。在工程进度受阻时，应分析是否存在施工技术的影响因素，为实现进度目标有无改变施工技术、施工方法和施工机械的可能性。

第四节　公路工程项目信息管理

一、项目信息管理的基本要求

信息管理是指对信息的收集、整理、处理、储存、传递与应用等一系列工作的总称。工程项目的信息管理应根据其信息的特点有计划地组织信息沟通，以保证能及时、准确地获得各级管理者所需要的信息，达到能准确做出决策的目的。

为了能够全面、及时、准确地向项目管理人员提供有关信息，公路工程项目信息管理应满足以下几方面的基本要求：①要有严格的时效性。一条信息如果不严格注意时间，那么信息的价值就会随之消失。因此，能够适时提供信息，往往对指导工程施工十分有利，甚至可以获得很大的经济效益。②要有针对性和实用性。信息管理要做到如何根据需要，提供针对性强、十分适用的信息。如果仅仅能提供内部资料，其中又只能反映一些普通的且不重要的变化，这样会使决策者花费许多时间阅览这些作用不大的烦琐细节，却仍然得不到决策所需要的信息，使信息管理起不到应有的作用。③要有必要的精确度。需要对原始数据进行认真的审查和必要的校核，避免分类和计算的错误。即使是加工整理后的资料，也需要做细致的复核，这样才能使信息有效可靠。但信息的精度应以满足使用要求为限，并不一定越精确越好，因为不必要的精度需要耗用更多的精力、费用和时间，容易造成浪费。④要考虑信息成本。各项资料的收集和处理所需要的费用直接与信息收集的多少有关，如果要求越细、越完整，则费用就越高。例如，如果每天都将施工项目上的进度信息收集完整，则势必会耗费大量的人力、时间和费用，这将使信息的成本显著提高。因此，在进行工程项目信息管理时，必须综合考虑信息成本及信息所产生的收益，寻求最佳的切入点。

二、项目信息管理工作的原则

公路工程项目产生的信息数量巨大，种类繁多。为了便于信息的收集、处理、储存、传递和利用，在进行项目信息管理具体工作时，应遵循以下基本原则：

（一）标准化原则

在工程项目的实施工程中要求对有关信息的分类进行统一，对信息流程进行规范，产生控制报表，力求做到格式化和标准化，通过建立健全的信息管理制度，从组织上保证信息生产过程的效率。

（二）定量化原则

公路工程产生的信息不应该是项目实施过程中产生数据的简单记录，而应该是经过信息处理人员的比较与分析。因此，采用定量工具对有关数据进行分析和比较是十分必要的。

（三）有效性原则

项目信息管理者所提供的信息应针对不同层次管理者的要求进行适当加工，针对不同管理层提供不同要求和浓缩程度的信息。例如，对项目的高层管理者，提供的决策信息力求精练、直观，尽量采用形象的图表进行表达，以满足其战略决策的信息需要。

（四）时效性原则

公路工程的信息都有一定的生产周期，如月报表、季度报表、年度报表等，这是为了保证信息产品能够及时服务于决策。因此，公路工程的信息成果也应具有相应的时效性。

（五）可预见原则

公路工程产生的信息作为项目实施的历史数据，可以用来预测未来的情况，管理者应通过采用先进的方法和工具为决策者制定未来目标与行动规划提供必要的信息。例如，通过对以往投资执行情况进行分析，对未来可能发生的投资进行预测，作为采取事先控制措施的依据。

（六）高效处理原则

通过采用高性能的信息处理工具，尽量缩短信息在处理过程中的延迟，项目信息管理者的主要精力应放在对处理结果的分析和控制措施的制定上。

三、公路工程项目资料文档管理

在工程项目上，许多信息是以资料文档为载体进行收集、加工、传输、存储、检索输出和反馈的，因此工程资料文档管理是公路工程项目信息管理的重要组成部分。工程资料应随工程进度及时收集、整理，并应按专业归类，认真书写，字迹清楚，项目齐全、准确、真实，无未了事项，采用的表格应统一规范。在采用计算机辅助信息管理时，对工程资料文档的管理应采用资料数据打印输出加手写签名，以及全部数据采用计算机数据库管理并行的方式进行，格式应符合有关规范标准的规定。对规模较大的工程项目，可通过选购市面上合适的计算机工程资料管理系统进行管理，实现资料管理标准化、规范化和科学化。

四、公路工程项目报告系统

（一）工程项目中报告的种类

在工程项目中报告的形式和内容丰富多彩，它是人们沟通的主要工具，报告的主要种类：①日常报告。日常报告是有规律地发布信息，是按控制期、里程碑事件、项目阶段提出的报告，按时间可分为日报、周报、月报、年报、项目主要阶段报告等。②针对项目结构的报告，如工作包、单位工程、单项工程、整个工程项目的报告等。③专门内容（或例外）报告，为项目管理决策提供专门信息的报告，如质量报告、成本报告、工期报告等。④特殊情况的报告，常用于宣传项目取得的特别成果，或是对项目实施中发生的一些问题进行特别评述，如风险分析报告、总结报告、特别事件（如具体的安全和质量事故）报告、比较报告等。

（二）工程项目中报告的作用

工程项目中的报告可以作为决策的依据。报告可以使人们对项目计划和实施状况、目标完成程度十分清楚，由此可以预测未来，使决策迅速而准确。报告首先是为决策服务的，特别是上层的决策。但报告的内容仅反映过去的情况，在时间上是滞后的，主要用来评价项目，评价过去的工作及阶段成果，总结经验，分析项目中的问题，特别是在每个项目结束时都应有一个内容详细的分析报告，以保证持续的改进。通过报告可以激励各参与者，大家也可以了解项目成果。提出问题、解决问题，安排后期的计划。预测将来情况，提供预警信息。作为证据和工程资料，报告便于保存，因而能提供工程实施状况的永久记录。公布信息，如对投资者、对社会公布项目实施状况的信息报告。不同的参加者需要不同内容、频率、描述、详细程度的信息，所以必须确定报告的形式、结构、内容、处理方式，为项目的管理工作服务。

（三）工程项目中报告的要求

为了使项目组织之间沟通顺利，发挥报告的作用，报告必须符合如下要求：①与目标一致。报告的内容和描述必须与项目目标一致，主要说明目标的完成程度和围绕目标存在的问题。②符合特定的要求。这里包括各个层次的管理人员对项目信息需求了解的程度，以及各个职能人员对专业技术工作和管理工作的需要。③规范化、系统化。在管理信息系统中应完整地定义报告系统的结构和内容，对报告的格式、数据结构进行标准化。在项目中要求各参加者采用统一形式的报告。④处理简单化，内容清楚，易于理解，避免造成理解和传输过程中的错误。报告的侧重点要求。⑤报告通常包括概况说明和重大的差异说明、主要活动和事件的说明，而不是面面俱到。它的内容较多的是考虑实际效用，而较少考虑信息的完整性。

（四）工程项目报告系统介绍

项目初期在建立项目管理系统时必须包括项目的报告系统。报告系统应解决两个问题：一是罗列项目过程中应有的各种报告，并系统化；二是确定各种报告的形式、结构、内容、数据、信息采集和处理方式，并标准化。报告的设计事先应给各层次的有关人员列表提问：需要什么信息？应从何处来？怎样传递？怎样标识它的内容？在编制工程计划时，就应当考虑需要的各种报告及其性质、范围和频率，以便可以在合同或项目手册中确定。

原始资料应一次性收集，以保证相同的信息有相同的来源。资料在归纳整理进入报告前应进行可信度检查，并将计划值引入以便对比分析。原则上，报告应从最底层开始，其资料最基础的来源是工程活动，包括工程活动的完成程度、工期、质量、人力消耗、材料消耗、费用等情况的记录，以及试验验收检查记录。上层的报告应由各职能部门总结归纳，按照项目分解结构和组织结构层归纳、浓缩，作出分析和比较。

第七章

公路桥梁工程项目管理的优化创新

第一节　公路桥梁建养一体化信息管理基础

一、公路桥梁建养一体化的概念认知

（一）公路桥梁工程的特点

公路桥梁在现代交通基础设施中占据十分重要的地位，特别是对于处在丘陵起伏、江河众多、山水交叠的特殊地理位置的区域的公路桥梁。桥梁工程项目相比一般工程项目而言，除具有技术复杂、建设周期长、投资巨大等特点外，最大的区别在于工程质量安全方面的特殊要求。确保工程质量、预防事故的发生是公路桥梁建设与运营单位的首要社会责任。公路桥梁的特殊性主要体现在以下几个方面：

1.结构设计复杂，预制构件多、体积庞大

为了满足结构安全的要求，桥梁工程设计一般比较复杂，不仅对受力分析要求高，结构形式复杂，还涉及大量的预制构件，特别是异型构件数量众多。

桥梁工程预制构件体积庞大，桥梁的大体积施工须解决诸如预制构件的工厂制作和运输，以及大型构件的吊装和施工机械的使用等存在的潜在问题。随着桥梁工程不断向大跨度和大宽度方向发展，这对桥梁的设计和施工也提出了更高的要求。

2.施工环境复杂多变

相对于一般的建筑工程项目，公路桥梁工程施工的整体环境比较恶劣，除了会受到洪水、风暴、雨雪甚至地震等恶劣天气的影响外，不同地理环境对施工要求也是千差万别，如跨江、跨海、峡谷及冻土地带等地理环境复杂多变，不同的公路桥梁工程项目可能会面临截然不同的施工环境。为保证桥梁工程施工的顺利进行及施工安全性，必须针对不同的环境制订相应的施工方案。

3.养护工作重要且艰巨

相对于房屋建筑工程，作为重要交通基础设施的公路桥梁在建设和运营过程中，不仅受到自然环境的腐蚀风化，以及洪水等地质灾害的破坏和船舶撞击的威胁，还要不断受到车辆行车时产生的冲击力，桥梁的技术性能随着服役时间的延长而不断下降，出现退化趋势。如果不采取有效措施，就会加快桥梁的衰老，缩短桥梁的寿命。

相对于公路工程，公路桥梁的结构更为复杂，因为桥梁特有的工程结构，所以桥梁比公路更容易出现各种破损和故障。另外，公路桥梁的检查工作也更复杂，不仅要动用各种检测设备和更多的人员与资金，在遇到一些特殊事件（如地震、洪水等）时，还要采用特殊手段和科学方法对桥梁进行检查，以准确判断整座桥的技术状况。大型、特大型桥梁的数量较少，但往往又是重要的交通枢纽，它们承担了巨大的交通流量，随着近年来交通量的持续增加，超载、超限车辆日益增多，增加了桥梁维修、养护工作的难度。因此，公路桥梁的养护工作异常重要和艰巨。

（二）公路桥梁管理存在问题分析

公路桥梁的特殊性决定了其对技术和管理上的要求也更为严格，但是近年来随着桥梁建设事业的不断发展，相关管理方式和水平却远没有跟上技术发展的步伐。桥梁管理还存在诸如养护管理手段落后，建设与养护管理的人为分割和信息阻隔，以及建设管理信息化水平低，技术档案资料等信息管理不完善，桥梁建设信息系统与养护信息管理缺乏有效的整合与联系，各桥梁信息管理系统独立运行缺乏共享等诸多问题。这些问题都不利于公路桥梁全寿命周期目标的实现。

1.公路桥梁养护管理存在的问题

众所周知，公路桥梁损坏后再修复是比较困难的，严重时可能造成交通中断甚至发生安全事故等。因此，对公路桥梁进行科学有效的管理，保证桥梁在设计年限内处于正常使用状态，满足其承载力和通行能力要求，并尽可能延长使用寿命，对公路运输具有极其重要的意义。目前，我国大多数桥梁的养护管理还没有大规模采用科学的定量技术，许多地区仍依靠传统的人工收集、分析信息的方法进行桥梁技术状况的判断，无法全面掌握桥梁状况，也缺乏相应的数据档案系统。这些问题都会影响公路桥梁的日常养护和维修，造成资源的浪费及养护效率的低下。我国公路桥梁养护管理存在的问题主要有以下几点。

（1）观念问题

目前，我国大部分桥梁养护工作仍存在重建设轻养护、路桥养护不分的观念问题，未意识到桥梁养护的特殊性和重要性，仍混同于一般的养路工作。道路和桥梁都属于重要的基础设施，相对于道路养护、路面养护为重点，桥梁养护则须以桥面养护为中心、承重部件为重点，进行全面养护。另外，桥梁养护管理也缺乏系统观念，大多数是就养护论养护，而与桥梁全寿命周期割裂开来。

（2）资源问题

养护资源存在的问题主要包括养护资金有限和养护技术人才缺乏两个方面。我国公路桥梁普遍存在养护资金缺乏的问题，主要表现为有限的养护资金远不足以完成所有桥梁的维修加固需要，如何使有限的养护资金利用最大化是目前需要解决的难题。此外，我国大部分地区均未设立单独的大桥管理部门，除少数跨海、跨江大桥有专业的养护管理机构外，其余一般委托当地的公路管理机构负责。这就使公路桥梁的养护资源难以得到保证。我国虽然实行养护工程师制度，但专业的养护管理人才相对缺乏仍然是桥梁养护管理中普遍存在的一个问题；虽然各桥梁养护管理部门都配备了专职的桥梁养护工程师，但是由于管养的路段较长，桥涵数量较大，养护技术人员的数量难以满足桥梁养护、检查和维修工作的需要。

（3）质量问题

桥梁养护存在的质量问题包括桥面不清洁、泄水孔堵塞；桥面不平整，车辆颠簸；引道路面与桥衔接处不够平整导致桥头跳车，行车不顺利；桥栏杆残缺不齐；桥梁构件损坏，如日常养护没有及时修补造成的混凝土剥落、钢筋外露锈蚀、活动支座失去活动能力等。

（4）养护信息问题

公路桥梁养护信息存在的问题主要在于前期信息的缺失及其与养护管理的脱节。

2.公路桥梁建设管理与养护管理间的脱节

工程项目建设期间的人员调动频繁，一般在建设完成1～2年后，建设期的项目管理者不再承担运营任务，这种情况在公路桥梁建设项目中非常普遍。但从工程全寿命周期考虑，由于项目管理者的极度不稳定，也造成了对项目全寿命周期的人为分割。这体现在建设期的项目管理者很难从运营的角度考虑问题。

项目的决策和建设没有以运营目标为导向。传统桥梁项目管理以建设过程为对象的目标是近视和局限性的，项目的经济效益是通过建成后的运营收益实现的。由于历史资料和相关技术的限制，公路桥梁的运营需求往往难以得到准确、全面的定义，尤其是建设期间公路桥梁的施工往往容易忽视后期养护维修的需要，从而加大后期运营成本，无法实现运营目标的最优化。

公路桥梁建设与运营阶段之间的界面信息流失现象较为严重。从设计到施工、竣工交付到投入使用两个过渡阶段，建设项目信息都存在不同程度的大量流失，严重影响了工程施工质量及运营管理工作的正常进行。

建设和运营阶段的相互独立，不同阶段用于项目管理的信息支离破碎，项目信息只能阶段性局部共享。在传统的阶段性项目管理模式中，项目的信息主要是为阶段性目标服务的，如设计阶段的信息主要服务于设计方的工程设计，实施阶段的信息主要关注工程的实施与建成。这种信息传递和共享方式约束了项目信息的潜在价值，忽视了项目全寿命周期各阶段间的高度关联性与反馈性，往往会造成建设过程中的项目局部目标最优而整体目标受损。

3.公路桥梁建设信息管理存在的问题

（1）公路桥梁施工信息化有待提高

传统施工信息表现与传递形式已不足以满足现代桥梁施工管理的要求。传统施工信息表现形式以表格、单据等纸质文档为主，面对桥梁工程施工产生的海量信息，基于纸质、会议、人员往来等传统的信息交流方式需要投入大量的人力和物力，而且容易造成信息失真与时间迟滞，因此利用计算机与网络技术构建信息共享平台，成为公路桥梁工程信息管理的发展趋势。

常见的项目管理软件如P3、Project等在公路桥梁建设管理中的应用也比较少，除个别大型桥梁工程具备有针对性地开发专用的项目管理系统，如杭州湾大桥、青岛海湾大桥等都建立了自身的信息化管理系统。这类管理信息系统的开发不仅需要业主承担高昂的费用，而且系统的研发需要很长时间的调试与试运行，也不具有通用性，难以为其他桥梁工程的建设提供更多参考。

（2）信息管理系统相对独立，存在"信息孤岛"

有关公路桥梁建设信息化管理的研究和应用多集中在4D施工管理系统、桥梁数字化等方面，基于BIM的桥梁设计和施工技术也多处于应用研究阶段，少有工程实践。但整体上现有的信息管理系统自成一派，系统集成度不高，与通用办公软件和概预算等其他软件没有接口，重新输入大量基础数据则降低了工作效率。另外，由于缺乏统一的编码体系，信息管理系统都是独立的数据体系，存在"信息孤岛"现象。信息系统的数据质量难以有效控制，数据共享和关联程度不够，难以解决协同管理、有效沟通和系统综合管理等关键性问题，即使是BIM技术建模也难以对其他同类工程提供可参考的信息。

4.公路桥梁养护信息管理存在的问题

（1）桥梁技术档案资料不完善

桥梁技术档案资料不够完善，尤其对于老旧桥梁，由于历史及档案管理等原因，档案资料普遍存在丢失现象，归档不够齐全规范。一方面，由于桥梁建设时期的变更技术资料容易归档不及时，造成初始资料难以管理，而且档案资料在移交和多部门管理过程中也容易造成资料的不规范或缺失现象。另一方面，对于公路桥梁的维修和新改建工程等，桥梁技术状况变化较大，由于缺乏有效的历史积累技术资料，极容易找不到最初设计、施工、后期维护等相关信息作为诊断、设计和维修依据，从而贻误时机，或者诊断决策、维修不到位，留下隐患。

（2）桥梁技术资料管理方式存在弊端

桥梁技术资料管理方式的不足在于档案资料缺乏系统的统一和信息化管理程度不高。虽然工程各参与方逐渐提高了对档案管理的认识，但资料没有系统地进行统一，参建各方在资料整理方面逐步形成了各式各样的版本，资料的不连续、不集中和相互独立，导致查阅不便，不利于各单位之间庞大的信息交换。此外，桥梁技术档案资料信息化管理程度不高。传统的桥梁档案资料主要依靠人工方式进行管理，这样的方式存在诸多弊端：一方面，以纸质为媒介的资料存储、保管和查询困难，极易造成资料的丢失和残缺；另一方面，资料的统计查询对人的依赖性很大，不同人员的管理、统计方式差别较大，不利于档案资料的管理。

（3）桥梁信息养护管理系统存在的问题

虽然桥梁信息管理系统的应用有效提升了档案技术资料的管理效率，但在桥梁的养护管理实践中，系统真正得到充分利用的情况非常少，桥梁信息管理系统仍然依赖人工逐条录入，如果没有严格的制度管理和系统设置，极易流于形式，难以系统、完整地建立和完善桥梁技术档案。桥梁养护管理信息化存在的问题有以下几点：

①桥梁信息管理系统缺乏前期基础信息的积累。桥梁信息管理系统是协助桥梁管理部门制订桥梁养护管理计划、资金最优规划等策略的最佳工具，主要包括技术状况评估、结构退化预测、维护对策及经济分析等功能。尽管桥梁信息管理系统在功能上得到了不断的完善，但值得注意的是，我国现有的桥梁信息管理系统中施工模块是普遍缺失的。目前，桥梁养护所需的各类设计基础信息、施工阶段沉淀数据及养护历史数据均不成系统，养护方案的制订缺乏准确的科学依据。

②各桥梁信息管理系统独立运行，信息共享难以实现，国内桥梁信息管理系统大多数还处于独立运行阶段，无法通过网络化等信息技术互联互通，形成资源共享和协同分析决策。桥梁信息的采集主要通过地方桥梁管理部门实施，由于缺乏一个统一的系统平台，地方桥梁管理部门采集到的桥梁信息需要分级录入市级桥梁信息管理系统和省级桥梁信息管理系统，整个重复录入的过程极易引起数据的丢失和失真，而且数据的修改也十分不便。这就导致桥梁信息难以及时更新，也不能准确、迅速地在各部门间传递共享。

③数据采集和录入问题，桥梁信息管理系统需要大量的各方面的数据才能发挥其应有的作用，然而在桥梁运营阶段，想要精确采集相关数据是比较困难的。数据采集需要专门的技术人员进行，而桥梁管理部门普遍存在养护技术人员缺乏的现象，从而难以及时采集相关数据。另外，数据采集采用传统的纸质记录方式，为后期人工逐条录入带来巨大的工作量，数据的准确性和安全性很难保证，也难以避免数据的丢失。如果桥梁信息管理系统没有准确、可靠的数据作为支持，其预测和决策功能也就会受到很大的制约。

（三）公路桥梁全寿命周期的划分和建养一体化

1.公路桥梁全寿命周期的划分

公路桥梁全寿命周期是指项目从构思（项目建设意图产生）到结束（项目废除）的全部过程，包括决策阶段、实施阶段和运营阶段。其中决策阶段是从工程构思开始到批准立项为止，实施阶段通常分为设计和施工两个阶段，运营阶段从项目交付使用直至工程结束，也是工程寿命期中时间最长的阶段。公路桥梁养护工作一般自交付使用之日就正式开始，但却在病害出现之后才得到重视，从工程全寿命周期的角度来看，公路桥梁从规划立项、设计、施工直至拆除，各项工作与养护工作都有不同程度的联系，故应在全寿命周期内考虑养护问题。

2.公路桥梁建养一体化

"建养一体化"即建设养护一体化，是在当前高速公路养护普遍存在"重建轻养"、养护管理体制不完善、养护质量偏低的情况下体现出来的，常见于公路管理部门的各项工作报告中，多用于强调做到建养并重，提高高速公路建设和养护水平，实行建设养护一体化管理。

通过以上分析得出，公路桥梁建养一体化是指在公路桥梁的生命周期内，针对公路桥梁结构性能的安全性、适用性和耐久性能，以及环境、费用和可用性等目标，对建设和养护业务信息进行历史的、空间的分类存储与综合分析，为公路桥梁的建设、养护过程提供信息共享和决策支持，提供公路桥梁建设和养护管理水平。

公路桥梁建养一体化的根本目的是通过对建设期间信息的有效管理，服务于运营养护期的决策工作。为了实现建设和养护信息之间的共享、消除"信息孤岛"，公路桥梁建养一体化提出以一体化的项目管理为目标，采用集成管理和信息管理的方法，为公路桥梁管理单位提供从项目开始建设到交付使用的养护、运营的全过程和一体化的管理，包括建设项目生命周期管理的一体化和各参建单位信息共享的一体化。

二、公路桥梁建养一体化信息管理的综合认知

（一）建设工程信息的特点

在建设工程全寿命周期中会产生大量的信息，它们在不同的工程参与者之间，以及在不同的工程阶段之间传递，前一阶段的大量信息会被后一阶段连续使用。建设工程的信息具有数量庞大、类型复杂、来源广泛、存储分散、应用环境复杂等特征，在建设工程全寿命周期始终处于动态变化之中。

1.信息量大，内容复杂

建设工程全寿命周期内产生的信息数量巨大、种类繁多，随着工程项目的进展，建设项目信息的数量呈现几何递增的趋势。据测算，单个普通单体建筑产生的文档数量就达到 10 的 4 次方数量级，一个大型建设项目在项目实施全过程中所产生的文档纸张重量可达几十吨。在建设工程全寿命周期内，大量的信息被创建和传递，导致在工程各阶段之间、项目各参与方之间存在数量庞大的信息流。信息流涉及技术、经济、管理、法律等方面与建设工程全过程有关的各种信息。

2.信息类型复杂、格式多样

建设工程项目信息可依据不同的标准进行分类。按照建设项目实施的过程划分，可分为决策阶段信息、设计阶段信息、施工阶段信息和运营管理阶段信息；按照建设工程的目标划分，可分为投资控制信息、质量控制信息和进度控制信息等；按照参与方信息的需求划分，可分为建设单位信息、勘察设计信息、施工单位信息等；从计算机辅助信息管理角度，建设工程信息可以分为结构化信息和非结构化信息两类。在全寿命周期内，建设工程项目信息在被创建和管理的过程中存在多种形式与表现方式，如表达建筑产品构造的工程图纸、反映工程项目管理活动的报告，以及体现工程造价的预算表格等，多种不同格式的信息同时被创建和管理。

3.信息被多方创建、管理，存储分散

建设项目信息来自建设单位、设计单位、施工单位、监理单位以及其他组织与部门，来自建筑、结构、给排水等不同专业。在全寿命周期内，建设工程各参与方都在工作中创建和管理自身需要的信息，造成信息的分散、重复存储，多个独立的信息中心不能充分地进行信息共享，导致所谓的"信息孤岛"现象的产生，既不利于建设信息的共享及应用，又不利于及时进行决策。

4.信息变更频繁，始终处于动态变化之中

建设项目的信息始终处于动态变化之中。与其他应用环境中的信息一样，建设项目中的任何信息都有一个完整的信息生命周期。建设工程持续时间长，在实施过程中存在大量的不确定因素，如建设工程的实施环境存在很大的不确定性，

各类突发事件经常出现，因此建设工程信息由于外部条件变化而变更频繁。

5.信息应用环境复杂

信息通常按照组织结构形式，在组织成员间进行传输。不同的项目参与方对项目信息有不同的应用要求，同一信息可能面临不同的信息处理和应用要求，因此对建设工程信息进行组织和管理时需充分考虑对信息的应用要求。

（二）公路桥梁信息的分类

由于桥梁工程项目的信息量大，构成情况复杂，因此可以从不同的角度对桥梁工程信息进行分类。

按照项目管理工作对象划分，公路桥梁工程信息包括工程系统的总体信息、单位工程信息、分部工程信息、分项工程信息等。按照桥梁结构划分，可分为下部结构、上部结构、桥面系和附属结构信息。

按照信息的内容，公路桥梁工程信息大致可分为技术信息、经济信息、管理信息、法律及其他信息等。根据信息内容属性对信息进行分类和编码，可有效满足项目资料档案收集的需求，实现项目管理各方和各阶段的综合管理。

按照工程实施过程中的一些主要工作环节，公路桥梁工程信息可分为决策阶段信息、设计阶段信息、施工阶段信息和运营管理阶段信息。

按照项目参与方划分，建设工程信息可分为业主方信息、设计方信息、施工方信息等不同主体的信息。

（三）公路桥梁建养一体化信息管理

公路桥梁建养一体化信息管理主要从以下两方面实现桥梁建设目标的整体最优。

1.建设养护信息管理一体化

建设养护信息管理一体化，是将公路桥梁建设阶段和运营阶段的信息进行集成管理，将设计、施工到最后运营养护的管理信息经过充分交流和控制集成为一个整体，减少公路桥梁建设与运营阶段之间的界面信息流失，使项目信息能准确、充分地传递，使公路桥梁建设各个过程之间以及项目各参与方之间进行有效的沟通与合作，实现数据共享。

2.参建单位信息管理共享一体化

参与公路桥梁建设和养护过程的单位包括业主方、设计单位、施工单位、运营方、政府部门、咨询单位和供应商等有关主体，公路桥梁的建设与养护管理是由各个阶段的参与主体所共同创建、更新、管理或使用的。在建设阶段，项目各参与主体之间因工作需要而大量、频繁地交流和共享信息，由于各方主体在纵向管理范围有所不同，参与主体在阶段之间的信息交接也是必不可少的。从这个意义上讲，公路桥梁建设与养护管理实际上就是一个工程信息的创建、管理信息共享及应用的过程。因此，基于建养一体化的信息管理模式力图对建设过程中项目各参与主体产生的信息进行有效的梳理，实现在公路桥梁生命周期的各阶段之间、各参与主体之间高效地创建、管理、共享和应用工程信息。

基于建养一体化的信息管理共享，一方面要求加强信息（沟通）管理和界面管理，保证界面之间、项目各参与主体之间顺利完成信息交接，使工程信息保持准确和完整；另一方面要求加强各参与主体之间彼此合作，强调各参与主体在履行各自传统职责的同时，以配合运营养护为目的将管理工作延伸至工程建设全过程，加强协同工作，实现参建单位信息管理共享一体化。

3.公路桥梁建养一体化信息管理作用

公路桥梁工程项目信息应符合管理的需要，有助于项目的管理和实施，公路桥梁建养一体化的信息应符合如下要求：符合专业需要，能够满足不同专业、不同项目管理职能人员的信息需求；反映并符合项目实际情况，项目信息保持准确有用不失真；及时提供和反馈信息；信息通俗易懂，便于正确理解。公路桥梁建养一体化信息管理除具备信息管理的辅助决策、提高管理水平、降低成本和提高工作效率等常见作用外，更应强调以下几点：

（1）合理组织公路桥梁管理信息资源，实现信息资源的共享

公路桥梁从建设到运营的发展过程中，形成了一定的信息沉淀，如果无法有效组织和管理这些信息，则不能发挥这些信息资源的优势。为了使这些信息真正成为资源，公路桥梁建养一体化的信息管理通过对桥梁信息的收集、整理、选择和评价，巧用基于BIM技术的数据管理平台实现信息资源的有效整合，通过将分

散无序的数据加工为系统有序的信息流，利用信息管理平台实现项目各参与单位的信息资源共享，为桥梁运营养护提供各种工程信息，实现异地协调和控制，并通过各种方式向人们提供信息服务，发挥公路桥梁信息的作用。

（2）信息便于查询与利用

在桥梁运营期间，通过专业监测系统发现桥梁某技术系统发生故障时，需要调用设计、施工及变更等所有信息，作为技术人员分析和处理故障的主要信息依据。采用一体化的信息管理方式，通过对公路桥梁建设和养护信息的合理组织，提供多元化查询支持，不仅提供当前桥梁运营养护管理的信息，同时基于BIM模型还能提供三维可视化界面，直观提供公路桥梁各工程系统历史的数据资料，便于工程技术人员查阅和决策。

（3）收集反馈

公路桥梁建设养护信息的一体化管理，通过积累长期面向桥梁工程的建设养护、健康诊断信息的记录、汇总和总结，可以为该类项目积累许多数据。这些信息能够为其他桥梁工程养护，尤其是对新建桥梁的工程设计、施工，起着重要的参考和借鉴作用，也可以帮助未来工程设计者、施工方及工程管理人员提高能力。另外，随着桥梁管理系统网络化的提高，相关数据信息的上传和更新，还能够为相关桥梁管理部门的数据统计和宏观管理提供数据支持，实现公路桥梁建设养护信息的反馈作用。

综上所述，公路桥梁建养一体化信息管理通过强调桥梁运营维护工作的向前延伸，将公路桥梁建设阶段和运营阶段的信息进行集成管理，减少建设与运营阶段之间的界面信息流失；以项目各参与方为主体，加强信息交流与协同工作，实现参建单位信息管理共享一体化，从而为合理组织公路桥梁管理资源、提高公路桥梁建设和养护管理水平、实现公路桥梁寿命周期的整体最优目标提供信息支持。

（四）基础理论和方法

1.建设项目集成管理

集成追求的是优势互补，要求各集成单元能实现优化组合，形成有序和谐的运行结构，从而使集成产生的总效益大于各集成单元分效益的累加。PMBOK中对项目集成管理的定义，项目集成管理是项目管理的一个子集，项目集成管理是将项目管理的各个方面整合在一起的活动，包括那些确保项目各要素相互协调所需要的过程，它需要在相互矛盾的项目目标和方案之间做出权衡，以满足或超出项目关系人的需求和期望。

2.集成管理分析方法

对于建设工程项目而言，一个典型而有效的方法就是采用系统工程的方法进行集成管理。其中运用最多且十分有效的方法是1969年美国系统工程学者霍尔（Hall）提出的"三维结构体系"，即霍尔模型。它用时间维、逻辑维和知识维的三维空间描述复杂系统分析与设计在不同阶段时所采用的步骤和所涉及的知识，是进行集成化管理系统分析与设计的主要方法。霍尔模型是解决规模较大、结构复杂、影响因素众多的大型复杂工程组织与管理问题的思想方法。

3.建设工程项目集成管理途径

根据霍尔模型可知，建设工程项目集成管理一般从三个维度进行分析，即组织集成、过程集成和信息集成。建设工程项目作为一个完整的系统，组织集成、过程集成和信息集成分别是从三个不同的侧面对建设工程项目进行集成的途径。

（1）组织集成

组织集成是指建设工程项目参与各方的集成。组织集成描述的是建设工程项目集成管理系统的组织形态，即描述建设工程项目各参与单位之间的组织关系。建设项目集成管理中的组织集成是指项目参与各方为了实现共同的目标，按照特定的原则组织设计，从而使相关资源得到有机整合，并以特定结构运行的结合体。组织集成的方法则根据系统论的观点运用组织理论分析建设工程项目采用何种组织结构模式、组织分工及工作流程组织，实现建设工程项目集成化管理。

（2）过程集成

过程集成是建设工程项目实施过程的集成，也是建设项目全寿命周期各阶段的集成。过程集成强调不能只将管理的重点放在工程建设的实施阶段，而应从工程项目的全寿命周期角度进行分析。建设工程项目的所有活动是不可分割的，应运用系统的观点统筹考虑。在建设工程项目集成管理模式中，过程集成反映了纵向管理的范围，涉及建设项目不同过程之间的交互和协同工作。建设项目的过程集成是指实现建设工程项目全寿命周期数据、资源的共享和各参与方的协同工作，将原来分隔的建设过程集成为一个协调的系统。

（3）信息集成

信息集成主要针对建设工程项目管理过程中大量存在"信息孤岛"等问题，解决信息准确、高效的共享和交换。信息集成是建设工程项目集成管理首先必须解决的问题。信息集成的主要目的是如何保证建设项目全寿命周期的信息得到合理的定义、组织和管理，使项目整个寿命周期内的信息都能保持最新、一致、共享和安全。建设工程项目的信息集成根据系统论的观点针对工程项目既定的目标或任务，运用信息管理的理论和方法对信息进行组织和管理，使建设项目相关的多元信息有机融合和优化，为建设项目集成管理而服务。

信息集成、过程集成和组织集成是建设工程项目集成管理必不可少的三个方面。信息集成是过程集成和组织集成的基础，过程集成是连接组织集成与信息集成的重要环节，组织集成是在过程集成和信息集成的基础上进行的，是建设工程项目集成的最高层次。

（五）工程全寿命期管理

在全寿命期管理研究中最早的领域是全寿命期费用管理（Life Cycle Cost，LCC）研究，LCC概念起源于瑞典铁路系统，瑞典Adtranz公司将LCC技术应用于瑞典高速列车工程中，并取得了很好的经济效益。工程全寿命期管理是以工程的前期策划、规划、设计、建设和运营维护、拆除为对象的管理过程。其管理有两层含义。

第一，工程全寿命期管理主要是指对工程全寿命期内各个阶段的管理工作。

第二，基于工程全寿命期的管理理念、理论和方法。工程全寿命期管理强调工程的任何一个阶段的工作都要立足于工程的全寿命期，不仅注重建设期，更注重工程的运行阶段；工程全寿命期管理以工程全寿命期的整体最优作为管理目标，反映工程全寿命期的整体效益和效率；强调对工程全寿命期进行集成化管理，将工程全寿命期的各个阶段的全过程作为一个整体统一管理，形成具有连续性的、系统的、集成化的管理系统。

建设项目全寿命管理从项目决策阶段开始，直至项目废除，进行总体和全面的策划、协调与控制，使项目符合投资方、运营方和最终用户的要求，使建设的投资目标、质量目标和进度目标尽可能实现，并使项目得到最大的投资的有形和无形的回报。

全寿命管理的理念要求工程项目的建设和管理应在考虑工程项目全寿命过程的基础上进行，在工程全寿命期内综合考虑工程建设的各种情况，使工程项目的总体目标达到最优。全寿命期管理有助于项目管理者在工程建设过程中统筹考虑工程项目全寿命期目标的实现，并最终提升工程的价值。

（六）建筑信息模型（BIM）

建筑信息模型（Building Information modeling，BIM）的概念起源于美国，最先在20世纪70年代左右由美国佐治亚理工大学的查克伊士曼博士提出。BIM的定义或解释有多种版本，McGrawhill在2009年"The Business Value of BIM"（BIM的商业价值）的市场调查报告中对BIM的定义比较简练，认为"BIM是利用数字模型对项目进行设计、施工和运营的过程"。美国国家BIM标准对BIM的定义比较完整，认为BIM是一个设施（建设项目）物理和功能特性的数字表达；BIM是一个共享的知识资源，是一个分享有关设施的信息，为该设施从概念到拆除的全生命周期中的所有决策提供可靠依据的过程；在项目不同阶段，不同利益相关方通过在BIM中插入、提取、更新和修改信息，支持和反映其各自职责的协同作业。

BIM技术的核心是基于BIM的建筑工程应用软件。美国"Building SMART联盟的BIM Project Execution Planning Guide Version2.0"对美国AEC领域的BIM使用情况进行调查研究，总结了目前BIM的25种不同应用。BIM技术是作为继CAD（计算机辅助设计）技术后在建设领域出现的又一项重要的计算机应用技术。从应用领域来看，BIM技术的应用贯穿于建设工程的设计、施工以及建成后的运营维护阶段。BIM技术的应用可使整个工程项目在全寿命期内都能够有效实现资源计划和控制，节约成本、节省能源、降低污染和提高效率，从真正意义上实现建设工程的全寿命期管理。

当前BIM技术的应用多在房屋建筑工程领域，主要的BIM软件包括Autodesk公司的Revit系列软件、Nemetschek公司的Allplan系列软件和Graphisoft公司的ArchiCAD系列软件。MIDAS公司的Smart BDS软件实现了简单桥梁的计算、出图一体化，是BIM在桥梁设计领域的尝试。Bentley公司在基础设施（道路、桥梁、市政等）领域的产品则有着无可争辩的优势，主要包括Bridge Master数字化桥梁设计软件；Bentley RM Bridge桥梁结构设计与分析软件（大、中跨度桥梁），提供二维/三维/四维桥梁设计、分析、建造与施工；LEAP Bridge混凝土桥梁分析与设计软件和Bentley LARS桥梁优化模拟承载能力分析软件等，目前Bentley致力于桥梁设计模型BIM的推广与应用。

BIM应用的精髓是信息的共享与集成，然而目前的BIM信息共享与集成缺乏有效、完善、通用的方案。例如，Autodesk公司的Revit系列软件之间实现共享信息是没有任何问题的，但是这些软件面对工程项目全寿命周期内其他阶段的信息实现共享和集成的功能却是有限的。因此，如何基于BIM技术实现工程项目全寿命周期内各阶段的信息共享和集成是未来的一个研究方向。

（七）建设工程生命周期信息管理（BLM）

建设工程生命周期信息管理（Building Lifecyclemanagement，BLM）的理念是伴随着BIM技术的应用而产生的，有时也称为建设工程生命周期管理。实际上，BLM应该是BLIM-Building Lifecycle Informationmanagement，根据行业领域的命名原则和惯例，缩写为BLM，但BLM不仅仅是信息管理，它还涉及与之相关的过程、组织、方法和手段等，是集成化思想在建设工程信息管理中的应用。

关于BLM，通常引用Autodesk提出的定义：贯穿于建设工程全过程，即从概念设计到拆除或拆除后再利用，通过数字化的方法创建、管理和共享所建造项目的信息。BLM的内涵包括以下几个方面：

第一，BLM的目的是使建设工程项目增值。

第二，BLM覆盖建设工程项目的全生命周期，包括决策阶段、实施阶段和运营阶段。

第三，BLM的核心是信息管理，包括信息的创建、管理、共享和使用等，通过充分挖掘信息的再利用价值，建设工程项目各参与方之间可以更好地共享信息。

BLM的服务对象是建设工程项目的信息过程，可以从三个维度进行描述。

第一维度——项目发展阶段：策划、设计、施工、运营等。

第二维度——项目参与方：建设单位、施工单位、监理单位、供应商运营单位等。

第三维度——信息操作行为：提取、更新、修改、交换、共享。

BIM作为BLM的技术核心，能够有效辅助建设工程项目的信息集成、交互及协同工作，是实现建设工程生命周期管理的关键。以BIM为技术核心的BLM有效地推动了建设工程设计、施工等管理工作中的数字化，从而提高建设工程信息在建设工程各参与单位之间的共享程度。BLM通过协同作业，改善建设工程信息的创建、分享与过程管理，使建设项目达到提高决策准确度、项目质量、运营效率和用户获利能力的目标。

第二节　公路桥梁建养一体化信息管理过程

一、基于BLM理念的建设工程信息管理

从技术上改变建设工程信息的创建、管理和共享行为与过程，是工程建设领域信息化发展的方向。建设工程生命周期信息管理以BIM为技术核心推动建设工程设计、施工和运营管理工作中的数字化，从而提高信息在工程参与各方之间共享的程度。

公路桥梁建养一体化信息管理的对象是公路桥梁建设项目各阶段的信息，即寻求最佳方式组织、跟踪、访问和管理公路桥梁项目的设计、建造与运行维护等各阶段内的所有数据及信息。它需要解决目前公路桥梁信息的创建、管理、共享和使用中存在的问题。基于BLM理念的公路桥梁建养一体化信息管理不仅仅是信息管理，相对于传统的信息管理侧重于信息传输的合理组织和控制，其更密切结合面向公路桥梁项目的协同工作、流程改进和知识管理。公路桥梁建养一体化信息管理过程涉及桥梁工程信息的创建、管理、共享和使用整个过程，需要解决以下问题。

（一）信息的创建阶段

基于BLM理念的建养一体化信息管理需要解决公路桥梁设计方案以及相关的信息集成问题，包括结构空间规划、成本、物料清单等资源和工程结构关系，以及这些信息的参数化处理和相互关联处理，目前建筑信息模型（BIM）是解决此问题的重要途径。

（二）信息的管理和共享阶段

在这一阶段需要解决信息的分类、文档的产生、桥梁数据的更新，以及信息的安全管理、分发和交流等，以使项目各参与方协同工作。

（三）信息的使用阶段

信息的使用阶段需要解决所创建信息的再利用问题，即应具备强大的索引和搜索功能，从信息的最终用户需求角度出发获取信息，将传统的"推"式转向"拉"式，提升信息使用层次，将信息转化为知识，为公路桥梁项目增值提供服务。

二、公路桥梁建养一体化信息管理的实施

从信息管理角度来看，公路桥梁建设与养护管理实际上就是工程信息的创建，以及管理信息共享及应用的过程。公路桥梁建养一体化信息管理的实施可用五个基本过程进行描述，即信息需求的识别、信息创建（获取）、信息加工和存储、信息共享和信息再利用。现在以BLM理念为指导，重点分析桥梁工程建设与养护的信息创建、信息加工与存储、信息共享和信息再利用过程。

（一）建设阶段信息管理过程

公路桥梁建设阶段信息管理过程主要从信息创建、信息加工、存储，以及信息共享三个环节进行分析。

1.信息创建（收集）

公路桥梁工程项目在整个建设过程中产生大量的信息，对这些工程信息进行管理的第一步就是信息的创建、收集。BIM设计工具创建了参数化设计数据，为桥梁工程全寿命期的信息管理提供了可行的技术基础，实现了全寿命期各阶段的信息管理和共享。基于BIM模型的信息创建主要包括BIM核心、信息的创建以及技术信息、经济和资源信息、管理和其他信息等附属信息的创建。

桥梁工程BIM核心、信息的创建主要由专业软件系统实现，在设计阶段主要是参数化三维建模，建立结构细化模型，不仅包括桥梁图形信息、设计信息和材料信息等BIM模型创建桥梁工程结构信息等核心信息，还包括通过与BIM模型相

结合的信息平台集成创建的相关附属信息（如技术信息、经济和资源信息、进度信息等），是BLM各阶段信息共享和协调工作的基础。

2.信息加工与存储

原始信息创建（收集）后并不宜直接存储和使用，信息存储之前需要对信息加工和处理，即对与建设项目相关的信息根据不同需要及要求进行选择、核对、分类和汇总，在此基础上生成不同形式的信息。基于BLM理念的信息加工与处理，在强调信息集中管理的同时，主要通过判断、分类整理以及编辑与归档保存三方面的工作，获得可供利用和存储的真实可靠的信息资料。

（1）判断

除了判断创建信息的真实性与准确性外，BIM信息的判断主要包括两方面：一是工程建设需要的信息，由业主方牵头组织、设计，施工方负责实施；二是从运营养护管理角度出发，由运营方负责判断信息的归档和参考类型。

（2）分类整理

公路桥梁建设项目参与方众多，从各方面收集到的信息分散而杂乱，采用基于EBS的信息模型能够以统一的标准对其进行分类整理。拓展的编码信息则用于将创建的初始信息按一定的标准，如时间、业务性质等，将其分门别类进行整理。

（3）编辑与归档保存

信息的编辑与归档保存主要是为后期的调用提供便利。基于BIM的信息模型能够通过三维可视化让使用者直观了解桥梁状况，采用统一的编码体系则有助于信息归档的电子化和规范化，以实现数据库对信息的集中管理。

3.信息共享

传统的信息传递主要依赖于人工的方式进行，如专人负责信息的传递，将纸质文件在规定的时间内传达到指定方，通过通信方式（如信函、电话、传真等）及会议形式进行信息传递。BIM作为一项基于三维的面向对象的工程数据库技术，BIM数据库包括设计意图、设计管理数据、项目资料和建造信息等可视化信息，因此满足了构建信息交换平台的最基本要求。基于BLM的信息共享强调在桥梁工程生命周期内，使工程各参与方能够在线交流信息与协同工作，项目信息门户（Project Information Portal，PIP）为此提供了技术方面的支持。项目信息门户在对工程各参与方产生的信息进行集中管理的基础上，在互联网平台上为各参与方提供了个性化建设工程信息的单一入口，项目所有参与方可以通过这一单一入口访问他们所需要的信息，从而使项目信息从传统低效、点对点的沟通方式转变为集中共享，不仅大大提高了信息沟通的效率，项目信息也得以稳定、准确和及时传递，为工程各参与方提供一个高效的信息交流和共同协作的环境。

设计阶段PIP为设计方基于BIM的协同工作提供支撑，各专业工程师改变传统的点对点的沟通方式，采用在PIP平台上实现基于BIM的信息集中共享。PIP还为业主方决策提供信息支撑，决策人员通过PIP能够实时掌握工程进展和工程方案实施情况。施工阶段PIP除实现信息共享、协同工作和文档管理等功能外，基于PIP平台集成相关项目管理信息系统，能够在PIP平台上进行成本管理、进度管理、合同管理等项目管理工作。另外，BIM中心、数据库的信息内容也可以通过PIP平台进行共享和发布，并通过PIP平台接收各参与方的信息指令。

基于BIM数据库和PIP信息平台的信息传递与管理模式，使建设项目信息在规划、设计、建造和运营维护全过程充分共享、无损传递，可以使建设项目的所有参与方在项目从概念产生到完全拆除的整个生命周期内，能够在模型中操作信息和在信息中操作模型，进行协同工作，从根本上改变了过去依靠文字符号形式表达的蓝图进行项目建设和运营管理的工作方式。

（二）养护阶段信息管理过程

公路桥梁养护是一项系统工程，涉及的信息量多面广、针对公路桥梁养护信息过于抽象、分散的特点，将桥梁养护信息进行科学加工与集成共享具有重要意义。桥梁养护信息过程管理也可以从信息创建、信息加工与存储、信息共享三个角度进行分析。

1.信息收集（创建）

公路桥梁养护信息可以分为构件信息和业务信息两类。运营阶段公路桥梁的产品数据模型由构件数据模型和业务数据模型组成，构件数据模型是在移交的BIM模型基础上形成的，主要描述公路桥梁构件的状态，构件数据模型信息包括桥梁下部结构、上部结构、桥面系、附属结构信息，以及档案信息和图形信息等基本信息。业务数据模型则用于描述桥梁检测、桥梁状况和评估等动态信息。

构件数据模型信息由在桥梁维护过程中所需和积累的设计与施工信息构成。因此，构件数据模型创建的信息包括结构类型和构件在维护计划、退化诊断、维修与加固阶段的信息。

业务数据模型信息由运营阶段桥梁养护工作产生的信息构成。业务数据模型创建的信息包括桥梁检查检测产生的数据。桥梁检查检测专业数据信息是桥梁状态评估和养护决策的主要专业数据来源，包括经常性检查、定期检查和特殊检查专业数据，以及健康监测系统采集的数据；根据桥梁检查数据生成的桥梁评定结果的数据；桥梁养护决策信息以及维修加固计划的制订；进行桥梁维修与加固产生的数据；等等。

2.信息加工与存储

桥梁管理系统的数据库子系统为桥梁养护信息的加工与存储提供了技术支持，一般桥梁管理系统数据库包括桥梁基本数据（桥梁结构、设计数据、施工数据）、检查数据、维修改建历史数据、技术状况数据、费用数据和交通环境数据等。采用基于BIM的数据库技术，在实现传统桥梁管理系统数据库功能的基础上，通过面向对象的智能化和参数化特点的数字化表示，支持桥梁养护过程中的动态信息创建、更新和管理，实现信息可视化表达，为桥梁养护信息加工与存储提供集成化平台。基于BLM的桥梁产品数据模型也可根据判断、分类整理、编辑和归档保存三方面工作进行信息的加工与处理。

（1）判断

除判断创建信息的真实性与准确性外，桥梁养护信息判断主要包括两方面：一是工程后期维护需要的信息；二是为桥梁设计、施工提供技术参考的信息。由运营方负责判断信息的归档和参考类型，并且与设计、施工方保持长期合作关系。

（2）分类整理

桥梁养护信息的整理采用动态数据与静态数据的相互转化进行分类整理，对于构件数据模型的信息，主要桥梁构件是指将对应的基本数据、检查数据、维修数据、技术状况等数据归类整理。

（3）编辑和归档保存

桥梁养护信息的编辑归档是一个不断更新的过程，其中构件数据模型的信息经归类后即可累积存储。业务数据模型的信息在信息输入和输出的过程中将相关技术信息归档保存，便于本工程后期运营参考和其他类似工程设计、施工的借鉴。

3.信息共享

相对于桥梁养护管理，桥梁建设阶段参与方多、信息量大，基于BIM的PIP为不同参与方之间的交流和信息共享构建了面向桥梁建设全生命周期信息管理的协作平台。桥梁运营方在建设阶段基于BIM的PIP平台上实现桥梁建设信息共享之外，桥梁养护信息的共享则由基于BIM数据库的产品数据模型实现。不同于传统的桥梁管理系统，基于BIM数据库的桥梁3D产品数据模型最大的特点是提供一个可视化直观界面，作为进入海量桥梁信息库的窗口，具备强大的索引和搜索功能，为相关方信息查阅提供支持。

传统桥梁养护管理从运营阶段开始，相关养护信息也是在运营阶段开始创建和管理的。基于BIM数据库的产品数据模型，在整合桥梁维护过程中所需和积累的设计与施工信息基础上，不断更新桥梁构件在维护计划、退化诊断、维修和加固阶段的信息，其面向桥梁工程对象的设计、施工、养护一体化信息，实现桥梁全生命周期的信息传递，特别是桥梁运营期间的检测评估后的信息共享，为相关设计、施工与养护等部门提供反馈信息，实现桥梁建设与养护之间的信息共享。

产品数据模型中的业务数据模型可以有效与传统的桥梁管理系统相结合，实现业务间的信息共享；产品数据模型与健康监测系统相结合——在产品数据模型上结合桥梁健康监测布局，实现桥梁基本数据信息、业务数据信息、健康监测信息一体化；实现BIM数据库、桥梁管理系统和健康监测系统间的信息共享。

（三）信息再利用

对于建养一体化的公路桥梁而言，信息的价值在全生命周期各个阶段的体现也有所不同。在决策阶段，信息的价值在于明确定义一个项目，并为后续阶段提供决策信息；在设计阶段，信息的价值在于为招投标、施工和运营阶段提供准确且完整的项目信息；在施工阶段，信息的价值在于根据项目目标进行各项管理活动并指导施工，避免因信息的错误导致浪费；在运营阶段，信息的价值在于辅助运营管理及资产的保值增值。

三、公路桥梁建养一体化信息流程

信息流程是记录业务流程中管理工作形成的数据流，建设项目信息流程主要反映建设项目的建设过程和信息处理过程。公路桥梁建养一体化信息流程包括项目管理流程和信息流分析两个方面。采用集成定义语言（Intergrateddefinition Language）方法对公路桥梁建养一体化过程建立模型，通过分析项目各个过程之间的联系，梳理项目管理流程，是信息流程分析的基础。项目建设的不同阶段均存在信息流动过程，建养一体化信息流通过分析基于BIM信息模型的数据流，实现公路桥梁设计、施工和养护管理各个阶段的过程数据与结果数据的整合及再利用，服务于公路桥梁建设和养护管理决策。

（一）建养一体化工程模型建立

工程建设项目的过程是指为完成建设项目目标而进行的一系列逻辑相关的跨越时间的活动的有序集合。工程建设项目的所有活动是不可分割的，需要用系统的观点统筹考虑，公路桥梁建养一体化过程涉及不同过程之间的交互和协同工作，运用过程建模技术对公路桥梁建养一体化过程建立模型，分析项目各个过程之间的联系，也有利于实现桥梁建设各过程的信息集成与管理。采用IDEFO方法可以清晰而有序地描述各层次的过程与相互关系，IDEFO的基本元素包括输入活动、输出机制和控制。

工程建设过程从不同参与方的视角出发具有不同的输入、输出和控制机制，业主方作为整个项目的组织者、集成者，公路桥梁建养一体化的过程模型是基于业主视角的模型。由于桥梁工程建设过程涉及内容广泛，人们主要就桥梁工程生命周期过程及其部分关键过程给予建模，着重体现建模的思路和方法。建养一体化过程总体模型可分为建养一体化信息管理、项目前期策划、设计、施工和运营管理五个子过程，具体包括以下内容。

1.建养一体化信息管理活动

建养一体化信息管理主要集中在将资源转化为项目参与团队、文档或合同等控制条件，建养一体化信息管理受控于两个要素，即整个项目的状况信息和优化项目内部子过程的信息。

2.项目前期策划活动

通过明确和定义业主需求与实现的方法，将建设想法转化为设计要求，受控于项目参与者管理计划、合同和优化信息输出，包括活动下游的设计要求文件和项目前期策划信息。

3.设计活动

基于策划报告和设计文件的要求，将执行方案转化为BIM模型、工程文档和运行维护文档。另外，后续活动的设计可施工性以及运营养护管理信息也是设计所需的控制信息，以使工程满足业主的需求。基于BIM的设计过程可分为以下几个子过程：理解项目需求和要求；项目定义和概念设计；初步模型建立；模型改进和深化；模型的测试与模拟；模型的维护和设计文档的输出。

4.施工活动

基于BIM模型、工程文档、合同、标准和现场计划等控制条件，施工活动的主要任务是将与设计有关的资源转化为一个完整的工程实体。

5.运营管理活动

以竣工后的BIM最终模型、可供运营管理使用的桥梁建造信息、相关文档、合同和运营维护计划为控制条件，包含将桥梁设施移交给运营管理方的所有活动。桥梁运营管理在BIM最终模型基础上，通过扩展BIM数据库，建立桥梁运营维护需要的字段，结合桥梁管理系统和健康监测系统，接入监测数据和分析数据，为桥梁养护管理决策提供支持。

（二）建养一体化项目管理工程分析

基于建养一体化的项目管理流程更多地考虑工程技术的定位、工程建设组织协调管理和运营维护，包含许多职能型的计划和管理控制，使桥梁工程在建设期和运营期都能很好地发挥作用，实现建设目标。项目管理流程可分为建设管理流程和养护管理流程两部分。

1.基于建养一体化的桥梁建设项目管理流程

建养一体化桥梁建设项目管理应以运营养护为导向，从提高信息再利用、降低桥梁寿命周期成本和提高运营效率的功能角度出发，在满足当前目标的基础上，以建养一体化为目标，形成一体化的管理流程，为桥梁养护决策提供必要的条件。在桥梁建设阶段，项目管理流程主要反映项目管理要素之间的关系。

2.基于建养一体化的桥梁养护管理流程

在养护管理工作中，基于BIM模型的数据库包含桥梁基本数据（产品数据模型中包含的桥梁设计、施工数据），它是进行检测、评估、计划和决策的基础。在桥梁检查检测和健康监测系统数据的基础上进行结构状态评估，评估结果为维护计划和决策的制定提供了数据基础。根据评估的结果制订维修加固计划，最后将维修加固实施的结果也录入数据库保存。

（三）建养一体化信息流分析

从全寿命周期的角度来分析，建设项目在某一阶段产生的一些信息不会立刻消失或失效，往往会继续进入下一个阶段使用、更改。在信息产生、转化、消亡的过程中，项目建设的不同阶段均存在信息的流动过程。公路桥梁工程项目从产生开始经历了决策、设计、施工和运营等多个阶段，各阶段之间的管理过程是紧密联系的，前　阶段的信息输出会成为后　阶段的信息输入。建养　体化信息流，即用来分析相关的信息流动过程是如何为桥梁建设和养护管理服务的。

1.公路桥梁建养一体化总体信息流

公路桥梁建养一体化信息平台不同于一般的桥梁管理系统，公路桥梁信息平台利用BIM技术，通过对全桥进行结构分解、参数化编码，将每个构件在设计阶段、施工阶段以及运营阶段检测、维修养护的各类数据信息输入，实现桥梁生命周期数据的流通，形成建养一体化的信息流，其信息资料的完整性也符合全寿命周期理念的要求。

2.公路桥梁建设—养护管理信息流

BIM作为桥梁建养一体化信息管理的核心，在工程生命周期不同阶段的模型信息是一致、连贯的，同一信息无须重复输入，故建设—养护管理信息流分析以BIM模型信息流分析为主。BIM模型信息流以完善BIM数据库的信息为目标，BIM数据库相当于提供了一个信息存储平台，不同阶段、不同参与方可以根据需求提取相关信息，扩展和输入相应的信息，随着BIM数据库信息的不断完善，为相关参与方进行项目决策提供了技术支持。

从以养护为导向的桥梁建养一体化角度出发，桥梁运营阶段的产品数据模型信息由在桥梁维护过程中所需要积累的设计和施工信息构成。因此，运营阶段信息流关注构件的结构类型及其在设计、施工、运营维护计划、退化诊断、维修和加固阶段的信息积累，并将这些信息有效归类于桥梁上部结构、下部结构、桥面系和附属设施中。其中，CAD、设计分析和工程量计量结果等信息作为运营阶段产品数据模型的基础数据，应能体现一定的架构并提供原数据的链接。

（1）桥梁建设阶段的信息流通过设计和施工各功能模块信息的完善最终流向BIM数据库。桥梁BIM功能模型的建立是在数据的基础上进行的，可以从相关模型软件中抽取提炼出可识别的信息，通过BIM数据集成平台（BIM数据库）实现共享和扩展。例如，设计阶段的信息模型主要包括桥梁3D模型、材料属性、地质环境、水文资料、基础造价等信息；施工信息模型对其进行扩展，包含桥梁施工模拟数据、施工基本信息、安全管理方案。由于后续信息模型在建立时可以从中提取所需的信息，从而减少不必要的信息输入，提高信息的重复利用率。

（2）桥梁运营阶段的BIM信息流以桥梁设计和施工模型积累的信息为基础，对最终施工信息模型进行进一步扩展，增加桥梁检测采集信息、桥梁状况评估产生的关于桥梁构件的结构特征信息，以及后期桥梁维修加固的相关信息，更新到BIM数据库中。一方面为桥梁后期养护管理提供技术基础，提高信息再利用；另一方面为其他桥梁工程的设计、施工提供参考信息。

第三节　公路桥梁施工项目管理模式优化

一、公路桥梁施工项目管理模式的内涵

公路桥梁施工项目管理模式，简单地说是施工企业对公路桥梁施工项目建设

全过程进行计划、协调、指挥、组织与控制活动而建立的项目管理模式，是为了实现工程项目安全进行，确保工程平稳开展的目标。如果按照项目管理的层次划分，公路桥梁施工项目管理模式可以分为具体模式和总体模式。公路施工企业分公司对项目部、总公司对分公司在资源配置等总体方面所形成的管理模式，称为总体模式。具体到项目实施每个环节的管理模式上，是公路施工企业项目管理中的具体模式，包括机械设备管理模式、物料管理模式、人力资源管理模式、信息管理模式、风险管理模式、合同管理模式、进度管理模式、安全环保管理模式、质量管理模式、技术成本管理模式、技术管理模式等。

二、公路桥梁施工项目管理的特点

（一）公路桥梁施工项目管理的基本概念

从实质上来说，公路桥梁工程施工项目管理的概念是项目管理的一个分支，其主体是施工单位，目标是保证施工环节安全有序进行，主要内容包括控制好施工质量、施工制度、施工成本，以及管理好信息、合同、安全等方面。其优点在于能将工程建设中的重点和难点凸显出来，以便管理人员能够很好地把握，还能协调好组织内部的关系，确保公路桥梁施工工序的顺利进行。

（二）公路桥梁项目管理

公路桥梁项目管理所涉及的范围较为明确和固定，所以其特点更加具体和鲜明，而一般项目管理的特点更加模糊、难以分辨。

1.多变性

施工人员受教育程度的不同决定了其综合素质的不同，这就会导致工作态度不一致，有的拖泥带水，有的严格认真。而项目管理的任务是随着施工阶段和施工条件的改变而变化的，这就是多变性存在的原因。

2.复杂性

主要是由于工程项目突发状况多，没有规律性，加上管理的内容繁多，导致不利于管理。

3.协调性

协调性也是项目管理的基本要求，保证各项工作协调有序进行是公路桥梁工程项目管理的主要目的，要保证整个公路桥梁施工活动有效开展，只有在满足上述基本前提的条件下才能进行。从项目管理理念出发，在合适的合同条款下应用合理的技术，满足公路桥梁工程的设计要求，是工程项目管理最基本的内容。

（三）公路桥梁施工项目管理状况

1.管理模式

良好的管理模式的创建直接决定了施工项目的管理质量的好坏。制定合理的管理模式时，要结合多种要素进行考虑。但目前我国的情况比较滞后，公路桥梁项目管理模式大多数采用计划经济的方式。这种模式下多以硬性指令和行政为主，人性化的因素较少，没有以科学合理作为出发点，也没有落到实处。没有科学的依托，就只能在建立管理模式时多依存以往的自我思想和经验意识，虽然并非完全不合理，但是很容易带来管理上不必要的失误。

2.人员素质

在工程施工时，人员的素质直接影响管理水平的高低。由于公路桥梁工程规模浩大，所涉及的人员众多，素质低的施工人员达到一定比例时，很容易造成一些难题，使事故发生的概率增大。工程建设队伍层次结构不合理，加上管理人员水平也较低，大部分是中专或大专学历，在处理紧急情况时，显得手忙脚乱，没有足够的专业管理技能和先进的经验应对面前的难题，从而造成更大的损失。因此，不论施工的技术人员还是管理人员，都应当被重视起来，同时也要提升他们的综合素质和专业技能。

3.安全事故频繁

在公路施工中安全事故较为频繁，甚至造成了严重的后果，这是由公路建设的施工环境所决定的，因为它的特殊性再加上没有足够的安全措施就会出现以上问题。就目前情况来说，很多单位为了急功近利而大大缩减成本，在施工中的一些安全措施不够完善，对一些安全教育不够重视，安全设施也做得不到位，甚至对施工现场的安全监督有所欠缺，这一系列的原因就会造成安全事故频繁发生。为了避免给周围的居民带来不好的影响，应不断加强在此方面的工作，并给予足够重视。

4.管理公路桥梁施工项目的策略

施工项目的管理模式决定了其管理水平，为了使项目施工的管理水平能够有效提高，就要先对管理模式进行改革。管理理念、管理体制和管理技术三部分构成了管理模式。首先，对管理观念进行更改，运用创新的理念追求更合理的管理。其次，对管理体制进行改革，拥有更具有实际意义的管理模式。对目前的管理体制来说，其本身存在许多问题，因此要将其与实际结合起来改革管理体制。最后，对管理技术的改革，使其能够达到较高的水平。

随着科技的进步与发展，互联网已经进入各个行业，同时给各个行业带来了不同的变革。当然，互联网也同样进入公路桥梁的施工项目中，关于此项目的一些数据资料进行网络同步可以对其储存和共享。虽然目前是高科技的时代，但是高科技也同样需要人员进行管理，一些机械不可能拥有人的智慧，做不到随机应变，所以从根本上就要不断加强对人员的管理。我们的计划方向就是要将每一名员工的积极性激发出来，并采用奖励的方式进行鼓励引导，同时相关部门的管理者还要有很强的带头指挥能力，从而能够做好人员管理。

好的施工环境会加快施工的进程，而差的施工环境会对项目的进程造成延误，严重时还会对人员造成不同程度的伤害。工程的施工质量也会因为施工环境受到影响，严寒酷暑的天气状况都会影响施工的有序进行。在环境较为恶劣的情况下，员工就不能按时完成工程，这就会对项目的进展产生影响，严重时还会威胁员工的生命安全。在炎热的夏季，为了使员工能够更好地施工，相关部门就要采取防暑措施，为他们准备凉快的休息场所，同时遇到高温天气时要停止施工。在寒冷的冬季，为了降低对员工造成的影响，相关部门就要做好保暖措施，确保员工能够正常施工。

第四节　公路桥梁施工技术优化管理

一、公路桥梁施工技术管理的必要性

公路桥梁是我国交通运输的重要通道，对经济发展和生活水平的提高发挥着一定的积极作用。对公路桥梁进行施工技术管理不但可以保证质量，还可以提高施工效率。施工管理就是确保相关项目能达到投入使用标准的重要举措。施工管理贯穿公路桥梁项目建设的始终，并且涉及公路桥梁建设的方方面面。具体到实践操作环节，前期包括制定施工方案和施工管理制度，中期对施工过程进行监督，以及施工完成后的质量验收。就施工过程的本身来说，公路桥梁的施工管理需要对施工过程所用到的材料及设备进行检查，同时还有施工人员的调配和操作规范等，这些都对公路桥梁的质量至关重要。因此，必须重视施工管理对于公路桥梁建设质量的重要性。

二、公路桥梁施工技术管理的要点

（一）路基

路基的施工技术管理，主要的问题无外乎基地的处置，进行基地处置的关键就是进行基地的压实工作，在压实时必须严格遵守施工规范，根据定额选择合适的压力机，并根据实际的路况选择合适的机械设备，如果路段太宽，则需要选择大吨位的压路机。

（二）路面基层

做好路面基层的施工管理：其一，进行冬季备料工作，对原材料的质量必须进行严格的审查，对于质量不达标的原料，不但不能使用，而且严禁任何人将不达标的材料运进施工场地，有关单位要发挥其质量监管作用，引导有关的工作人员进行质量监管工作，每天对施工场地中的原料质量进行抽查。其二，进行摊铺工作时，可以采取人工摊铺、摊铺机施工结合的工作方式，确保两处的拌和站能够同时进行材料的供应，将所有的人力、设备积聚在一起，打开作业面。其三，对标高进行严格的控制，保证基层厚度，以便使基层质量可以满足施工需求。其四，如果进行施工的交通路段无法进行封闭，就要采取边通车边施工的方法，但是必须做好有关交通路段的管制工作，以免影响路段施工。

（三）桥梁

重视桥（涵）隐蔽工程的施工，可以选择十分有经验的工程师进入工地，负责其质量监督工作。另外，加大旁站的监管力度，如果发现问题，立即组织技术人员协商解决。模板在支立前，必须先对其校正、除锈；模板在支立后，还要对其进行涂脱模剂工作。模板、支架进行安装时，必须保证其坚固、稳定，模板尺寸必须合格，不会产生变形的情况。至于模板缝隙的处理，一般使用贴胶纸、刮腻子的方法解决。如果成品混凝土构件表面存在不密实、漏筋、蜂窝麻面或者质量缺陷严重的问题，则必须停止使用。

（四）附属工程

对于水泥混凝土护坡工程来说，主要有两个要点：一是护脚，采用逐段的方式，明确顶面标高，以保证其能够深埋在自然地面下；二是护坡基础施工，路基采取超宽30厘米压实后刷坡，以保证边坡坡面的密实度。

三、公路桥梁施工技术优化管理的对策

（一）做好公路桥梁施工技术优化管理的准备工作

通过分析，公路桥梁施工技术优化管理的准备工作主要包括以下三个要点。

1.制定施工标准、技术标准及管理制度

制定相关标准时，在严格按照国家法律规定的文件执行的前提下，结合实际情况做出适应工程施工的各项标准。

2.组建一支功能齐全的施工技术管理团队

相关的领导管理人员除了拥有扎实的专业知识外，还要具备多年的领导管理经验，能够对大型工程项目进行有条不紊的管理指导。

3.施工技术资料整理

对收集的相关资料进行分类和整理，制定一套适用于本工程的档案管理制度，为公路桥梁的施工提供依据，也可为以后的相关项目积累经验。

（二）建立健全的公路桥梁施工技术管理制度

1.技术责任制制度

明确每个工作小组和每个工作人员的职责，将施工质量的总目标分解为每个小组、每个施工人员的小目标，进而提高公路桥梁建设人员的工作积极性和热情，同时建立与之相应的质量考评制度，以增强全体人员的质量意识。

2.施工图纸会审制度

图纸是工程项目施工的直接依据，因此施工图纸必须保证其科学性，在施工图纸拟定下发后，相关的技术人员和管理人员必须对图纸进行仔细审查，确保工程施工进行的科学性、经济性和可行性。如果存在漏洞，一定要及时指出，经过再次研究后进行改正。

3.技术交底制度

在施工过程中，技术人员一定要对施工图纸进行仔细研究，然后将相关的技术和工艺对一线施工人员进行明确传达，使每个施工人员对施工流程、施工质量目标及操作规范等进行全面认识。与此同时，还要使施工人员对一些施工所用的材料、标识及混合比率等熟悉掌握，对这些交底的内容进行详细记录并存入档案，以便以后进行技术控制。

4.工程变更制度

可以通过制定工程变更制度促使施工方案的调整，节省开支，提高质量和工作效率。

（三）做好施工质量的检查和验收

为了对项目的质量进行严格把控，在每道程序完成后，都要依据标准对完成质量进行检查，如果合格方可继续进行下一道程序的施工。另外，在项目施工过程中，一定要深入施工一线进行现场监督，发现操作不当时，马上进行纠正指导，；如果失误十分严重，则可以停止该项目，待专业人员进行合计后，按照新的整改措施继续施工，要严把质量关。由于公路桥梁项目是一项十分复杂的大工程，隐患众多，分项检查更能确保质量，有着十分积极的意义。在工程桥梁施工完成后，要组织人员对工程进行验收，在分项检查的基础上再对整体进行检查，双重检查确保公路桥梁的质量。在验收前，要对验收所需的设备进行准备，如分项检查资料、施工中的往来文件、施工图等一系列资料。

（四）加强对施工的档案管理

从工程准备阶段一直到工程竣工完成验收，在这一过程中产生的各种资料都需要进行归档整理。具体来说，需要存档整理的资料有施工过程中的新工艺和新材料、施工图纸、施工组织设计、竣工图纸、施工原始记录及其相应的统计资料、施工中出现的重大问题及相应的解决措施、实验研究结果以及相关资料、施工标准、技术标准、管理制度等。这些材料具有重大的意义，不但可以为以后公路桥梁的保养加固提供依据，而且可以为以后其他项目的施工提供参考和经验。

综上所述，对公路桥梁进行施工技术管理是十分重要的，是促使公路桥梁安全性和长久性的重要保障。目前，我国一直强调又好又快地发展，对于公路桥梁的建设来说也是如此，首先在计划建设时就要做好各项准备工作，其次在工程开始后严格进行质量监管，最后在工程竣工后做好验收工作，这些都是当前公路桥梁施工的讨论重点。

第五节　公路桥梁工程中合同管理优化

一、工程合同管理所涉及的内容

（一）合同管理

当合同签订完毕之后，作为合同管理人员应着手于合同的管理工作。由于合同内容所涉及的都是施工方案和桥梁设计、桥梁走向和位置，而合同管理人员并没有掌握相关的知识，因此在管理合同的过程中，管理人员的主要任务就是配合项目经理，同其一起分解项目，明确各方的合同责任。

（二）合同所发生的纠纷

在公路桥梁工程中，合同管理不能缺少的内容就是界定合同纠纷以及合同纠纷的解决。由于工程合同与多个利益方有着极其密切的联系，容易发生各种纠纷，因此企业要对此引起足够的重视，并采取有效措施将其解决，从而顺利地开展工程建设工作。目前，很多工程因发生合同纠纷而不能按期开展工程，从而给施工企业造成损失。解决工程合同纠纷一般有以下几种形式：第一，协商。纠纷方与合同管理人员进行协商，在履行条款及索赔方面统一意见，从而将纠纷妥善解决。第二，仲裁。合同管理人员按照双方所签署的仲裁协议或者按照规定的仲裁条款，以仲裁的方式解决纠纷。第三，诉讼。一般情况下，合同管理人员所提出的诉讼都是借用企业名义，然后由法院判决，从而将合同纠纷解决。

二、在管理公路桥梁工程合同时出现的问题

随着时代的发展，近几年桥梁工程的合同管理模式也逐步趋于完善，并且收到了显著的成效。但从实际情况来看，依旧存在一些问题，从而对合同整体的管理质量和效率产生影响，具体分析如下。

（一）缺乏专业的管理人员

合同管理的技术及专业性非常鲜明，但很多施工企业并没有针对工程项目配备专业的合同管理人员。整体来讲，合同管理人员的整体素质偏低，其不仅不具备相关的法律知识，没有掌握应有的技能，而且缺乏合同管理的相关经验，而这对桥梁工程的合同管理极其不利。

（二）合同条例缺乏规范性

在签订合同的过程中，企业的管理层人员没有形成足够的法制意识及法制观念，没有对防范合同风险引起足够重视。与此同时，其在合同中没有明确签订双方需要承担的义务和责任，以及所享有的权益，致使合同条款不够系统及规范。

另外，由于企业并不重视合同管理，所以极易引起法律纠纷。

（三）不健全的合同管理机制

第一，因为建立的合同管理机制不够健全，合同管理存在主体错位的问题，无法合理地进行管理分工，所以无法保障践行合约条款的效果。第二，很多施工企业在合同签订完毕之后，一般会将全部的注意力放在项目施工上，而没有全方位地研究合同，也没有重视合同的履行。

三、进行合同管理的有效措施

（一）引进高素质的管理人员

施工企业应对高素质、专业能力强的合同管理人员进行配置。因为合同管理这项工作与法律方面的内容相关，所以作为管理人员还应掌握关于合同管理的法律知识，这样才能够更好地开展相关工作。特别是当前，证书机制的大力实施，只有合同管理人员达到相关的要求和标准，才能够被颁发相关的资格证书，所以施工企业应确保人人持证上岗，这样才能够保障其开展工作的质量。

（二）不断对合同管理的制度进行完善

要将合同交底的制度建立起来，要求签好合同之后，管理合同的人员要向管理项目的人员交底，并对合同的要求和条款进行说明，让其明确在履行合同过程中企业需要承担的义务以及需要预防的相关事项，从而最大限度地避免纠纷。与此同时，要使责任制得以落实，管理合同的人员应明确项目组应承担的合同责任，并让其严格履行。另外，要将分包合同的监管制度建立起来，只有通过这样的方式才能有效地监督分包单位履行合同的相关情况，从而确保合同高效履行。

（三）合同拟定

拟定合同时，应注重以下几方面内容：首先，达成一致意见之后再拟定合同。其次，针对重要合同，应设立专门的谈判小组对合同进行谈判。结合实际，必要时还可聘请专家。再次，合同内容若涉及财务问题，应聘请专业的财务人员参与其中。最后，合同完成拟定之后要向相关部门呈交，让其开展审核合同的工作。一般需要审核以下几方面：第一，审查合同的合法性，也就是审查桥梁工程的建设方案及相关工程有无超出法律的界限。第二，审查工程有无完备的手续，包括施工许可证、施工建设场地的使用权限证件等。第三，审查合同和相关资料是否齐全。第四，审查合同权利和义务有无明确界定。

（四）实时管理合同履行情况

在项目工程施工开始时，要全面且系统地分析合同条款。与此同时，要开展实时地监管合同履行情况的工作，这样才能够在第一时间获得关键的信息。然后以这些信息为依据进行判断和分析，确保按期完工，保障工程整体的质量。另外，通过实时监督，能够尽快找到问题，并采取有效措施将其解决，从而使合同管理的职能得以有效强化。

（五）防范合同的违约

在桥梁工程中除了要对内部履行合同条款的情况进行实时监督，还要对违约的相关行为引起足够的重视。从实质上来讲，也就是在制定合同的过程中，要注重应注意的相关事项，并加大审查力度，防止发生违约行为。另外，当施工企业同业主意见不一致时，作为合同管理人员要做好协调工作。监理单位应充分发挥自己的监督职能，使各方的利益得以保障。

（六）合同管理索赔

在合同签订的过程中，承办人应以纪要形式记录合同隐藏的风险，并作为合同核心内容，在具体的施工过程中，同现场具体情况相结合，当发现可索赔时，要在第一时间进行索赔，基于认真履行合同条约，同相关法律要求相结合，对自身的合法权益进行维护。

（七）应用法律武器进行维权

即使做好了所有的准备工作，也不可能完全排除客观因素所造成的影响。在桥梁施工过程中，极易受到地质、水源及天气等因素的影响。当问题出现或者利益被损害时，公司可聘请专业法律顾问运用法律武器为自己维权。当签署合同之后，就会形成法律效应。一旦单方面不遵照合同或者违约时，就应接受法律制裁。

（八）强化合同文件管理

一般情况下，工程建设都有极长的周期，涉及多方面的内容，当发生复杂情况时，都需参考资料和合同，所以针对合同及相关文件，相关人员应加大管理力度，在各个环节落实管理工作，防止出现差错。与此同时，因为科技不断发展，在保存资料文献及合同时，可借助一些信息技术实施管理，这样不仅能够减轻工作人员的工作量，还能够使管理水平得以提升。

综上所述，公路桥梁工程有着非常长的施工周期，且相对来讲，其需要应用极其复杂的技术，所以在工程建设的过程中要使合同管理工作在每一个环节得以落实，将合同管理的相关制度建立起来，并使其不断完善，同时要加大力度进行合同的动态管理，只有这样才能够保护各方的切身利益。

参考文献

[1] 杨光耀，杨新.公路桥梁施工与维修养护研究[M].长春：吉林科学技术出版社，2022.08.

[2] 罗春德，尹雪云.公路桥梁工程施工技术与养护管理[M].长春：吉林科学技术出版社，2022.08.

[3] 赵世超，刘伟.高速公路施工监理手册[M].成都：西南交通大学出版社，2022.04.

[4] 王修山，王波.道路与桥梁施工技术（第2版）[M].北京：机械工业出版社，2022.05.

[5] 王晶，姜琴.路桥工程建设与公路施工管理[M].汕头：汕头大学出版社，2022.04.

[6] 倪晓燕，王耀文.智能+路桥工程混凝土调整实用技术[M].北京：中国建材工业出版社，2022.02.

[7] 孙永军，林学礼.公路桥梁工程与施工管理[M].长春：吉林科学技术出版社，2021.07.

[8] 王展望，张涛锋.公路与桥梁工程施工及质量控制研究[M].西安：西安交通大学出版社，2021.12.

[9] 李燕鹰，张爱梅.公路桥梁工程施工与养护技术[M].长春：吉林科学技术出版社，2021.07.

[10] 冯少杰，高辉.公路桥梁隧道施工与工程管理[M].长春：吉林科学技术出版社，2021.07.

[11] 郭凯，李勇兵.基于BIM技术的大型转体桥梁施工精细化动态控制应用与实践：以昆楚高速公路大德大桥为例[M].成都：西南交通大学出版社，2021.03.

[12] 李亚东.桥梁工程概论（第4版）[M].成都：西南交大出版社，2021.04.

[13] 陈春玲，刘明.公路工程建设与路桥隧道施工管理[M].汕头：汕头大学出版社，2021.07.

[14] 武守信.混凝土桥梁设计[M].成都：西南交通大学出版社，2021.05.

[15] 杭争强，张运山.工程建设理论与实践丛书道路桥梁工程施工与养护维修技术[M].武汉：华中科技大学出版社，2021.12.

[16] 刘相龙，高文彬.公路桥梁施工组织与养护管理[M].北京：中国原子能出版社，2020.05.

[17] 张国祥，陈金云.公路与桥梁施工技术及管理研究[M].北京：文化发展出版社，2020.07.

[18] 刘勇，郑鹏.水利工程与公路桥梁施工管理[M].长春：吉林科学技术出版社，2020.09.

[19] 吴留星.公路桥梁与维修养护[M].北京：中国纺织出版社，2020.02.

[20] 马国峰，刘玉娟.桥梁上部结构施工技术[M].北京：北京理工大学出版社，2020.07.

[21] 艾建杰，罗清波.公路工程施工技术[M].重庆：重庆大学出版社，2020.02.

[22] 卢利群，高翔.公路工程建设管理丛书公路工程文明施工指南[M].成都：西南交通大学出版社，2020.10.

[23] 陈良江，文望青.中国铁路桥梁40年[M].北京：中国铁道出版社，2020.09.

[24] 王慧东，朱英磊.桥梁墩台与基础工程（第3版）[M].北京：中国铁道出版社，2020.02.

[25] 王修山.道路与桥梁工程概论[M].北京：机械工业出版社，2020.01.

[26] 李国强，魏茸.公路桥梁与施工管理[M].北京：中国原子能出版社，2019.07.

[27] 杨斌，马跃明.公路高架桥梁与长隧道施工及研究[M].北京：文化发展出版社，2019.06.

[28] 关凤林，薛峰.公路桥梁与隧道工程[M].长春：吉林科学技术出版社，2019.05.

[29] 胡金桂.桥梁上部结构施工[M].成都：西南交通大学出版社，2019.06.

[30] 张少华.公路桥梁工程与项目管理[M].北京：北京理工大学出版社，2019.05.

[31] 任传林，王轶君.公路工程施工技术[M].长春：吉林科学技术出版社，2019.05.

[32] 丁雪英，陈强.公路桥梁建设与工程项目管理[M].长春：吉林科学技术出版社，2019.05.

[33] 潘永祥.公路桥梁与改扩建新技术[M].昆明：云南大学出版社，2019.

[34] 申建，慕平.桥梁工程技术[M].北京：北京理工大学出版社，2019.11.

[35] 李涛，冯虎.公路施工与养护管理基础工作研究[M].长春：吉林科学技术出版社，2019.05.

[36] 于保华.北京高速公路巡检养护手册桥梁隧道[M].南京：东南大学出版社，2019.12.

[37] 汪双杰，刘戈.多年冻土区公路工程施工关键技术[M].上海：上海科学技术出版社，2019.03.

[38] 覃辉，马超.南方MSMT道路桥梁隧道施工测量[M].上海：同济大学出版社，2019.01.

[39] 郝铭.公路工程施工技术与质量控制[M].北京：北京工业大学出版社，2019.11.

[40] 向中富.天堑变通途：中国桥梁70年[M].重庆：重庆大学出版社，2019.10.

[41] 崔艳梅.道路桥梁工程概预算（第2版）[M].重庆：重庆大学出版社，2019.07.

[42] 费月英，任小艳.公路工程检测技术[M].成都：西南交通大学出版社，2019.06.

[43] 任均华.公路工程建设项目管理[M].济南：山东大学出版社，2019.09.

[44] 柴贺军.山区公路工程地质勘查[M].重庆：重庆大学出版社，2019.07.